新装版

Learned Optimism
Martin Seligman

マーティン・セリグマン 著
山村宣子 訳

オプティミストはなぜ成功するか

ポジティブ心理学の父が教える
楽観主義の身につけ方

旧版のためのまえがき

〝無力感は学習によって身につくのではないか〟という研究に取り組み始めて以来、ずっと自分は悲観主義について研究しているのだと思ってきた。臨床心理学の研究者はほとんどみんな、患者のどこが悪いのか、そしてどうしたら治せるかに焦点を当ててきた。もともと良いのはどこか、どうしたらもっと良くなるか、という点には少しも考えが及ばなかったのだ。

転換点は一九八八年、リチャード・パインに出会ったことだった。やがて私の著作関係のエージェントになり、知的アドバイザーとなり、友人となった人物である。リチャードに悲観主義について研究していると説明すると、彼は言った。「あなたの研究は悲観主義についてではなく、楽観主義についてですね」

そんなことを言われたのは初めてだった。動揺して彼のオフィスを出ようとする私に向かってリチャードは叫んだ。「絶対に本にすべきですよ。この理論から宗教が出現するかもしれない」

そして私は本を書いた。宗教は芽生えなかったが、本は一五年間着実に売れ続けた。そしてたしかに生まれたものがある。ポジティブ心理学だ。一九九六年、私はアメリカ心理学会の会長に選ばれた。このときは史上最多の票を集めたという。それは本書の人気と、それが生み出した研究分野のおかげもあったと思う。

アメリカ心理学会の会長は、就任に当たってなんらかの研究テーマを提唱することになっている。そのとき、私はリチャードがテーマを与えてくれていたことに気づいた。

そのころから、心理学は私にとって不完全なものに見えてきていた。悩み、苦しみ、精神病、トラウマについては、心理学でもこれまで十分に研究された分野といえる。幸せであるべき人生を台無しにしてしまうさまざまな病気と、五〇年にわたって戦ってきてそれなりの成果を上げていた。私の数えたところでは、主な精神病のうち一四については心理療法、あるいは薬物療法による治療が可能で、そのうち二つ（パニック障害、血液・けが恐怖症）は事実上完治できるものになった。

しかし臨床心理学者たちは、治療がある気になる現象を生み出していることに気づいた。それは、治療がとてもうまくいき、患者がうつ病、不安、怒りから抜け出す助けはできても、患者が幸せになれるとは保証できないことだ。治療で得られたのが幸せではなく、空虚感であることはめずらしくなかった。なぜだろうか？

マイナスを直しても、プラスにはならないのだ。専門用語で悲しみと喜びの相関関係は1・00とは程遠く、0・40のほうに近い。不思議なことに同じ一人の人がうれしくて、悲しいことがあり得る（同時にではないが）。実際、女性は感情に動かされやすく、男性よりも喜びも悲しみも大きい。幸せになるためのスキルは、悲しみや不安や怒りを抑えるためのスキルとはまったく異なることが分かった。

心理学は病気について、苦しみについて、悩みについて多くのことを分析し、悲しみや不安と戦う方法は見つけ出してきた。しかし、もっと幸せになる方法の見つけ方は、遊園地や、ハリウッドやビールのコマーシャル任せになっていた。科学は何の役目も果たしてこなかったのだ。

夜、ベッドの中で自分の人生や愛する人たちのことを思うとき、普通は＋2から＋6へどうやって行こうかと考える。－5から－2ではない。だが、心理学が教えてくれるのはせいぜいどうすればみじめさから抜け出せるかであって、人生で何がベストか、そのように生きるにはどうすればいいかではなかった。私が不完全と言ったのはこの部分だ。それはやがてポジティブ心理学へと発展した。

『オプティミストはなぜ成功するか』はポジティブ心理学の土台となった考えで、後に三部作となる著書の第一作である。

一九九六年出版した『つよい子を育てるこころのワクチン――メゲない、キレない、ウツにならないABC思考法』（ダイヤモンド社刊）では、この知識を一〇代の生徒にどう応用するかを書いた。二〇〇二年にはシリーズの三冊目『世界でひとつだけの幸せ――ポジティブ心理学が教えてくれる満ち足りた人生』（アスペクト刊）を出した。この本は人生のポジティブな面について、より大きな理論を提案する。

〝幸せ〟は科学的に扱いにくい観念だが、追及していくと三つの異なった形になる。第一に〝心地よい人生〟のために「大切なのは幸せになりたいという意欲」と信じ、ポジティブな感情を拡大するためのスキルを学ぶこと。第二に〝ものごとに没頭する人生〟のために「あなたにとっての強みと美徳」を発見し、職場、恋愛、友情、子育て、娯楽に最大限に使えるよう人生を練り直すこと。第三に〝意義のある人生〟のために「幸せというゴールを目指して」、何か自分よりも大きな存在に帰属し、奉仕するため、自分の才能と力を最高の形で使うことだ。

『オプティミストはなぜ成功するか』はこれら三つの形の幸せのうちのどれか、あるいはすべてに向かって歩み出すきっかけとなるはずだ。本書を読むことで、みなさんのポジティブな感情は強化され、持続するだろう。これらのスキルによってみなさんの精神力、才能は最大限に効果的に発揮されるようになる。

最後に、楽観主義は人生に計り知れないほどの価値をもたらすことを付け加えたい。ポジティブな将来を強く信じれば、国や神や広い意味での家族など自分よりも大きな存在のために、一心に力を尽くせるようになるだろう。

二〇〇五年七月一五日　ペンシルバニア州ウィンウッドにて

第二版のための序論

私はこの職業に就いて以来、学習性無力感と個人のコントロールを拡大強化するための研究にもっぱら力を注いできた。このテーマを一般読者向けに探求した四冊シリーズの第一作が本書『オプティミストはなぜ成功するか』だった[1]。

本書のペーパーバック版が出版されてから六年になる。そこで、新たな読者のために第一版が出て以来の重要な展開について、最新の情報をお知らせしたい。学習性楽観主義のプログラムによって、うつ病が防げるようになったのだ。

4章と5章で述べるが、アメリカでは大多数のほかの先進諸国と同様、とくに若い人々の間でかつてなかったほどのうつ病が蔓延している。以前に比べてより多くの財力、勢力、レコード、本、教育があるこの国で、これほど強大でも裕福でもなかったころよりもずっとうつ病が流行しているとは、一体どういうことなのだろう?

それには三つの影響力が関わっている。私はとくに第三の影響力について強調したい。それがもっとも意外でもっとも心地の悪いものだからだ。最初の二つの影響力については本書の最終章で書いているが、手短に言うと、第一にうつ病は一般的に「I（私）」の機能障害である。つまり、自分の設定した目標に関して自分の目で見た失敗によって起きる。個人主義が幅を利かせるようになった社会では、世界が自分の周りを回っていると信じる者がどんどん増えてくる。このような信念を持つ制度では個人の失敗はなぐさめようもないほどの落胆をもたらす。

個人の失敗は、かつては第二の影響力、「Ｗｅ（私たち）」によって衝撃がやわらげられていた。私たちの祖父母の時代には、失敗しても心地よい〝精神的なソファー〟に寄りかかることができた。大多数の人には神との関係があり、愛する国があって、地域や拡大家族との関わりも持っていた。神も国家も大家族もこの四〇年間に徐々に弱り、寄りかかっていたソファーは擦り切れてしまった。

しかし私が強調したいのは第三の影響力である自尊心運動だ。

私には四歳から二八歳と年齢差のある五人の子どもがいる。だから丸々一世代にわたって毎晩子どもに本を読み聞かせる機会に恵まれ、この二五年間で児童書に大変化が起きたのを見てきた。二五年前は（大恐慌の時代がそうであったように）子どもの本と言えば『ちびっこきかんしゃだいじょうぶ』（ヴィレッジブックス刊）に象徴される、社会でうまくやっていく、がんばって障害を克服するというものだった。現在の児童書は高い自尊心を持たせ、自信にあふれさせ、気分をよくさせるものだ。

これは自尊心運動の現れである。この運動は一九六〇年代に何かにつけ先進的なカリフォルニア州で始まった。一九九〇年、カリフォルニア州議会は、薬物依存、自殺、生活保護依存、一〇代の妊娠、うつ病に対する〝ワクチン〟として、自尊心をすべての教室で教えるべきとする報告書を支持した（Toward a State of Esteem 1990）[2]。

自尊心運動は大きな威力を持つ運動であった。この運動が下地となってIQテストが消滅した。点数の悪い子どもたちが気を落とすといけないからという理由である。公立校での能力別クラス編成もこの運動の影響で廃止された。下のクラスに入れられた子どもたちが気分を悪くしないようにという配慮だ。この運動は〝競争〟という言葉を忌まわしいものとした。この運動のせいで昔ながらのきつい仕事が減った。女優のシャーリー・マクレーンはクリントン大統領に閣僚級の自尊心長官のポストを設けるようにと提案した。

私は自尊心には反対ではないが、自尊心は心身の状態を示すメーターにすぎないと思っている。それ自体が目標ではない。学校や職場でうまくやっていて、愛する人々との関係が良好で、遊びが上手にできていればメーターは高い値を示すだろう。うまくいっていなければ値は低いだろう。

私は、カリフォルニアの報告書が主張しているとおりに、相関関係でなく因果関係を求めて自尊心関連の文献を探した。若者の間で自尊心の高い者が好成績を挙げ、人望を集め、一〇代の妊娠や生活保護依存をしないという証拠を見つけようとしたのだ。

単純な実験企画で、因果関係と相関関係をまったく分けているものがある。たとえば九月の新学期に全員がBレベルである生徒を集めて自尊心を測り、学年末の六月にどうなっているかを見る。もし自尊心が成績を変えるとしたら、自尊心の高いBレベルの生徒はAに上がる傾向があり、自尊心の低いBレベルの生徒はCに近づくはずだ。しかし文献にはそのような現象は見つからなかった。自尊心はその人が世の中でどれほどうまくやっているかの相関現象にすぎないように見える。

一九九六年の一月まで、私は自尊心はメーターにすぎず、何かを引き起こす原因になることはほとんどないと信じていた。だが『サイコロジカル・レビュー』誌のトップ記事を読んで、自分が間違っていたことに気づいた。自尊心は原因になり得るのだ。

一九九六年、ロイ・バウマイスターは同僚とともに大量殺戮、ヒットマン、ギャングの親分、暴力犯罪の犯人たちに関する文献を精査した。バウマイスターたちはこれらの犯罪者が高い自尊心を持ち、彼らの不当な自尊心が暴力を引き起こすのだと論じた。[3]

バウマイスターの研究は、子どもたちに不適切に高い自尊心を教えると問題が起きることを示唆している。これらの子どもたちのサブグループには利己的な性格も持つ者が出る。子どもたちは実社会と対決したとき、自分が教えられていたほどにはえらくないことを思い知らされると、暴力で襲い掛かるようになる。

つまり今日のアメリカの若者たちの〝双子の流行病〟である、うつ病と暴力は、間違った心遣いから来ているということもあり得る。つまり若者たちが社会でどれほどうまくやっているかよりも、自分のことをどう感じるかのほうを大切にする配慮である。

自尊心を高めることがうつ病を減らすことにつながらないとすれば、どうしたらいいだろう？『オプティミストはなぜ成功するか』の第一版が出て以来、私は同僚たちと協力してペンシルバニア大で二つのプロジェクトを実施してきた。[4] 一つは同大の一年生の若者、もう一つは思春期直前の子どもを対象にしたものだ。

うつ病の危険のある年若い人々を対象に、本書の11章から13章に示したスキルによって楽観主義を学習させ、それによりうつや不安障害を防ぐことができるかどうか見ようというわけだ。

一九九一年の春、ペンシルバニア大学に合格して入学手続きをした学生たちは、折り返し私かからの手紙を受け取った。本書3章にある質問のようなテストに回答してほしいと書いてある。大多数の学生は回答を返送してくれて、私たちは採点した。そして悲観度の高いほうから四分の一に入る学生たちには再度手紙を送った。九月の新学期に私たちは学生たちが慣れない新しい環境にどうやって対処するかの講習会《ワークショップ》を実施する。参加に同意した学生は無作為に講習なしグループと講習会グループに分けられる。こうしてここ数年間、ペンシルバニア大の一年生のうち、もっとも悲観度の高いほうから四分の一の学生たちはこれらの講習会に参加するか、講習なしで査定のみのグループに属してきた。

講習会では一〇人ずつのグループに分かれ、ペンシルバニア大臨床心理学部の優秀な大学院生たちが二通りのスキルを教える。11章から13章に詳しく書いてあるスキルに加えて、積極性の訓練、等級別課題、ストレス管理など行動スキルを学ぶ。

一年半の追跡調査が終わり、何もしなかった一一九人と、一六時間の学習性楽観主義の講習を受けた一〇六人の学生について最初の結果が入ってきた。半年毎に各人は完全な分析のための面接を受け、私たちは中程度から重症までのうつと不安障害の症状を示しているかどうかを見た。

何もしなかったグループでは三二パーセントが中程度から重症のうつ状態にあった。これに対し、予防のための講習会に参加したグループでは二二パーセントしか発症していなかった。同様の結果が一般的な不安障害に関しても得られた。何もしなかったグループが一五パーセントだったのに対し、講習会を受けたグループでは七パーセントしかなかった。またうつ病と不安を予防したのは悲観主義から楽観主義への転換だったこともわかった。

私は同僚たちとともに、さまざまな年齢の児童たちを対象に同様の学習性楽観主義プログラムを立ち上げたところである[5]。五つの研究班が一〇歳から一二歳の子どもたちに本書11章から13章で示したうつを防ぐ認知、行動スキルを教える。これらの研究で、私たちは二つのリスク要因によって子どもたちを選んだ。軽いうつの症状を示していることと、もう一つは両親がよくけんかすることだ。これらの要因があると、年端の行かない子どもたちはうつ病を発症しやすい。

これら二つのどちらかで高い値を示す子どもは、私たちの訓練プログラムに入る条件を満たすことになる。放課後これらの子どもたちは一〇人ずつのグループに分けられ、うつ病に抵抗するためのスキルを教えられる。スキット（寸劇）やマンガやロールプレイが使われ、たくさんのお菓子や飲み物も供される。（このメソッドの概要は本書の13章に出ているが、詳しくは『つよい子を育てる心のワクチン』を参照）

ここではいちばん長く追跡調査がされている一つの研究についてのみ記す。これはフィラデルフィア近郊のアビントン郡区で実施された（Jaycox, Reivich, Gillham and Seligman, 1994 : Gillham, Rivich, Jaycox and Seligman, 1996）[6]。アビントンの研究で判明したのは次のとおり。

1　二年にわたる追跡調査で、中程度から重度のうつ病の症状を示した子どもは全般的に衝撃的なほど高い割合である（二〇パーセントから四五パーセント）。

2　楽観主義の講習を受けた子どもたちは、中程度から重症のうつ病を発症した割合が何もしなかった子どもたちの半分程度しかいなかった。

3　講習直後に、何もしなかったグループは楽観主義の講座を受講したグループよりもうつ状態を示した者が有意に多かった。

4 楽観主義の恩恵は時を経るほどに大きくなった。何もしなかったグループの子どもたちが思春期を迎え、初めて社会からあるいは異性からの拒絶に遭い、中学でトップだったのが高校で下の大勢の中に移ると、楽観主義を教えられたグループに比べて、より多くがうつに陥った。二四か月後、四〇パーセントが中程度から重症のうつの症状を見せた。一方楽観主義グループでは二二パーセントしか中程度から重症の症状にならなかった。

子どもたちが思春期に入る前に、しかしメタ認知、つまり考えることを考える能力がつく年齢に達している段階で、楽観主義の習得をさせるのは非常に効果的な戦略だ。免疫力を与えられた子どもたちが思春期の最初のいくつもの試練に遭うと、そのたびにさらに上手にこれらのスキルを使うことができるようになる。悲観主義から楽観主義への転換は、少なくとも部分的にうつの症状を防ぐことが、私たちの分析によって明らかになった。

本書を読むうちに読者の皆さんは、今日のアメリカにおいて大人も子どももうつ病の流行にさらされていることに気づかれたと思う。6章から11章で述べたように、うつ病は単に精神的な苦痛であるだけではない。うつ病によって生産性が下がり、肉体的健康も悪化する。もしこの流行が続けば、世界におけるアメリカの地位が危険にさらされ、アメリカは私たちよりも悲観的でない国々に経済的地位を奪われるだろう。そしてこの悲観主義は私たちが自分たちの国に社会的正義をもたらそうとする気力を萎えさせるだろう。

この問題は、よく処方される抗うつ剤プロザックでは解決できない。すべての世代に抗うつ剤を与えるわけにはいかないからだ。抗うつ剤は思春期前には効かないし、気分をよくするためと生産性のために、全世代を薬剤依存にしてしまうのは道徳上重篤な危険がある。全世代に心理療法を施すこともできない。良質な療法士はみんなに行き渡るほどたくさんはいないからだ。

私たちにできるのは本書でみなさんが学ぶスキルを身につけ、教育に応用することである。学校で家庭で、うつの危険のあるすべての年若い人々にこれらのスキルを教え、そうすることで私たちの、そして子どもたちの人生からうつ病をなくすのだ。

一九九七年七月三一日　ペンシルバニア州ウィンウッドにて

注

（1）『オプティミストはなぜ成功するか』『学習性無力感：パーソナルコントロールの時代をひらく理論』『What You Can Change and What You Can't』『つよい子を育てるこころのワクチン』

（2）サクラメント、カリフォルニア州教育省

（3）ロイ・バウマイスター、ローラ・F・スマート、ジョセフ・M・ボーデン、『サイコロジカル・レビュー』誌「Relation of Threatened Egotism to Violence and Aggression : The Dark Side of High Self-Esteem」

（4）ペンシルバニア大学部生対象のプロジェクトを実施している同僚はピーター・シュルマン氏とロブ・デルベイス、スティーブ・ホロン、アート・フリーマン、カレン・レイビック各博士。この企画はアメリカ国立精神衛生研究所の予防研究支部の支援を受けている。

（5）この企画の同僚はカレン・レイビック、ジェーン・ギラム、ロブ・デルベイス、リサ・ジェイコックス、スティーブ・ホロン、アンドリュー・シャットの各博士とピーター・シュルマン氏。国立精神衛生研究所予防研究支部の支援を受けている。

（6）ジェーン・ギラム、カレン・レイビック、リサ・ジェイコックス、M・E・P・セリグマン、『サイコロジカル・サイエンス』誌6（6）、ｐｐ343－51（1995）「Prevention of depressive symptoms in schoolchildren:Two-year follow-up」、リサ・ジェイコックス、カレン・レイビック、ジェーン・ギラム、M・E・P・セリグマン、『ビヘイビアー・リサーチ・アンド・セラピー』誌32、ｐｐ801－16（1994）「Prevention of Depressive Symtoms in Schoolchildren」

〈目次〉

旧版のためのまえがき　7
第二版のための序論　3

第一部　オプティミズムとは何か……23

第1章　人生には二通りの見方がある……24
手のつけられていない領域
うつ病多発時代
成功と失敗を分けるものは何?
健康を決定づけるものは何?

第2章　なぜ無力状態になるのか……45
無力状態に陥りやすい者とそうでない者

第3章　不幸な出来事をどう自分に説明するか……65
自分の楽観度をテストする

説明スタイル
誰が決してあきらめないか?
希望は何でできているか
責任についての一言
もし自分がペシミストだったら

第4章　悲観主義の行きつくところ……98
自分のうつ病度をテストする

第5章　考え方、感じ方で人生が変わる……120
説明スタイルによって無力感が生まれる
悲観主義はうつ病を引き起こすか?
説明スタイルと認知療法
反芻とうつ病の関係
なぜ女性はうつ病にかかりやすいか
うつ病は治る
認知療法とうつ病

第二部　オプティミズムが持つ力……145

第6章　どんな人が仕事で成功するか……146
どんな説明スタイルの人が成功するか
才能をテストする
メトロ生命で説明スタイルを試みる
特別班の研究
特別班のスーパーセールスマン
メトロ生命の新たな雇用方針
ペシミストをオプティミストに変える
なぜ悲観主義は生き残ったのか

第7章　子どもと両親――楽観主義は遺伝するか……169
自分の子どもの楽観度を測定する
なぜ子どもは希望を失うことがないのか

第8章　学校で良い成績を上げるのはどんな子か……193
教室での子どもたち
子どものうつ病度を計る

プリンストン・ペンシルバニア大学合同長期研究
両親の離婚と仲たがい
少年と少女
大学入試のいいかげんさ
兵舎
従来の成績優秀者

第9章　メッツとビオンディはなぜ勝てたか……215
ナショナルリーグ
一九八五年のメッツと一九八六年のカージナルス
NBA（全米プロバスケットボール協会）
ボストン・セルティックスとニュージャージー・ネッツ
バークレーの水泳選手たち
コーチへの提言

第10章　オプティミストは長生きする……232
楽観主義は健康にどう役立つか
悲観主義、不健康、ガンの関係
免疫機能
楽観主義と健康的な人生

ハーバード大卒業生五〇年後の人生
心理学的予防と治療法

第11章　選挙も楽観度で予測できる……252
アメリカ大統領選挙　一九四八年〜一九八四年
一九〇〇年〜一九四四年
一九八八年の選挙
一九八八年の大統領予備選挙　ドールとハートの脱落
一九八八年の大統領選挙　デュカキスはなぜ敗れたか
一九八八年の上院議員選挙　番狂わせ、接戦も的中
東西ベルリン市民の〝説明スタイル〟はどう違うか
ユダヤ教はロシア正教よりも楽観的？

第三部　変身――ペシミストからオプティミストへ……275

第12章　楽観的な人生を送るには……276
楽観主義を使うときのガイドライン
AとBとC
ABCはどう作用するか

ＡＢＣの記録を取ろう
反論することと気をそらすこと
反論の記録をつけよう
声に出して言う練習
復習

第13章　子どもを悲観主義から守るには……313
子どものＡＢＣ
子どものＡＢＣＤＥ
子どもに声に出して反論させる

第14章　楽観的な会社はうまくいく……337
その人の楽観度に合った職場に就ける
楽観主義の習得
職場でのＡＢＣＤＥモデル
壁を跳び越えるゲーム
反論
どうしたら心配事に反論できるか

第15章　柔軟な楽観主義の勧め……367
うつ病再び
バランスを変えよう
拡大された自己の力
柔軟な楽観主義

第一部　オプティミズムとは何か

人生には二通りの見方がある

父親がベビーベッドで眠る娘を見下ろしている。病院から連れて帰ったばかりの、生まれたての赤ん坊。父親は、娘が美しく五体満足であることに、畏敬の念と感謝の気持ちでいっぱいになる。赤ん坊が目を開けて、まっすぐに見上げてくる。

父親は赤ん坊の名前を呼ぶ。娘がこちらを向いてくれることを期待していたのだが、赤ん坊の目は動かない。ゆりかごの手すりについている小さなおもちゃを取って鈴を鳴らしてみる。やっぱり赤ん坊の目は動かない。

父親はドキドキと緊張し始め、寝室にいる妻にこのことを伝える。「赤ちゃんが音に反応しない。まるで聞こえないみたいなんだ」

「大丈夫だと思うわ」妻はガウンを羽織りながら言い、二人で子ども部屋へ行く。

妻は赤ん坊の名前を呼び、鈴を鳴らし、手をたたく。それから娘を抱き上げる。赤ん坊はすぐに反応して体を動かし、喉を鳴らして喜ぶ。

「なんてことだ。この子は耳が聞こえないんだ」父親は言う。

「そんなことはないわ。というよりも、まだそんなことを言うのは早すぎるわよ。生まれたばかりなんですもの。まだ目の焦点だって合っていないのよ」

「でも全然動かなかったじゃないか。君があんなに大きく手をたたいたのに」

母親は棚から本を取って言う。「育児書になんて書いてあるか見てみましょう」

「ええと……、『もし新生児が大きな音に驚かなかったり、音のしたほうを向かなくても心配する必要はない。このような反応を示すようになるまでにはしばらく時間がかかるのが普通である。小児科医に聴覚神経を検査してもらうこともできる』」

「ほら。これで安心した？」

「いや、まだ安心はできないね。だって赤ちゃんに本当に聴覚障害がある場合のことは書いてないじゃないか。僕に分かっているのは、うちの子には何ひとつ聞こえていないってことだけだ。すごく悪い予感がする。僕のおじいさんが耳が聞こえなかったせいかもしれない。もしこのかわいい子が聴覚障害で、それが僕のせいだったら、一生自分を許せないよ」

「ちょっと待って」妻が言う。「そんな悪いほうにばかり考えないで。月曜の朝いちばんに小児科に行きましょう。それまでは元気を出してよ。ちょっとこの子を抱いててちょうだい。毛布を直すから」

父親は赤ん坊を受け取るが、できるだけ早く妻に返す。週末の間もずっと、何もする気になれない。家の中をたえず妻について歩いて、赤ん坊の聴力のことと、それが娘の人生にどう影響するかを繰り返し繰り返し言う。彼は最悪のケースしか頭に浮かばない。子どもは耳が聞こえなくて、言葉を身につけることもできず、社会から取り残され、音のない孤独な世界に閉じ込められてしまうだろう……。日曜の晩には、父親は絶望のどん底に落ちてしまっている。

母親は小児科医の電話取り次ぎサービスに電話して、月曜日の早い時間に予約を入れる。そして週末は運動したり、読書したり、夫をなぐさめたりして過ごす。

検査の結果、小児科医は心配ないと言ってくれたが、それでも父親は落ち込んだままだ。一週間後、赤ん坊は通りかかったトラックの音に初めて驚いて反応した。それからやっと父親は立ち直って、新しい娘をかわいがれるようになった。

この父親と母親は、世の中をまったく違った目で見ている。父親は何か悪いこと——税務監査、夫婦間のささいな言い争い、雇い主に不機嫌な顔をされる——が起きると、破産・刑務所入り、離婚、解雇など最悪の事態を予想する。彼はうつ病にかかりやすいタイプだ。何度もやる気のない状態になり、その状態が長く続き、病気にかかりやすくなる。

一方、母親は悪いことが起こっても、あまり深刻にとらえない。悪いことは一時的で、切り抜けることができるし、やりがいのある試練だと考えるからだ。挫折のあともすぐに立ち直って、やる気を取り戻し、とても健康だ。

私はオプティミスト（楽観主義者）とペシミスト（悲観主義者）の研究を二五年間続けてきた。ペシミストの特徴は、**悪いことは長く続き、自分は何をやってもうまくいかないだろうし、それは自分が悪いからだ**と思い込むことだ。

オプティミストは同じような不運に見舞われても、正反対の見方をする。**敗北は一時的なもので、その原因もこの場合だけだ**と考える。そして**挫折は自分のせいではなく、そのときの状況とか、不運とか、ほかの人々によるものだ**と信じる。オプティミストは敗北してもめげない。これは試練だと考えて、もっと努力するのだ。

挫折の原因を考えるとき、どちらの見方をするかによって結果が変わる。数百例の研究結果から、ペシミストのほうがあきらめが早く、うつ状態に陥りやすいことが証明されている。

また、これらの実験から、オプティミストのほうが学校でも職場でもスポーツの分野でも、良い成績を上げることも分かっている。オプティミストは適性検査でも常に予想よりも高い点を取るし、選挙に出ればペシミストよりも当選する可能性が高い。健康状態も良くて、上手に年を取り、生活習慣病にかかる率もかなり低い。平均よりも長生きするという推測さえも、ある程度の根拠がある。

私は何十万人もの人々をテストしてみて、驚くほど多くの人々が悲観主義に深く染まっているか、そうでなくても、かなりの割合で深刻な悲観主義的傾向にあると分かった。自分がペシミストかどうかを知るのは簡単ではない。そのため、自分でそれと知らずに暗い人生を送っている人も少なくない。自分のことを少しもペシミストだとは思っていない人々のスピーチからも、分析すれば悲観主義のかすかな形跡が見つかる。スピーチの聞き手もこの形跡を感じ取って、話し手に否定的な反応をする。これもテストによって分かっていることだ。

悲観的な態度は根深いもので一生変わらないものだと思っているかもしれない。しかし、悲観主義から逃れる方法はある。ペシミストはオプティミストになることができる。ハッピーなメロディを口笛で吹くとか、おまじないを唱えるなどの方法ではない。新しい認知の方法をひととおりマスターすればいいのだ。この方法は実験室や心理学者・精神科医のクリニックで発見され、効果は実証されている。

本書では、読者が自分や家族、友人に悲観主義の傾向があるかどうかを発見するための手助けをしたい。そして、今までに何千人もの人々を、悲観主義やその延長線上にあるうつ病から救ってきた方法も紹介しよう。きっと挫折を今までとは違った見方でとらえられるようになるだろう。

手のつけられていない領域

悲観主義現象の核にあるのは無力である。無力とは、自分がどんな選択をしようと、これから起こることに影響を与えることはないという状態だ。

人の一生は無力なところから始まる。生まれたばかりの赤ん坊は自分では何もできない。ほとんど反射だけで生きている。赤ん坊が泣けば母親がやってくるが、赤ん坊に母親の行き来をコントロールする力があるわけではない。赤ん坊が泣くのは、痛みや不快さに対する反射であって、自分で泣くことを選択しているわけではない。かろうじて自分の意志で動かしている筋肉は、吸うときに使う筋肉だけだ。

また人生最後の数年間も、無力な状態に戻ってしまう場合がある。歩くこともできなくなるかもしれない。悲しいことに腸や膀胱《ぼうこう》をコントロールする力も失うかもしれない。言いたい言葉が出てこなくなるかもしれない。話す能力を失い、考えることさえできなくなるかもしれない。

乳幼児期から晩年までの長い期間に、私たちは無力から脱して自分をコントロールする力をだんだんと身につけていく。自分をコントロールする力とは、自分の意志で行動することによってものごとを変える力で、無力とは正反対の状態だ。

乳児は生後三～四カ月で手足の初歩的な動きをコントロールできるようになる。腕をばたばた動かすだけだったのが、何かを取ろうとして手を伸ばすようになる。そして自分の意志で泣けるようになり、母親に来てほしいときは大声でわめいて、両親を困らせるようになる。一年後には、二つの奇跡的な自己コントロール能力が備わる。最初の一歩と最初の言葉だ。すべてが順調にいき、子どもの精神的・肉体的ニーズが最低限満たされれば、それから先の年月で無力さはどんどん失われていき、自己コントロールの範囲が増していく。

私たちの人生には自分でコントロールできないことがたくさんある。目の色も人種もそうだ。しかし、実はコントロール可能であるにもかかわらず、いまだ手のつけられていない広大な領域が残されている。これらの領域を自分の支配下に入れるか、ほかの人々や運命の手にゆだねるかは、私たち次第だ。これらの行動は、私たちがどのような人生を送るか、ほかの人々とどうつきあうか、どうやって生計をたてるかというような、私たちがある程度選択の余地を持っているすべての分野にかかわる。

自分がこれらの領域に関してどのような考えを持っているかによって、実際にその領域をコントロールする能力が減りもすれば、増えもする。私たちはさまざまな事柄に反応してものを考えるだけでなく、考え方によって結果を変えることもできる。

例えば、もし私たちが子どもの将来に何の影響力も持てないだろうと考えていると、何かしなければならないときにやる気が起きない。「どうせ自分が何をしても状況は変わらない」という考えが行動を起こすことをはばむ。そして自分が子どもに対して持っているはずの影響力を、子どもの仲間や、先生や、その時々の状況にゆだねてしまう。

本書の後半で説明するように、適度の悲観主義はうまく使えばメリットもある。しかし二五年の研究から私が確信をもって言えるのは、**不幸は自分の責任であり、永続的で、運が悪いから自分**

は何をしてもうまくいかない、と常に信じている人は、そう思っていない人よりもさらに不運に見舞われることが多い。またこういう見方にとらわれていると、うつ状態に陥りやすく、能力以下の業績しか上げられず、病気にもかかりやすい。悲観的な予測はそのとおりの結果を招くのだ。

私が以前勤めていた大学で、ある女子学生の悲惨な例を見た。女子学生のアドバイザーであった英文学教授は、三年間とても親切に助言をし続けた。彼女に愛情を感じていると言ってもいいほどの熱心さだった。女子学生は好成績をおさめ、教授の後押しもあって、三年生のときに一年間オックスフォード大学に留学する奨学金を得た。

英国から戻ったとき、彼女の興味は教授の専門であるディケンズから、教授の同僚の一人が専門にしている、もう少し前の時代の英国作家たち、特にジェーン・オースティンへと移っていた。教授は卒業論文にディケンズを取り上げるよう女子学生を説得したが、彼女はどうしてもオースティンについて書きたいと言う。教授は彼女の決定を快く受け入れ、同僚とともに引き続きアドバイザーを務めることに同意した……ように見えた。

口頭試問の三日前になって、その教授は、女子学生が卒論の中で盗作していると告発するメモを試験委員会へ送ったのだ。教授によると、彼女が犯した罪は、ジェーン・オースティンの思春期に関する意見を述べた部分で、それが二人の学者の資料から引用したものであることを明記しておらず、あたかも自分自身の考えであるかのように見せている点だという。学問の世界では、盗作はもっとも重い罪であり、女子学生の将来――大学院の特別研究員の地位も、卒業自体も――はあやうくなった。

女子学生が教授に引用を明記していないと指摘された部分を見ると、両方とも同じ出所――教授自身――であることが分かった。彼女は教授との気軽な会話のなかでこれらの情報を得たのだが、教授はあたかも自分の考えであるかのように話し、出版された資料からの引用であるとはひと言も言わなかった。彼女を別の部門に取られたことをねたんだ恩師にはめられたのだ。

たいていの人なら教授に激怒して反撃しただろうが、彼女、エリザベスはそうではなかった。生来の悲観主義に襲われたのだ。委員会には自分が有罪に見えるに違いないし、自分の無実を証明する方法は何もない。自分と教授の主張が対立すれば、教授のほうを信じるのが当然だろう。エリザベスは自分を弁護する代わりに、事態が最悪の結果となることだけを予想して、すっかり意欲をなくしてしまった。

こうなったのも全部自分が悪いのだ。教授がよそからアイデアを得ようと得まいとそんなことは関係ない。重要なのは自分がアイデアを盗んだことなのだ。それが教授の言葉から引用したものであることを自分は書かなかったのだから。自分はカンニングをしたのだ。きっと自分は今までもずっとずるい人間だったのだ……。

自分の無実がこれほど明らかであるのに、エリザベスが自分を責めるなど信じられないかもしれない。しかし習慣的に悲観的な考え方をする人々は、小さな挫折を取り返しのつかない大きな不幸にしてしまうことが、綿密な研究によって分かっている。

例えば、自分の無罪を有罪に変えてしまうのだ。エリザベスは自分の有罪評決を確認するかのような出来事を記憶の底から掘り起こした。自分は中一のとき、ほかの女の子の答案を書き写したことがある。英国にいたときも、彼女が裕福な家庭の出だと思い込んでいる英国人の友達に、そうではないと言えないままだった。そして今度の卒論の〝盗作〟だ。エリザベスは委員会の意見聴取のときに沈黙して立ちつくすことしかできなくなり、学位も得られなかった。

この話はハッピーエンドではない。将来設計が狂い、挫折したエリザベスの人生はめちゃめちゃになった。ここ一〇年は、ほとんど何もやる気が起こらない。店員として働き、もう何かを書くことも、文学を読むことさえしなくなった。まだ自分が犯したと思い込んでいる犯罪の代価を支払っているのだった。

犯罪など、もともとなかった。悲観的にものを考える習慣という、よくある人間的弱さがあっただけなのだ。もしエリザベスが「ワナだわ。あいつが嫉妬心から仕組んだのよ」と自分に言っていれば、彼女は自分を弁護するために立ち上がり、真実を述べていただろう。この教授が同じことをして以前の職場から追われていたことも発覚していたかもしれない。エリザベスは成績優秀者として卒業していたに違いないのだ。

思考習慣は永続的なものである必要はない。過去二〇年間における心理学のもっともめざましい発見の一つは、個人は自分の考え方を選べるということだろう。

科学の一分野である心理学は、常に個人の考え方、行動、あるいは個人そのものに注意を払ってきたわけではない。むしろ反対で、私が大学院で心理学を専攻していた二五年前は、今述べたような問題は、今日のような説明をされていなかった。当時は人々はそれぞれの環境の産物だと考えられていた。人間の行動は内部からの動因に〝押し出される〟ものか、あるいは外部の出来事によって〝引き出される〟ものだという考えが一般的だった。〝押し出し〟と〝引き出し〟の詳細はそれぞれの信じる理論によって異なっていたが、当時流行していた理論はすべて原則的にはこの案を採用していた。

例えば、フロイト派は子ども時代の未解決の葛藤《コンフリクト》が、成人してからの行動を決定づけるのだと主張した。Ｂ・Ｆ・スキナーの信奉者たちは、行動は外部からそれを強化する力が働いたときにだけ繰り返されるのだと主張した。行動学者たちは、行動は遺伝子によって決定づけられている、決まった活動パターンの結果であると言い、クラーク・ハルの弟子の行動主義心理学者たちは、私たちは内部からの動因を減らし、生物学的なニーズを満たす必要性から行動へと駆り立てられるのだと説明した。

一九六五年ごろから、それまで人気のあった学説が根底から変わり始めた。環境は、人の行動の要因としての重要性をしだいに失っていった。四つの別々の説が、人間の行動は外部の力よりも自分の意志によって決定されると考えたほうが説明がつく、という点で一致したのだ。

●一九五九年、ノーム・チョムスキーは、Ｂ・Ｆ・スキナーの独創的著書『Verbal Behavior（言語行動）』に対する手厳しい批判を書いた。チョムスキーは人間の行動、特に言語は、過去の言語習慣を強化した結果ではない、言語の本質はその生産性にある、と主張した。だから今まで一度も言ったり聞いたりしたことのない文章（例えば〝紫色のアメリカ毒トカゲが君の膝に座っている〟というような）でも、ただちに理解することができるのだ。
●子どもの発達の研究者で、偉大なスイスの心理学者ジャン・ピアジェは、個々の子どもの思考様式が変化していく過程を科学的に研究できるということを発表した――この説は世界中に広まり、最後にはアメリカでも受け入れられた。
●一九六七年、ウルリック・ナイサーの『認知心理学』の出版によって、この新たな分野は行動主義の教条を捨てた若い実験心理学者たちの心をとらえた。認知心理学は人間の心の働きとその結果は、コンピュータの情報処理活動をモデルとして使えば計ることができると主張した。●行動心理学者たちは、動物や人間の行動は動因やニーズだけでは十分に説明できないことを発見し、個人の認知――考え――を複雑な行動の説明の手段として使うようになった。

このようにして、一九六〇年代末ごろから心理学の主流理論の焦点は環境の影響力から個人の期待、好み、選択、決定、コントロール、無力さへと移っていった。

心理学におけるこの基本的な変化は、私たち自身の心理状態の変化と深いかかわりがあった。歴史上初めて――技術革新、大量生産・流通そのほかの理由で――多くの人々は重要な選択権を持つようになり、自分の人生も、かなりの部分を自分でコントロールできるようになった。これらの選択権は私たちの思考習慣に大きく影響を与えることになった。人々はおおむねこの現象を歓迎した。私たちの属する社会は、個人に今までになかった力を与えるとともに、個人の喜びや苦痛を非常に真剣に考え、個人を尊重し、人々が欲求の充足を目指すのは正当な権利だと考えている。

うつ病多発時代

これらの自由とともに危機が訪れた。自己の時代はまた、悲観主義の究極の表現形態であるうつ病の時代でもあったのだ。

私たちはうつ病という感染症の時代を生きている。うつ病は自殺という形で、エイズと同じくらい多くの命を奪い、エイズよりも広くまん延している。重症のうつ病患者は、今日では五〇年前の一〇倍に上っている。うつ病は男性の二倍の数の女性をさいなみ、一世代前よりも一〇歳は若い年代の人々を襲うようになった。

最近まで、うつ病は精神分析と生物医学の見地からしか見ることが許されていなかった。精神分析的な見地はジークムント・フロイトが一九一〇年代に書いた論文を基礎としている。フロイトはほとんど観察をせずに、想像力を駆使して推論を立てた。

彼は、うつ病は自己に向けられた怒りであると主張した。うつ病患者は自分を価値のない人間だと責めて自殺したがる。うつ病患者は母の膝にいるころから自分を憎むことを覚えるのだとフロイトは言った。

子どもがまだ幼いとき、母親はやむを得ず子どもを見捨てる場合がある。少なくとも子どもの目から見るとそう思える（母親が旅行に行くとか、遅くまで帰宅しないとか、下の子どもを産むなど）。すると子どもの中に激しい怒りの感情が生まれるが、最愛の母を憎しみの的にすることはできないので、子どもはさらに受け入れられやすい的――つまり自分（さらにはっきり言えば、自分のなかで母親と同一視できる部分）――に怒りを向ける。これは自滅的な習慣となる。それからは、再び捨てられる事態が起きると、子どもはこのような状態を引き起こした真犯人にではなく、自分自身に対して激しい怒りを覚えるようになる。自己嫌悪、大切なものを失ったことによるうつ状態、自殺――これら一連の現象が引き続いて起こる。

フロイトの見解によると、うつ病はなかなか治らないものだ。うつ病は子ども時代の葛藤の産物であり、幾重にも重なった防衛層の下に未解決のままひそんでいる。フロイトは、これらの層を突きやぶって昔の葛藤を解決しなければ、悲観主義傾向は薄れないと信じた。何年も何年も精神分析――セラピストの指導によって子ども時代、自己に怒りを向けた原因を探る大変な努力――を続けることが、フロイトのうつ病に対する処方せんであった。

この説はアメリカ人（特にマンハッタンの）の心をとらえたが、私に言わせればフロイトの見解はばかげている。放っておいても数カ月で消えてしまうであろう問題を解決するために、患者は何年間もあいまいな過去の記憶を一方的にしゃべらされることになるのだ。九〇パーセント以上の場合、うつ病は過去とはほとんど関連のない偶発的な出来事で、かかってもいずれ治る。症状は三カ月から一二カ月間持続する。何千人もの患者が何十万回も面接治療を受けたのに、精神分析がうつ病に効いたという実証はまだない。

さらに悪いのは、この方法が患者を責めることだ。精神分析理論は、患者が性格上の欠点から自分でうつ病を招いているのだと主張している。つまり、患者はうつ状態でいたいのだ。自分を罰していつまでもみじめな状態で過ごしたい、そしてもしできれば自殺したいという衝動にかられているのだという。

私はフロイト派の考え方すべてを非難するつもりはない。フロイトは偉大な解放者だった。初期のヒステリー――肉体的原因によらない麻痺《まひ》などの身体障害――に関する研究では、フロイトは人間の性の問題に踏み込み、その暗い面に立ち向かうという大胆な試みをした。ところがフロイトはヒステリーの説明に性の隠れた側面を使って成功したために、一生その公式を用いることになった。精神障害はすべて、私たちのおぞましい部分が変形したものであることにされた。そしてフロイトにとっておぞましい部分とは、私たちのもっとも基本的・普遍的な姿を意味している。この信じ難い前提は、人間の本質に対する侮辱だったのだが、この理論は新たな時代を画し、何事も次のような説明がされるようになった。

●あなたは母親と性的関係を持ちたいと思う
●あなたは父親を殺したいと思う
●あなたは生まれたばかりの自分の子どもが死ぬかもしれないと空想する——それはあなたが赤ん坊に死んでほしいと思っているからだ
●あなたは果てしなくみじめな日々を送りたいと思っている
●あなたのいちばん忌まわしい、内に秘めた秘密こそ、もっとも基本的な欲求だ

このように言われると、現実とのかかわりを失い、人間が普通に受け入れることのできる感覚や経験からかけ離れてしまう。

うつ病の診断には、もうひとつ生物医学的方法があり、こちらのほうが受け入れやすいと思われる。生物医学的見地に立つ精神科医は、うつ病は体の病気だと言う。これは遺伝性の生化学的欠陥——おそらくは染色体一一番に載っている——が脳の化学物質の不均衡を引き起こすことで生じる。生物医学的立場に立つ精神科医は、うつ病の治療に薬や電気けいれん療法（ショック療法）を用いる。これらは即効性のある、安価でかなり効果的な治療法だ。

生物医学的な見解は精神分析の見解とは異なり、部分的には当たっている。一部のうつ病は脳

の機能不全が原因であると見られるし、ある程度は遺伝性でもある。多くのうつ病患者には、抗うつ剤がゆるやかに効き、電気けいれん療法には即効性の効果がある。しかし、困った点もある。抗うつ剤の服用や電流を脳に流すことは不快な副作用があり、少数派ではあるが、かなりの人々にとって耐え難いものだ。そのうえ生物医学は、抗うつ剤がよく効く重症の遺伝性のうつ病から、非常に多くの人がかかるもっと一般的なうつ病まで、気軽に一緒に論じている。一般のうつ病が薬で治るという証拠はないのにだ。

いちばん悪いのは、生物医学的治療法が、本質的には正常な人々を外部の力――つまり親切な医者が処方してくれる薬――に頼る人間にしてしまうことだ。

抗うつ剤は通常の意味では依存性はないから、薬が投与されなくなっても、患者は薬をせがんだりはしない。問題なのは、治療に成功した患者が薬をやめると、うつ病がぶり返す例が多いことだ。そのため、投薬によって一見正常に機能して幸せに暮らせるようになった患者も、それが自分の力ではなく、薬のおかげだと思い込む。抗うつ剤は心の安らぎを得るための精神安定剤、美しさを見るための幻覚剤と同じく、現代の薬づけ社会の典型例である。どのケースも、本来は自分自身の力で処理できる感情問題の解決を、薬品に求めているのだ。

うつ病が、生物医学的立場に立つ精神科医や精神分析医が思っているよりもずっと簡単なものだとしたらどうだろう?

●もし、うつ病が何らかの動機によって自分でもたらしたものではなく、ただ単にふりかかってきたものだったらどうだろう?

●もし、うつ病が病気ではなく、ただとても落ち込んでいるだけだったらどうだろう？
●もし、私たちの反応が過去の葛藤に起因するものではなく、実際は現在のトラブルによって引き起こされたものだったらどうだろう？
●もし、私たちが遺伝子や脳の化学物質に左右されるのではなかったらどうだろう？
●もし、私たちが誰しも人生において経験する悲劇や挫折に直面したとき、間違った結論を出したためにうつ病が起こるとしたらどうだろう？
●もし、私たちが挫折の原因について悲観的な思い込みをしただけで、うつ病になるとしたらどうだろう？
●もし、私たちが悲観主義の習慣を捨て、挫折を楽観的に見る方法を身につけられるとしたらどうだろう？

成功と失敗を分けるものは何？

成功と失敗に関するこれまでの考え方も、うつ病に対する伝統的な見解と同じく、改めたほうがいい。職場でも学校でも、成功は才能と意欲の結果であり、失敗するのは才能か意欲が欠けているからだと考えられている。しかし、いくら才能と意欲があっても、楽観的なものの見方が欠けていれば、失敗に終わることもあるのだ。

才能を計る試験はしょっちゅう行われる。ＩＱテスト、ＳＡＴ（アメリカ合衆国大学進学適性試験）、ＭＣＡＴ（アメリカ合衆国医大入学試験）など、多くの親たちはこれらの試験が子どもの将来に重要だと考え、受験技術を身につけさせるために金を払う。保育園に始まり、人生におけるあらゆる段階で、これらの試験は有能な者をそれほど有能でない者からより分けることになっている。大まかな才能の測定が可能であることは実証済みだが、才能を高めることは至難の業だ。SATのための予備校は生徒の点数をいくらか上げることはできるが、真の才能のレベルには踏み込めない。

意欲となると話は別だ。意欲は簡単に高めることができる。伝道師はものの一時間か二時間で、世の中を救いたいという意欲を極端なまでにあおることができる。上手な宣伝は今まで少しも欲しいとは思っていなかったものを、一瞬にして買いたいと思わせてしまう。研修は従業員たちの意欲を高め、やる気満々にすることができる。しかし、熱意は長続きしない。世を救いたいという燃えるような意欲も常にあおり続けなければさめてしまう。ある製品へのあこがれはすぐに忘れられるか、別のあこがれにとって代わられる。士気を高めるための研修も二～三日は効果があるが、じきにまた鼓舞する必要が出てくる。

だが、成功とはどういう要素から成り立っているのか、というこれまでの考え方が間違っているとしたらどうだろう？

●もし、楽観主義または悲観主義が、才能や意欲と同じくらい重要な第三の要素だとしたらどうだろう？

●もし、私たちが必要な才能も意欲もすべて持っているのに、ペシミストだから失敗するとしたら、どうだろう？

●もし、オプティミストのほうが学校でも職場でもスポーツでも良い成績を上げるとしたらどうだろう？
●もし、楽観主義が学習で身につけられるテクニックで、一度身につければなくならないものだったらどうだろう？
●もし、私たちがこの技術を子どもたちに教えられるとしたらどうだろう？

健康を決定づけるものは何？

健康についてのこれまでの考え方にも、才能に対する見解と同じように欠陥がある。楽観主義と悲観主義は、肉体的要素と同じくらい健康そのものにも影響を与えるのだ。

たいていの人は、肉体的な健康は、体質や健康習慣、それにいかにばい菌を防ぐかによって決まると思っている。そして体質は、正しい食習慣を守り、運動をし、悪玉コレステロールを避け、定期検診を受け、シートベルトをつければ強化することはできるものの、大部分は遺伝的なものだと信じている。予防接種、厳しい衛生管理、安全な性生活、風邪を引いている人に近づかない、毎日三回歯をみがく、などによって病気を防ぐことができる。健康をそこなうのは、その人が弱い体質であったか、不健康な生活をしていたか、たくさんのばい菌に触れたかだ……。

この伝統的な考え方は重要な健康決定要因――私たち自身の認知――を計算に入れていない。

私たちは自分たちが考えているよりもずっと、自らの肉体的健康をコントロールする力を持っているものだ。例えば次のような例が挙げられる。

●私たちの考え方（特に健康に対してどのような意見を持っているか）によって健康状態が変わる
●オプティミストのほうがペシミストよりも感染症にかかりにくい
●オプティミストのほうがペシミストよりも健康的な習慣を持っている
●オプティミストのほうが免疫力がある
●オプティミストのほうがペシミストよりも長生きであることが証明されている

楽観主義の応用がもっとも役に立つのは、うつ病の治療、成績や業績アップ、健康増進の三分野だが、自分自身を新たな視点から理解するのにも役立つ可能性がある。

この本を読み終えるころには、読者は自分の悲観度、あるいは楽観度が分かっているはずだ。また自分の妻や夫、子どもの傾向も計ることができるようになっているだろう。昔の自分がどれくらい楽観的であったかさえ分かるはずだ。

自分がなぜ落ち込んだり、深刻な絶望感にさいなまれるようなうつ状態になるのか、そしてこの状態を持続させるものは何なのかも、よく分かるようになっているだろう。自分には才能もあり、目標達成の意欲に燃えていたのになぜ失敗したのか、理解できるようになっているだろう。うつ状態を終わらせ、再発を防ぐ新しい方法もひととおり身につけているはずだ。

私は今まで従来の心理学が扱ってきた問題点を越えた、新たな領域を築こうと努力してきた。私は世の中や身の回りのさまざまな出来事を、自己コントロールの成功または失敗の例として見ている。

ものごとをこのような見方で観察すると、世の中はかなり違って見えてくる。例えば、表面上は何の関係もない出来事をならべてみよう。

うつ病や自殺がありふれた現象となる。社会が、個人的欲求の充足をいちばんに考えることを権利として認めるようになる。速い者ではなく、自分に自信を持っている者が競争に勝つ。恐ろしいほど若い人が慢性病にかかり、早死にする。賢くて熱心な親たちがひ弱で甘やかされた子どもを産む。考え方を変えるだけでうつ病を治す治療法ができる。

私はこれらすべてをひとつのものとしてとらえている。本書は私のこのような思考経路にそって書かれたものである。

まずは自己コントロール理論から話を始めよう。ここで二つの基本的概念――学習性無力感と説明スタイル――を紹介する。両者にはとても密接な関係がある。

〝学習性無力感〟とは、あきらめのことである。つまり自分が何をしようと事態は変わらないのだからやめようという考えだ。〝説明スタイル〟とは、なぜこのようなことになったのか、普段自分に説明するときの方法である。これは学習性無力感を大きく左右する要素だ。

楽観的な説明スタイルは無力感に陥るのを防ぐのに対して、悲観的な説明スタイルは無力感を拡大してしまう。日常の挫折や大きな敗北を経験したとき、自分に対してどんな説明スタイルを取るかによって、どれほど無力感に襲われるか、または自分を奮い立たせることができるかが決まる。説明スタイルとは〝自分の心の中の言葉〟を反映するものだと私は考えている。

私たちはみんな、それぞれ心の中にイエスかノーの言葉を持っている。自分の心にどちらがあるのか直感的には分からないことが多いが、かなり高い精度でそれを知る方法がある。本書のテストを受ければ、読者は自分の楽観度と悲観度が分かるはずだ。

楽観主義は、人生のすべてとは言えないまでも、多くの領域で重要な役割を持っている。万能薬ではないが、うつ病を防ぎ、達成のレベルを上げ、健康を増進するのに役立つし、何より楽観的でいるほうが気分がいい。一方、悲観主義にも使い道はある。それについては本書のあとのほうで詳しく説明する。

もしテストで自分がペシミストであると分かっても、それでおしまいではない。悲観主義は固定したものでも、変えられないものでもない。悲観主義の支配から逃れて、必要なときに楽観主義を使いこなす方法を身につけられる。身につけるのは簡単ではないが、マスターすることはできる。

まず第一のステップは、自分の心の中の言葉を見つけること。このステップは、人間の心の理解に向けての新たな第一歩でもある。一九六〇年代後半から、個人の自己コントロールの自覚がいかにその人の運命を決めるかが明らかになった。これはその事実を理解するための大切な第一歩なのだ。

第2章

なぜ無力状態になるのか

一三歳になるころには私にも分かっていた。両親が私を親友のジェフリーの家に泊まりに行かせるのは、いつも家庭に深刻なトラブルが起きているときだった。

前回は、母が子宮摘出手術を受けていたことをあとになって知った。今回は父に何か困ったことが起きたのだと直感した。最近父のようすがおかしかったからだ。父は私が理想の父親像として描いているとおりの物静かで落ちついた人だったが、近ごろは怒ったり、涙ぐんだり、感情的になることが多かった。

その晩、父が私をジェフリーの家へ送るとき、ニューヨーク州オールバニの住宅街の暗い通りで突然鋭く息を吸い込んで車を端に寄せた。私たちはしばらく無言で一緒に座っていた。やがて父は「一～二分間、体の左側の感覚がすべてなくなった」と言った。父の声に不安を感じ取って、私は恐ろしくなった。

父はまだ四九歳の働きざかりだった。大恐慌時代に育った父は、ロースクールで法律を学び、優秀な成績を修めたが、高収入でリスクの高い仕事よりも、安定した公務員の道を選んだ。だがそのころ父は人生で最初の大胆な試みに着手しようとしていた。ニューヨーク州政府高官を選ぶ選挙に出馬することにしたのだ。私はそんな父を非常に誇らしく思っていた。

私もまた少年時代で最初の危機に直面していた。その年の秋、父は私に公立学校を辞めさせて規律の厳しい私立の男子校に入れた。オールバニで成績優秀な少年たちを多数有名大学に合格させていたのはその学校だけだったからだ。私はすぐに、その学校で中流層の家庭の子どもは自分だけであることに気づいた。みんな金持ちの息子で、その多くはオールバニで二五〇年以上続いている名家の出だった。私は仲間はずれであると感じていたし、孤独だった。

父はジェフリーの家の前で車を停め、私はさよならを言った。胸がいっぱいだった。翌朝、夜明けに私ははっと目覚めた。なぜか、すぐ帰らなければ、と思った。家で何かが起きているような気がした。そっと家を抜け出し、六ブロック走って自宅に帰った。着いたとき、ちょうど正面の階段から担架が担ぎ出されるところだった。父が乗っていた。木の陰から見ていた私には、父が気丈に振る舞おうとしながらも、息が苦しげで体も動かせないのが分かった。父は私に気づかず、私が父のもっともみじめな瞬間を目撃したことを知らなかった。それから三回の発作があり、父の身体は永久に麻痺し、ひとしきり悲しんでいる状態が続くと、奇妙なことに不自然なほど上機嫌なこともあるという状態になった。父は肉体的にも精神的にも無力であった。

私は病院へは面会に連れていかれなかった。しばらくの間はギルダーランド介護施設へも行かなかった。だがとうとうその日がやってきた。父の部屋に入ったとき、私は父が自分の無力な状態を見られるのを、私と同じくらい恐れているのが分かった。

母が神とあの世について父に話した。

「アイリーン」父は言った。「僕は神を信じてはいない。こんなことがあってからは何も信じられないいんだ。僕が信じているのは君と子どもたちだけだよ。死にたくない」

私が無力さによって引き起こされる苦しみを見たのはこれが最初であった。それから何年もあとなる父の死までに、私はこういう状態にいる父を何度も何度も見て、将来何を探究するかという方向が決まった。父の絶望が私の熱意をあおった。

一年後、早熟な弟のためにいつも大学生用の本を持って帰ってくれる姉に勧められて、私は初めてジークムント・フロイトを読んだ。私はハンモックに寝転び、『夢の解釈』を読んでいた。歯が抜ける夢をたびたび見る人々のことを書いた部分で、ハッと思い当たることがあった。私も同じ夢を見ていたのだ！　そしてフロイトの解釈に衝撃を受けた。

フロイトいわく、歯が抜ける夢は去勢を象徴するもので、マスターベーションの罪悪感を表現している。そういう夢を見る人は、マスターベーションの罪のために父親に去勢という罰を受けることを心配しているのだという。フロイトはなぜ私のことをそんなによく知っているのだろうと不思議に思った。

そのときの私は、フロイトが読者を自分のことが書かれているのではないかと驚かせるために、思春期の少年によくある歯の夢と、さらによくあるマスターベーションとをたまたま結びつけただけだということは少しも知らなかった。フロイトの説明はその本当らしさで読者を魅了し、もっと多くの事実が明らかになるのではないかと期待させるものがあった。私はそのとき自分もフロイトのように疑問を発しながら、一生を送りたいと思った。

数年後、私は心理学者か精神科医になろうと決心してプリンストン大学に入ったが、プリンストンの心理学科は目立たない存在であった。それに対し、哲学科は世界的レベルであることが分かった。心の哲学と科学の哲学は関連が深いと思ったので、現代哲学を専攻した。

卒業するころになっても、私はフロイトの疑問は正しいと信じていた。しかし、彼の答えはもう本当らしくは思えなかったし、数少ないケースから飛躍するフロイトの方法はどうかと思った。科学は実験によってしか、無力さのような感情のからんだ問題の原因と結果の解明や、治療法の探究もできないと信じるようになっていたからだった。

私は実験心理学を勉強するために大学院へ行った。一九六四年の秋、二一歳のやる気満々の私は、もらったばかりの学士号だけを持ってペンシルバニア大学のリチャード・ソロモンの実験室にやってきた。ぜひソロモンのもとで勉強がしたかった。ソロモンは世界でも指折りの学習理論家であっただけでなく、私がまさにやりたいと思っていた分野の研究に携わっていた。精神障害の原理を、よく管理された動物実験によって推定する試みだ。

ソロモンの実験室はヘア・ビルと呼ばれる建物の中にあった。キャンパス中でいちばん古くて陰気な建物で、ドアのたてつけが悪く、ちょうつがいからはずれるのではないかと思ったほどだ。部屋の向こう側にソロモンがいるのが見えた。長身でやせてほとんど完全にはげており、自分だけの学問に没頭しているという雰囲気が漂っている。しかし、ソロモンが夢中なのとは反対に、実験室の人々はざわざわと落ちつきがなかった。

いちばん年上で、おせっかいなくらい親切なブルース・オーバーマイヤーという中西部出身の大学院生がすぐに説明役をかって出てくれた。

「問題は犬なんだ。犬たちが何もしようとしないんだよ。どうかしてしまったらしい。だから誰も実験ができないんだ」。ここ数週間、実験用の犬たち（ブルースによれば〝移転〟実験用の犬）はパヴロフの条件づけをされていた。連日犬たちは二種類の刺激（高い音と短いショック）にさらされていた。音とショックは一緒に――最初に音、次にショック――与えられていた。ショックは静電気のような弱い衝撃で、大した痛みはなかった。犬たちがなんでもない音と有害なショックを結びつけて考えるようにし、あとで犬たちが音を聞いたときにショックを受けたかのように反応する（恐れるようになる）ようにしようというだけのことだった。

そのあとで実験の主要な部分が始まった。犬たちは二つに仕切られた〝シャトルボックス〟に入れられた。これは、二区画に仕切られ、間に低い仕切りのある大きな箱だ。実験者が見たいのは、今度はシャトルボックスに入れられた犬が、ショックに反応するのと同様に音にも反応するかどうか――つまり、仕切りを跳び越えて逃れようとするだろうかということだった。もし犬たちがそうすれば、大幅に異なった状況を乗り越えて感情学習が移転したということになる。

犬たちは最初に、ショックから逃れるために仕切りを跳び越えることを覚えなければならない。それを覚えたところで、音だけを聞かせても同じ反応が起きるかどうかテストすることができる。これは犬たちにとってたやすいことだと思われた。ショックを逃れるためには、シャトルボックスを仕切っている低い仕切りを跳び越えればいいだけだ。犬は普通これくらいは簡単に覚える。

だがブルースが言うには、犬たちはただ鼻を鳴らして座っているだけで、ショックから逃げようともしなかった。そしてそれはもちろん、本当にやりたかった実験――音で犬たちをテストすること――に誰も進めないことを意味した。

ブルースの話を聞きながら鼻を鳴らしている犬たちを見ていた私は、移転実験がもたらしたかもしれないものよりも、何かもっと重要なことがすでに起こったことに気づいた。つまり、実験の早い段階で、犬たちは無気力になることを教えられたのだ。だから犬たちはあきらめてしまったのだ。音は関係なかった。パヴロフの条件づけの間、犬たちは、もがいても、跳び上がっても、吠えても、何もしなくても、そんなことにはかかわりなく、ショックが与えられたり、やんだりすると感じた。犬たちは自分が何をしても関係ないことを〝学習〟したのである。だから逃げようとはしなかったのだ。

私はこの結論の意味にぼうぜんとした。もし犬たちが〝自分たちの行動が無益だ〟という複雑なことを学習できるのなら、それは人間の無力感と共通であり、実験室で研究することができる。無力状態は私たちの回りにいくらでもある――都市の貧困者、新生児、壁を向いたままの患者。父の人生もそれでめちゃめちゃになってしまった。しかし、無力状態を科学的に研究する学問はなかった。私の心の中をさまざまな思いが忙しく駆けめぐった。これは人間の無力状態を実験室で作り出したものと言えるだろうか？　どのようにそれが発生し、どのように治療し、どのように予防するか、そしてどんな薬が効くか、かかりやすいのはどういうタイプの人間かを解明するのに使うことができるだろうか？

実験室で無力状態を身につけたのを見たのはそれが初めてだったが、私にはそれと分かった。ほかの人々も見たことがあるに違いないのだが、それ自体は研究する価値のない、邪魔な現象だと思ったのだ。私は麻痺状態の父の姿を見た衝撃から、それが何であるかに気づく用意ができていたのだろう。これらの犬たちに取りついていたのは無力感であったこと、そしてこの無力感は学習によって身についたものなのだから、学習によってそれから逃れることもできることを科学界に証明してみせよう。それには一〇年かかるだろうと思われた。

この重要な発見の可能性に興奮しながらも、私は別の思いに沈んでいた。ここの大学院生たちはまったく罪のない犬たちにある程度の苦痛を伴うショックを与えている。自分はこの実験室で研究をすることができるだろうか？　私は動物好きで、特に犬が大好きだ。だからたとえ大した痛みでなくても、苦痛を与えることを思うと気が重くなった。

私は週末に、哲学の恩師のもとへ相談に出かけた。彼は私と年齢もそう違わなかったが、とても賢い人で尊敬していた。先生と奥さんはいつでも私のために時間をさいて、六〇年代の学生生活につきものだった疑問や矛盾の解決に力を貸してくださっていた。

「無力状態の理解のきっかけになるような出来事を実験室で見たんです。今まで誰も研究した人はいませんでした。私もずっとそれを追究していけるかどうか、自信がありません。犬たちにショックを与えるのは正しいこととは思えないからです。間違ったことではないにしても、気持ちが良くないいんですよ」私は自分の観察したこと、それがどういう方向に展開するかという予想、そして何よりも自分の心配について話した。

教授は倫理と科学史の専門家らしい質問を私にした。「マーティ、ほかに無力を解明する方法はあるのかい？　無力な状態の人々の事例研究はどうなの？」

事例史では行き詰まることは誰の目にも明らかだった。事例研究はたった一人の人間の人生について述べたものだ。この方法では出来事の原因がつかみにくいし、実際に何が起こったのかさえ、話し手の目を通してしかつかむことができない。そして話し手には必ずその人なりの見方があって、それが話をゆがめる。的確に管理された実験によってのみ、原因を分離させ、治療法を発見できるだろうことははっきりしていた。さらに倫理的に、私がほかの人間に苦痛を与えることはできない。つまり動物実験による道しか残されていなかった。

「どんな生物にでも、苦痛を与えることは正当化されるものでしょうか？」

教授は、大部分の人間と家で飼っているペットたちも、動物実験が行われたおかげでいま生きているのだということを忘れないように、と言った。動物実験なしでは、ポリオがいまだに猛威をふるい、天然痘も大流行していただろう。「しかし一方で、科学の歴史は基礎研究分野からの不渡りの約束手形でいっぱいであることも知っているはずだね。人間の苦しみを緩和するはずだった技術が、結局期待はずれだったことはあまりにも多い」

教授は続けた。「君がやろうとしていることについて二つ質問をさせてくれ。第一に、長い目で見て、君が実験で与えなければならない苦痛よりもずっと大きい苦痛を取り除ける可能性はかなり大きいのか。第二に、科学者は動物実験での成果を人間に応用することができるのか、だ」

二つの質問に対する私の答えは両方ともイエスだった。第一に、私は人間の無力の謎を解くモデルを手にしていると思われた。もしこれが解ければ、とても多くの苦痛を緩和できるようになる。第二に、科学では動物の例を人間に当てはめることのできる場合と、そうでない場合を判断する基準がすでにできている。私は実験を進める決定をした。

教授は、科学者というものは往々にして自分の野心におぼれ、当初持っていた理想を都合よく忘れることがあると私に警告した。教授は二つ決心をするように言った。ひとつは、求めていた基本原理を発見したことが明らかになった日に犬を使った実験はやめること。もうひとつは、動物実験を必要としていた疑問の解明に成功した日に、すべての動物実験をやめること。

私は無力状態の動物モデルを作りだす希望に燃えて実験室に戻った。この目標に価値を認めた学生は、私のほかにはただ一人、ニューヨーク郊外で黒人・ヒスパニック系の多く住むブロンクス出身のスティーブ・マイヤーだけだった。内気で勤勉なマイヤーは、たちまちこのプロジェクトに夢中になった。スティーブは貧困のなかで育ち、ブロンクス科学高校ではピカ一の存在だった。彼は現実の世界での無力を身をもって知っており、苦労をいとわない性格でもあった。私たちは動物が無力状態を身につけることを実験で示そうと考えた。私たちは、牛などを首の部分で横に連結するときに使うくびきで三種類の犬をつないだ。それを〝三匹組〟の実験と呼んだ。

第一グループには、逃れられるショックを与えることにする。鼻でパネルを押すことによって、そのグループの犬はショックをとめることができる。その犬は反応の仕方によってショックをコントロールする力を持っていることになる。

第二グループに対するショック装置は、第一グループに対する装置に連結されている。第二グループの犬たちは第一グループとまったく同様のショックを与えられるが、これらの犬たちがどんな反応をしようと何の効果もないようにしてある。第二グループの犬のショックはくびきでつながれている第一グループの犬がパネルを押さないかぎり、やむことはない。

第三グループは何もショックを受けない。

犬たちはそれぞれの分類どおりにこの経験をしたあとで、三種類ともシャトルボックスに連れていかれる。彼らはショックを逃れるために仕切りを跳び越えることを簡単に覚えるはずだ。しかし私たちの仮説では、もし第二グループの犬たちが自分たちが何をしようとショックには関係ないことを学んだとすれば、ショックを与えられても何もしないで座っているだろう。

ソロモン教授ははっきりと疑問を表明した。現在の心理学理論では、動物が――あるいは人間が――学習によって無力になるという考えはとても受け入れられないだろう。私たちがプロジェクトについて相談しに行くと、ソロモンはそう言った。「生物は反応の仕方によってほうびか罰がもたらされるときにだけ、反応を学習するものだ。君の提案する実験では、反応はほうびとも罰とも関連がない。二つとも動物のやることとは関係なくもたらされる。現在の学習理論では、これは学習を生みだす条件とは言えないね」

ブルース・オーバーマイヤーも口をそろえた。「自分が何をしても関係ないということを、どうやって動物が覚えられるっていうんだ？　動物はそんなに高度な精神生活はしていないよ。彼らは恐らく全然認知などしていないだろう」

二人とも懐疑的ではあったが、ずっと応援してくれた。二人はまた、私たちに性急に結論を出さないようにと注意を促した。動物たちは反応してもむだだと思ったのではなく、何か別の理由でショックから逃れようとしないかもしれない。ショックのストレス自体でも犬たちがあきらめたように見えることがあるかもしれないというのだ。

スティーブと私は、三匹組の実験によってこれらの可能性もテストすることができるだろうと思った。逃れられるショックを受けるグループも、逃れられないショックを受けるグループも、同じ量の肉体的ストレスを経験することになるからだ。もし無力感が決定的な要素だという私たちの考えが正しければ、逃れられないショックを受けた犬たちだけがあきらめるはずである。

一九六五年一月初め、私たちは二日にわたって実験を行った。二日目にシャトルボックスに入れられてショックを与えられた犬たちのうち、ショックをコントロールすることを教えられていた犬は、数秒のうちに仕切りを跳び越えて逃げることができるのを発見した。ショックを与えられていなかった犬も同様に数秒で発見した。しかし、自分が何をしようと事態は変化しないことを教えられていた犬は、低い仕切りの向こうにショックのない区域があるのが見えるのに、逃げる努力をせず、哀れにもすぐにあきらめて座り込んだままだった。

私たちは八組の三匹組にこの実験をした。無力グループの八匹の犬のうち、六匹までがシャトルボックスの中にあきらめて座ったままだったのに対し、ショックコントロール組の八匹にはあきらめたものは一匹もいなかった。

スティーブと私は、逃げることのできない出来事だけがあきらめを引き起こすのだという確信を持った。まったく同一パターンのショックを与えても、動物がコントロールできるものであればあきらめは起こらなかったからだ。動物が自分の行動がむだであることを学ぶことができるのは明らかだった。そしてそれを学ぶと、もう自分からは行動を起こさず、無抵抗になる。私たちは学習理論の大前提――学習は反応がほうびか罰をもたらすときにのみ起こる――に挑戦し、それが間違っていることを証明したのだ。

スティーブと私はこの発見の詳細をレポートした。驚いたことに、もっとも保守的な雑誌である『実験心理学《ジャーナル・オブ・エクスペリメンタル・サイコロジー》ジャーナル』誌の主幹がトップ記事として扱ってくれた。世界中の学習理論学者たちに挑戦状がたたきつけられた。大学院の青二才二人が、行動主義の偉大なる創始者B・F・スキナーとその弟子たちに向かって、彼らのもっとも基本的な前提が間違っていると宣言したことになる。

行動主義者たちはおとなしく降参しはしなかった。ここペンシルバニア大学の心理学科でももっとも権威ある教授――彼自身が二〇年間『実験心理学ジャーナル』の編集責任者を務めたことがある――が私に「君たちの記事の草稿を読んで、気分が悪くなった」というメモを送ってきた。スキナーの一番弟子には、国際会議で、よりによって男子トイレで呼び止められて「動物は学習などしない。反応を覚えるだけだ」と言われたりもした。

心理学の歴史でも決定的と呼べる実験はそう多くはなかったが、当時弱冠二四歳だったスティーブがそれを考案したのだった。これは勇気ある行動だった。スティーブの実験は、ゆるぎない正統派の地位を保ってきた行動主義に真っ向から反対するものといえた。

行動主義は六〇年間、米国心理学会に君臨してきた。学習の分野の大物はすべて行動主義者であったし、二世代の間、心理学会の重要な地位はほとんどすべて行動主義者が占めていた。行動主義が無理なこじつけであることが明らかだったのに、である（科学は無理なこじつけをずいぶんと長持ちさせることがよくある）。

フロイト派の考えと同じように、行動主義の主要原理は常識に反するものだった。行動主義者は、人間のすべての行動は、その人の一生のほうびと罰の歴史によってのみ決定されると主張した。ほうびをもらった行動（例えば、ほほ笑んだら抱き締めてもらえた）は繰り返されることが多いし、罰せられた行動は抑えられることが多い。人間の行動とはただそれだけだと言う。意識――考えること、計画すること、期待すること、覚えること――は行動に何の影響も及ぼさない。それは車のスピードメーターのようなもので、車を走らせるものではなく、今起こりつつあることを表しているだけだ。行動主義者に言わせれば、人間は自分の内面の考えによってでなく、すべて外界の環境――ほうびと罰――によって形成される。

聡明な人々が長期間このような考えを持っていたとは信じ難いのだが、第一次世界大戦の終結以来、米国心理学会は行動主義の教条に支配されてきた。一見信じ難く思えるこの理念の訴えるところは、基本的にはイデオロギー的なものであった。行動主義は、生物としての人間をとてつもなく楽観的な観点から見ており、この観点から見ると進歩はうれしいぐらい簡単に思える。

人を変えるには環境を変えればいい。人は貧しいことで犯罪を犯すのだから、貧困を取り除けば犯罪はなくなる。泥棒をつかまえたら、生活環境を変えることで更生させられる。泥棒を盗みに対しては罰するが、何か建設的な行動をとったらほうびを与えればいい。偏見は、偏見の対象である人々を知らないことによって起きるのだから、その人たちと知り合えば克服できる。愚かさは教育のなさによって起きるのだから、教育を普及させることによって解決できる……。

ヨーロッパでは行動の説明に遺伝学的手法――性格的な特徴、遺伝子、家族など――が用いられたのに対し、アメリカでは行動は全面的に環境によって決定されるという考えが受け入れられた。行動主義が全盛であった二つの国々、すなわち米ソが、少なくとも理論上は平等主義の発祥の地であったことは単なる偶然ではない。「すべての人々は生まれながらに平等である」「何人《なんぴと》もその能力に応じて働き、必要に応じて与えられる」という理想は行動主義のイデオロギー的な下支えであるとともに、米ソそれぞれの政治体制の基盤をなしてもいるのだ。

以上が、私たちが行動主義者たちへの反撃を準備していた一九六五年当時の事情だ。

私たちはすべてがほうびと罰に集約されるという行動主義の考えはまったくばかげていると思った。ネズミがバーを押して食べ物を得ることについて、行動主義者たちがどう説明しているか見てみるといい。バーを押すことによって食べ物を得たことのあるネズミはまたバーを押す。それはバーを押すことと食べ物の関連が、ほうびによって強化されたからだ。あるいは人間の労働についての行動主義者たちの説明を見てみるといい。人間は仕事に行ったことに対してほうびをもらったことがあるから仕事に行くのだ。ほうびがもらえるだろうという期待があるからではない。行動主義者からすると、人間やネズミの精神生活は存在しないか、または存在しても行動の原因としての役割は果たさない。反対に、私たちは精神的な出来事が行動の原因となると信じた。ネズミはバーを押せば食べ物が出てくると〈期待〉する。人間は仕事に行けば、給料がもらえると〈期待〉する。ほとんどの意志的な行動の動機は、その行動のもたらす結果への期待である、と私たちは考えた。

「無抵抗となるには、二つ原因があると考えられます」毎週の研究セミナーの席で、ますます批判的になってきた会員を前に、スティーブはその場に不釣合いなブロンクスなまりで指摘した。「介護施設の老人のように無抵抗にしていたほうが得な場合は、そういう習慣を身につけることがあります。要求が多い老人よりも、おとなしい老人のほうが職員に優しくしてもらえますからね。またはすっかりあきらめてしまったとき、おとなしくしていようとうるさく要求しようと変わらないと思い込んだときも受け身になります。犬たちは無抵抗でいればショックがやむからおとなしくしているのではなく、何をしても状況に変化が期待できないと思ってあきらめたのです」

行動主義者たちは、犬たちが自分が何をしても変化は期待できないことを学んで無気力になったのだと言うわけにはいかなかった。行動主義はもともと、動物も人間も学ぶことができるのは行動（専門用語で言うと運動反応）だけであり、思考や期待は学習できないと主張しているからだ。そこで行動主義者たちは、犬たちがじっと座っていることで報われるような状況が起こったのだという説明をつけようとした。

犬たちは逃れられないショックを断続的に与え続けられていた。ショックがやんだときに犬たちはたまたま座っていたことが何度かあったのだろう。苦痛がとまったことが強化子（ある種の反応を刺激する要素）となって、座ることを促した。犬たちはさらに座り続け、ショックは再びやんだ。そこでさらに座ることが強化されたのだ、と行動主義者たちは主張した。

この論法は行動主義の最後の切り札であったが、私に言わせればまったく見当違いだった。犬たちはじっと座っている間もショックが続いたこともあったのだから、座っていることで報われただけでなく、罰せられたことにもなる。これは座っている行為を抑制する方向に働いても不思議ではない。行動主義者たちは自分たちの主張が論理的に間違っていることを無視して、犬たちが学んだのはじっと座っているという強固な反応であると言い張った。これに対して私たちは、犬たちに〝何をしても結果は変わらない〟と判断する能力があったことは明らかだ、と反論した。

このとき、スティーブがすばらしいテスト方法を考え出した。「それなら、行動主義者たちが犬を超無力にすると主張しているとおりの手順で犬たちを実験してみよう。犬たちはじっと座っていることで報われると言うのなら、じっとしていることにほうびをやろう。犬たちが五秒間じっとしているたびに、ショック装置を切るんだ」

つまり、実験は行動主義者たちが偶然そうなったと言っているのとまったく同じに行う。

行動主義の考えからすると、この実験によって犬たちは動かなくなるはずだったが、スティーブは違う意見だった。「犬たちは五秒間じっとしていれば、ショックはやむことを学ぶ。自分にコントロールする力があることが分かるんだ。そして僕たちの理論からすると、犬たちは一度コントロールすることを学べば、決して無力にはならない」

スティーブの用意した実験は二つの部分から成り立っていた。実験の前半では、第一グループ第二グループの〝くびき組〟は〝じっと座っている組〟がショックを受けるときはいつも一緒に受けるが、彼ら自身が何をしてもショックには影響がない。ショックは〝じっと座っている組〟が座ったときだけやむ。第三のグループは〝ショックなし組〟だ。

実験の後半では、すべての犬をシャトルボックスへ連れていく。行動主義者たちの考えでいけば、ショックが与えられたとき、〝じっと座っている組〟も〝くびき組〟もじっとしていて、無力なように見えるはずだ。両グループともさきほどじっとしていたことでショックから逃れることができたからである。また二つのグループのうち、じっとしていてもときどきしかショックがやまなかった〝くびき組〟よりも、必ずやんだ〝じっと座っている組〟のほうが、よりじっとしているはずだ。また行動主義の考えでは〝ショックなし組〟には影響がないことになる。

私たち認知主義者は違う意見だった。ショックをコントロールすることを覚えた〝じっと座っている組〟は無気力にはならず、シャトルボックスの仕切りを跳び越えるチャンスがあればすぐにそうするだろう。〝くびき組〟は大部分が無気力になり、〝ショックなし組〟は無論影響を受けずに素早く仕切りを跳び越えてショックから逃れるだろうと予想した。

実験の結果は次のとおりだ。〝くびき組〟の大部分はじっとしていて、両派の予想どおりだった。〝ショックなし組〟は影響を受けなかった。〝じっと座っている組〟は、シャトルボックスに入れられたとき、数秒間動かずにいてショックがやむのを待っていた。しかしショックがやまないので少し動き回り、ショックをとめる消極的な方法を見つけようとした。だが、じきにそういう方法はないという結論を下し、すぐに仕切りを跳び越えたのである。

学習性無力感についての行動主義者と認知主義者の意見の対立のように、大きな見解の相違が起こった場合、片方が弁解の余地もないほどの敗北を喫するような実験を組み立てるのは非常に難しい。二四歳のスティーブ・マイヤーはそれをやってのけたのだ。

私たちの発見は偉大な思想家ノーム・チョムスキー、ジャン・ピアジェ、そして認知心理学者たちの考えとともに、心の探究の分野を拡大し、行動主義者たちを後退させる役割を果たした。

それまで博士論文の人気テーマといえばネズミの行動の研究であったのが、人間や動物の心の働きの科学的探究がそれにとって代わるようになった。

スティーブと私は、無力状態を作り出す方法を発見した。しかし、作り出すことはできても、どうすれば治せるのか？

私たちは無力を学習したグループの犬たちを連れてきて、渋る犬たちを無理に引っ張ってシャトルボックスの仕切りを何度も越えさせた。犬はやがて自力で動くようになり、自分の行動が役に立つことを悟った。いったんそれが分かると、治療の効果は一〇〇パーセント持続した。

私たちは予防法も研究し、〝免疫づけ〟という方法を発見した。自分の反応によって状況が変わることをあらかじめ教え込んでおくと、無力状態に陥るのを防げるのだ。さらに子犬の時代にこのことを身につけさせると一生無力状態に対する免疫がつくことも分かった。これを人間に応用することを考えると心が躍った。

私たちは理論の基礎を確立することができた。そして私がプリンストンで恩師と動物実験の倫理について話し合った日の決心のとおり、スティーブと私は犬を使った実験をやめた。

無力状態に陥りやすい者とそうでない者

私たちの論文は定期的に載るようになった。学習理論家たちは予想どおりの反応をし、疑いと、少なからぬ怒りと、熱い議論が巻き起こった。論争はえんえんと二〇年も続いたが、なんとか私たちが勝利を収めたと言えるだろう。頑固な行動主義者たちでさえ、学生たちに学習性無力感について教え始め、研究を勧めるようになった。

もっとも建設的な反応が寄せられたのは、学習性無力感を人間の問題に応用しようという科学者たちからだった。なかでも興味を引いたのは、オレゴン州立大学の大学院生で三〇歳の日系人ドナルド・ヒロトの話だった。ヒロトは論文のテーマを探しており、私たちの実験の詳細を尋ねてきた。彼の手紙にはこう書いてあった。「私は犬やネズミではなく、人間に試してみたいんです。そして本当に人間の状態に当てはまるかどうか知りたいのです。こちらの教授たちはうまくいくはずがないと言っていますが」

ヒロトは、人間を対象にして、私たちが犬にしたのと同様の実験を始めた。まず一つのグループの人々を部屋に入れ、大きな音を流して、これらの人々にこの音を止める方法を発見させようとした。彼らは指先でパネルのボタンを何通りも押すが、音は止められない。実は、どんな組み合わせでボタンを押しても音は止まらないようになっている。ほかのグループの人々は正しい組み合わせのボタンを押せば音を止めることができた。さらにもう一つのグループは騒音を聞かされなかった。

そのあとでヒロトは人々をシャトルボックスのある部屋へ連れていった。一方の側に手を置くと、シューシューという不愉快な音がする。もう一方の側に手を移すと音が止まる仕掛けになっていた。

一九七一年のある午後、ヒロトが私に電話してきた。

「マーティ、今度の実験の結果は、ひょっとしたら大きな意味を持っているかもしれませんよ。最初に逃れられない音を聞かされた人々の大部分は、シャトルボックスでそのままじっと座っていたんです！　信じられますか？」ヒロトが専門家らしい落ち着きを保とうとしながらも、興奮しているのが分かった。「まるで自分には音を止める力がないと悟ってしまったかのように、やってみようともしなかったんです。時間も場所もすべて違っているというのに。音に対する無力感を新しい実験にまで持ち越してしまったんです。でも、聞いてください。ほかの人たち――最初に聞かされた音を止めることができた人と、全然音を聞かされなかった人――はいとも簡単に音を止めることができたんです！」

これで長年の調査研究は頂点に達したのかもしれない、と私は感じた。もし騒音のようなささいなイライラでも人々が無力状態に陥ることがあるとすれば、世の中の人々は自分たちの行動が実らなかったことを何度も経験したり、深刻なショックを体験することによって、無力を学習していることになる。恐らく挫折全般――愛する人からの拒絶、仕事上の失敗、配偶者の死――に対する人間の反応が、学習性無力感実験のモデルを通して理解できるのではないだろうか。（ここで付け加えておくが、私たちは今回をふくむ、人間を使ったすべての無力学習実験に参加した人々をうつ状態のままで帰らせたわけではない。実験終了後、人々に音は操作してあり、問題は解けないようになっていたことを知らせると、彼らのうつ症状は消えた。）

ヒロトの発見によると、彼が無気力にしようと試みた人々のうち、三人に一人は屈服しなかった。これは非常に重要な意味がある。同じく逃れられないショックを受けた動物のうち、三匹に一匹は無力にならなかった。これに続いて行われたビル・コズビーのレコードを使ったテスト(人々の行動にかかわりなくレコードの音が聞こえたり、聞こえなくなったりする)や、ギャンブル用のスロットマシンから予期できないタイミングで五セント硬貨が出てくる実験によっても、ヒロトの発見は裏づけられた。

ヒロトのテストはもう一つ注目すべき結果をもたらした。ショックを受けなかった人々のうち一〇人に一人は、最初からずっとシャトルボックスの中に座ったままで、不快な音に対して何もしようとせず、動かなかった。これもまた、私たちの動物テストと同じだった。動物も一〇匹のうち一匹は最初から無気力だった。

私たちの満足感はすぐ大きな好奇心に替わった。誰が簡単にあきらめ、誰が決してあきらめないのか？　仕事に失敗したとき、長い間深く愛していた人から拒絶されたとき、誰が生き残れるのか？　そしてそれはなぜだろう？　無気力な負け犬のように、へなへなと座り込む人もいる。だが負けない人もいる。実験のとき、決して屈しなかった人々がいたように、彼らは貧しくなりながらも立ち上がり、頑張って人生を立て直す。センチメンタルな者はこれを〝人間の意志の勝利〟とか〝成し遂げようとする勇気〟と呼ぶ。

七年間実験を続けて分かったのは、敗北に直面したときのめざましい回復力の謎は、解明できるということだった。これは生まれつきの特性ではなく、身につけられるものだ。この発見が持つ大きな意味を、私はここ一五年間探究してきたのである。

第３章

不幸な出来事をどう自分に説明するか

オックスフォード大学で講演をするにはかなりの度胸が必要だ。それは尖塔やゴシック建築の建物のせいでも、ここが七〇〇年以上にわたって学問の世界をリードしてきたからでもない。オックスフォードの大物教官たちのせいなのだ。

私はロンドンのモーズリー病院付属精神障害研究所で、サバティカル（七年に一度の一年間の研究休暇）を過ごしていた。一九七五年四月のある日、自分の研究について語るためオックスフォード大までやってきたこの成り上がり者のアメリカ人心理学者の話を聞きに、大物教官たちがこぞって姿を現していた。

演壇でスピーチの原稿を広げ、神経質に講堂を見回す私の目に、一九七三年ノーベル賞受賞の行動生物学者《エソロジスト》ニコ・ティンバーゲンが映った。子どもの発達に関する欽定講座の担当教授として最近ハーバード大学からオックスフォード大学に赴任してきた有名なジェローム・ブルーナー、現代認知心理学の創始者で、応用社会学の世界的な権威であるドナルド・ブロードベント、イギリス精神医学界の長老マイケル・ゲルダーの顔も見える。不安と脳の研究で有名なジェフリー・グレイもいた。同業の大物たちがずらりと顔をそろえている。私はアレック・ギネス、ジョン・ギールグッド、ローレンス・オリビエのような名優たちの前で舞台に押し出されて、一人芝居をやらされる俳優のような気分だった。

そんななかで〝学習性無力感〟についてのスピーチを始めた。教官たちからもかなりの手ごたえが感じられ、私の結論にうなずく人もいる。大勢が私のジョークにも笑ってくれたのでほっとした。しかし、前列中央にあたりを威嚇するような雰囲気の見知らぬ男が座っている。彼は私のジョークにも笑わず、いくつかの重要な点にはっきりと首を振ってノーの意志を表した。私が気づかずにおかした間違いをすべて数え上げているという感じだった。

やっとスピーチが終わった。温かい拍手を受け、あとは〝討論者〟に指名されている教授から儀礼的な言葉が贈られるだけだったから、すっかり安心していた。しかし、その討論者というのが、前列のミスター・ノーだったのだ。名はジョン・ティーズデールというらしい。聞いたことのある名前だったが、彼についてはほとんど何も知らなかった。ティーズデールはロンドンのモーズリー病院の心理学科から新しく着任したばかりの、精神医学科の講師であることが分かった。

「この魅力的なお話にのせられてはいけません」ティーズデールは聴衆に言った。「講演者の理論はまったく適正を欠いています。セリグマン氏は研究対象となった人間のうち、三分の一は無力状態にならなかったという事実をうやむやにしています。なぜそうならない人たちがいたのか？　またそうなった人たちの中にも、すぐにもとに戻った者もいれば、ずっと回復しない者もいたし、またある者は無力状態を身につけた状況でのみ無力になったが、ほかの者はまったく新しい状況でもあきらめてしまったといいます。なぜなのでしょう？　騒音から逃れられなかった自分を責め、自尊心をなくした者もいた一方で、解決不可能な問題を与えた実験者を責めた者もいたといいます。なぜでしょう？」

多くの教官の顔にとまどいの色が浮かんだ。ティーズデールの鋭い質問がすべてを不確かなものにしてしまい、講演を始めたときには確信を持っていた一〇年がかりの研究成果も未解決の問題だらけに見えてきた。

私はうろたえ、ぼうぜんとしていた。私にはティーズデールが正しく思え、これらの問題点を自分で思いつかなかったことを恥じた。私は科学の発達の過程ではこういうことはよくあるとつぶやき、返答の代わりにティーズデール自身ならば今指摘した矛盾を解決できると思うか、と尋ねた。

「ええ、できると思います。でも今はそれを言う時でも場所でもないでしょう」

ティーズデールの言う解決法はまだ明らかにしないでおいて、先に読者がオプティミストかペシミストかを判断するための短いテストをしよう。なぜ絶対に無力状態に陥らない人がいるのかという疑問に対するティーズデールの答えを知ってしまうと、テストで正確な結果が得られないかもしれないからだ。

自分の楽観度をテストする

時間制限はないが、約一五分が標準である。答えはどれが正しくてどれが間違っているということはない。

それぞれの状況をよく読み、もし自分がその立場に置かれたらどう考えるかを想像してみよう。経験したことのない状況であってもかまわない。自分はどちらの答えにも当てはまらないと思う場合には、より近いほうに○をつける。

それぞれの質問に対して、AかBのどちらか一つだけ○をつける。上段のPsGなどの文字や下段の1、0の数字はあとで説明するので、今のところ無視してよい。

1 あなたが責任者だったプロジェクトが大成功を収める

PsG A 私がみんなの仕事ぶりをよく監督したからだ。 1
B みんなが一生懸命やってくれたからだ。 0

2 配偶者（ボーイフレンド／ガールフレンド）と仲直りする

PmG A 私が折れたからだ。 1
B たいていいつも私が折れてあげている。 0

3 車で友人の家へ行くとき、道を間違えてしまう

PsB A 私が曲がるところを間違えたからだ。 1
B 友人が道順をちゃんと教えてくれなかったからだ。 0

4 配偶者（ボーイフレンド／ガールフレンド）が思いがけず贈り物をくれる

PsG A あの人は給料が上がったばかりだからだ。 0
B 私が前の晩、高級レストランで夕食をおごったからだ。 1

5 配偶者（ボーイフレンド／ガールフレンド）の誕生日を忘れてしまう

PmB A 私は誕生日を覚えているのが苦手だ。 1
B ほかのことでいろいろ忙しかったせいだ。 0

6 ひそかにあなたにあこがれている人から花をもらう

PvG　A　あの人は私に魅力を感じているのだ。　1
　　B　私は誰にでも好かれる。　0

7　地域の公職に立候補し、当選する

PvG　A　一生懸命選挙運動をしたからだ。　0
　　B　私はなんでも一生懸命やる。　1

8　大事な約束を忘れてしまう

PvB　A　私はときどき物忘れをする。　1
　　B　私はときどき予定帳をチェックするのを忘れる。　0

9　地域の公職に立候補し、敗れる

PsB　A　私の選挙運動が不十分だった。　1
　　B　勝った候補はもっと顔が広かった。　0

10　主催した夕食会が成功する

PmG　A　私はあの晩特に上手に接待できた。　0
　　B　私は接待がうまい。　1

11　あなたが警察を呼んだので、犯罪を未然に防げた

PsG　A　変な音がしたので気がついた。　0
　　B　あの日は気が張っていたので、なんでもよく気がついた。　1

12　この一年間非常に健康に過ごせた

PsG　A　回りにほとんど病気の人がいなかったので、感染しなかった。　0

B　食事と休養に十分気をつけたからだ。　1

13　返却期限までに本を返さなかったので、図書館に一〇ドル払わなければならなくなる

PmB　A　私は読んでいる本に夢中になると期限を忘れることが多い。　1

B　レポートを書くのに夢中だったので、本を返すのを忘れてしまった。　0

14　株で大もうけする

PmG　A　私の仲買人が新しい株を試してみる気になったからだ。　0

B　私の仲買人は投資の腕がいいからだ。　1

15　スポーツ大会で優勝する

PmG　A　あのときは負ける気がしなかった。　0

B　私はいつも一生懸命練習するからだ。　1

16　大事な試験で落第してしまう

PvB　A　私はテストを受けたほかの人たちほど頭が良くなかった。　1

B　試験勉強が十分でなかった。　0

17　友人のために特別にごちそうをこしらえたのに、ほとんど食べてくれなかった

PvB　A　私は料理が下手だからだ。　1

B　時間がなくて急いで料理したからだ。　0

18　長い間練習してきたのに、競技会で負けてしまう

PvB　A　私にはスポーツの才能がない。　1

B　私はこの種目は得意ではないのだ。　0

19　夜遅く、暗い道で車がガス欠になる

PsB　A　私はタンクにどれだけガソリンが残っているかチェックしなかった。　1

B　ガソリンの表示盤の目盛りが狂っていたのだ。　0

20　友達に我慢がならなくなる

PmB　A　あいつはいつもしつこいから嫌だ。　1

B　あいつは虫の居所が悪かったんだろう。　0

21　所得税の申告書を期限内に提出しなかったので罰せられる

PmB　A　私はいつも税金の申告書を後回しにしてしまう。　1

B　今年は申告書の記入が遅れてしまった。　0

22　ある人をデートに誘ったが断られてしまう

PvB　A　あの日は何もかもうまくいかなかった。　1

B　デートに誘ったとき、気後れしてうまく言えなかったからだ。　0

23　ゲームショーのホストが観衆の中からあなたを選んでショーに出してくれる

PsG　A　私が目につきやすい席に座っていたからだ。　0

B　私がいちばん熱心そうに見えたからだ。　1

24　パーティーでたびたびダンスに誘われる

PmG　A　私はいつもパーティーでは人気がある。　1

B　私はあの晩は最高にのっていた。　0

25 **配偶者（ボーイフレンド／ガールフレンド）に贈り物を買うが、気に入ってもらえない**
PsB　A　私が心を込めて選ばなかったからだ。　0 1
　　 B　あの人は好みがうるさい。

26 **就職面接が非常にうまくいく**
PmG　A　面接の間、とても自分に自信が持てたからだ。　0 1
　　 B　私はいつも面接ではうまくいく。

27 **あなたのジョークにみんなが笑ってくれる**
PsG　A　ジョークがおもしろかったからだ。　0 1
　　 B　私が完璧なタイミングで言ったからだ。

28 **十分な時間も与えられずに完成させろと言われたプロジェクトを、なんとかやりとげる**
PvG　A　私は自分の仕事がよくできる。　0 1
　　 B　私は有能な人間だ。

29 **このごろ体調が良くない**
PmB　A　くつろぐ暇が全然ないからだ。　1 0
　　 B　今週は特に忙しかったからだ。

30 **ダンスに誘って断られる**
PsB　A　私がダンスが下手だからだ。　1 0
　　 B　あの人はダンスが嫌いなのだ。

31 **窒息死しそうな人を救助する**

PvG　A　私は窒息を防ぐ方法を知っている。　1
B　私は緊急時の対処を知っている。　0

32　恋人に少し冷却期間をおこうと言われる
PvB　A　私がわがままをすぎたからだ。　1
B　あの人ともっと一緒にいる時間を作らなかったからだ。　0

33　友達があなたを傷つけるようなことを言う
PmB　A　あの人はいつも他人のことを考えずに思いついたままをしゃべる。　1
B　友達は虫の居所が悪くて、私に当たったのだ。　0

34　雇い主があなたにアドバイスを求めてくる
PvG　A　私は質問された分野の専門家だからだ。　0
B　私は役に立つアドバイスをするからだ。　1

35　友達があなたに苦しいところを助けてもらったことを感謝する
PvG　A　困っているときに助けてあげることができるのはうれしい。　0
B　私はいつも他人を助けてあげる。　1

36　パーティーで楽しい時を過ごす
PsG　A　みんなが親しい雰囲気だったからだ。　0
B　私が親しい雰囲気を作ったからだ。　1

37　医者に健康状態は良好であると言われる
PvG　A　私はたびたび運動するよう心がけている。　0

B　私はいつも健康に気をつけている。　1

38 配偶者（ボーイフレンド／ガールフレンド）があなたをロマンチックな週末旅行に連れていってくれる

PmG　A　あの人は何日間か仕事や家から離れたかったのだろう。　0
B　あの人は新しい場所を開拓するのが好きだ。　1

39 医者に砂糖の摂りすぎだと言われる

PsB　A　私は食べ物にあまり関心を払わない。　1
B　砂糖を避けることはできない。なんにでも入っているのだから。　0

40 重要なプロジェクトの責任者になってくれるように言われる

PmG　A　私は同様のプロジェクトを成功させたばかりだからだ。　0
B　私は監督として優秀だからだ。　1

41 あなたと配偶者（ボーイフレンド／ガールフレンド）はこのごろけんかが多い

PsB　A　私がこのごろ不機嫌でストレスを感じているせいだ。　1
B　あの人がこのごろ冷たいからだ。　0

42 スキーで何度も転ぶ

PmB　A　スキーは難しい。　1
B　斜面が凍っていたからだ。　0

43 あなたは権威ある賞をもらう

PvG　A　私が重要な問題を解決したからだ。　0

B　私が従業員のなかでいちばん優秀だったからだ。　1

44　持ち株が最安値を記録する

PvB　A　私が景気の動向をよく知らなかったからだ。　1

B　私が良い株を選ばなかったからだ。　0

45　宝くじが当たる

PsG　A　運が良かっただけだ。　0

B　私がいい番号を選んだからだ。　1

46　休暇中に太ってしまって、やせられない

PmB　A　ダイエットは結局はうまくいかないものだ。　1

B　私がやってみたダイエットはうまくいかなかった。　0

47　入院中だが、ほとんど誰も見舞いに来てくれない

PsB　A　私は病気になると気分がいらいらしてしまう。　1

B　友達はみな気が利かない。　0

48　店であなたのクレジットカードは使えないと言われる

PvB　A　私はもっと残高があったように思い違いをすることがあるからだ。　1

B　私はクレジットカードの請求を払い忘れることがあるからだ。　0

得点表

PmB（　　）　PmG（　　）
PvB（　　）　PvG（　　）
HoB（　　）
PsB（　　）　PsG（　　）
B合計（　　）　G合計（　　）
G－B＝（　　）

採点はこの章の残りの部分を勉強しながらやっていくので、しばらくこのままにしておく。

説明スタイル

オックスフォード大学でのスピーチのあと、ジョン・ティーズデールの反対にあったときは、彼の挑戦こそが、私のもっとも欲していたもの――私たちの発見を、苦しんでいる人々のために使う――をもたらす結果になろうとは知るよしもなかった。

ティーズデールは反論の中で、三人のうち二人までが無力状態になることを認めはしたが、三人のうち一人は無力にはならないことを強調した。どれほど無力状態を作りだすような状況が起こっても、この人々はあきらめない。このような矛盾が解決されるまでは、私の理論は正当性を得ることはできなかった。

演説のあと、ティーズデールと一緒に講堂を出ながら、適切な理論を得るためにともに研究にあたってくれる気はないかと尋ねた。ティーズデールは同意してくれて、私たちは定期的に会うようになった。ロンドンから大学を訪れては、よく刈り込まれたオックスフォードのグラウンドやザ・バックスと呼ばれる牧草地を二人で歩きながら、ティーズデールの反対意見について徹底的に話し合うようになった。

私は誰が無力になりやすく、誰がなりにくいかという、ティーズデールの提起した問題に、彼自身ならどう解答するかと尋ねた。ティーズデールの答えは、ひと言で言えば〝人々が自分たちに起こった不幸な出来事を、どのように自分に説明するか〟ということだった。ある種の説明をした者たちが無力に取りつかれてしまうのだ、とティーズデールは考えた。だからこれらの人々にこの説明スタイルを変えるように指導することで、彼らのうつ状態を効果的に治療することができるかもしれない。

この時期に、私は二カ月に一度ほど一週間単位でアメリカに帰国した。最初にペンシルバニア大学に戻ったとき、私は自分の理論がティーズデールから受けたのとほとんど同じ反論にあっていることを知った。反論してきたのは、私自身の研究グループの二人の勇敢な学生、リン・エイブラムソンとジュディ・ガーバーだった。

リンもジュディも当時の流行――バーナード・ワイナー熱――に取りつかれていた。ワイナーは、一九六〇年代の終わりに、なぜ好成績を上げる者とそうでない者がいるのか、という疑問を提起したカリフォルニア大学ロサンゼルス校の若い社会心理学者だった。ワイナーは人々が成功と失敗の原因をどう考えるかが問題なのだ、という結論を下した。彼の考えは帰属理論と呼ばれた（つまり、人々が成功や失敗をどんな要因のせいにする――帰属させる――かを問うもの）。

この見解はものごとの達成についての従来の概念であるＰＲＥＥ（the partial reinforcement extinction effect／部分強化消去効果）と呼ばれる古典的な実験に反対するものだった。

ＰＲＥＥは学習理論でよく引き合いに出される例だ。ネズミがバーを押すたびに粒状のえさを与えれば、これは〝連続強化〟と呼ばれる。一度バーを押すごとに一粒もらえるので、ほうびと努力の比は一対一である。その後、バーを押してもえさを与えるのをやめる（消去する）とネズミは三～四回バーを押して、それから完全にやめてしまう。もらえるのともらえないのとでは差が絶対的に大きいので、ネズミはもうえさはもらえないと分かるからだ。もし〝一対一強化〟の代わりに、ネズミに〝部分〟強化――例えば、平均五回から一〇回押すごとに一粒与える――をし、それから消去を始めると、ネズミは一〇〇回バーを押してからでなければあきらめない。

ＰＲＥＥは一九三〇年代に発表されたものだ。Ｂ・Ｆ・スキナーに名声をもたらし、行動主義者の大御所としての地位を確立したのはこのような実験だった。ＰＲＥＥ理論はしかし、ネズミやハトを使った実験ではうまくいったが、人間への応用はうまくいかなかった。消去が始まったとたんにあきらめる者もいれば、あきらめずに続ける者もいたからだ。

ワイナーはこの理論が人間にはうまく適用できなかった理由をこう考えた。消去が永久のものと考えた人（例えば「実験者はもう私にほうびをくれないことにしたのだ」という結論を出した者）はすぐにあきらめるだろう。一方、消去の原因が一時的なものと考えた人（「このボロ実験装置がショートしたんだ」）は、状況が変わってほうびが復活するのを期待してずっと続けるだろう。

ワイナーはこの実験を行い、予想どおりの結果を得た。人々のＰＲＥＥに対する反応を左右したのはそれまでに受けた〝強化スケジュール〟ではなく、自分自身に対する説明であったのだ。

この研究は特にリンやジュディのような若い学者に大きな衝撃を与えた。彼女たちはこの理論のレンズを通して、〝学習性無力感〟を検討した。英国から最初に帰国したとき、私は同僚たちにジョン・ティーズデールのことを話した。リンとジュディは、ジョンが正しくて私は間違っている、私の理論は考え直す必要があると言ってきた。

リンは大学院一年生として前年にペンシルバニア大学へ来たばかりだったが、すぐにまれにみる優秀な若手心理学者として認められるようになった。つぎはぎのジーンズ、やぶれた綿シャツという外見とは裏腹に、リンは第一級の頭脳の持ち主だった。リンはまず最初に、どの薬が動物に無力状態を起こさせるか、どの薬が無力を起こりにくくするかを見つけようとした。うつ病と無力状態は同じであることを、脳の化学物質のメカニズムが同じであることを示すことで証明しようとしたのだ。

ジュディは南部の大学の臨床心理学コースを個人的な問題を理由に中退していた。ショックから立ち直ったジュディは、数年間私の実験室で無給で働くことを申し出た。ここで心理学に大きな貢献をしてみせれば、やがて一流の大学院の研究科に入れるのではないかと思ったのだ、と彼女は私に言った。流行のファッションを身につけた若い女性が、マニキュアをした長いつめでネズミに毎日えさをやっているのを見て、実験室の人々はあっけに取られたものだ。しかし、リンと同じくジュディもすぐに頭角を現し、じきにもっと重要な仕事をするようになっていた。

一九七五年の春、ジュディもまた動物の無力状態について研究していた。ジョンの挑戦を受けたとき、リンもジュディも自分たちのプロジェクトをやめて、私の理論を人間にももっとうまく応用できるよう作り直すため、共同で研究をするようになった。

心理学者は、ともすれば非難を避けようとする傾向がある。この傾向は、医学の権威主義と過ちを認めようとしない精神医学の長い伝統から引き継がれたものだ。少なくともフロイトの時代にまでさかのぼって言えることだが、精神医学の研究分野はひと握りの専制君主たちに牛耳られていて、反対意見を唱えるものは彼らの領地を侵害する野蛮人として扱われた。若い弟子がひと言でも批判めいたことを言えば、その弟子は追放されることさえある。だが私は研究生活を通じて常にそのような態度は取らないようにしようと考えてきた。

私は、より人道主義的な伝統のほうを選んだ。ルネッサンスの科学者は、自分を批判する人のことを自分を向上させてくれる味方と考えた。科学における批評家は劇の批評家とは違って、失敗作か成功作かを決めるのではない。科学者にとって批判とは、理論が正しいかどうか別の実験をやって確かめるのと同じように、自分が間違っていないかどうかを知るための一つの方法にすぎないのだ。

私はいつも学生たちに批判を歓迎することの重要さを強調してきた。「なんでも言ってほしい。この実験室でいちばん大切なのは創造性であって、お世辞ではない」ジョンもリンもジュディもせっかく異論を唱えてくれたのだから、私はただちに三人を味方に引き入れて理論をより良いものにしようとした。私は二人の優秀な学生とときには一二時間もぶっ続けで議論を戦わせ、二人の反論を自分の理論に取り込もうとした。

私は二組の話し合いに着手した。ひとつはオックスフォードにおけるジョンとで、彼の専門は治療であったから、うつ病の人々が不幸な出来事の原因を自分に説明するときの方法を変えさせることによって、うつ病の治療ができるかどうかに議論が集中した。もうひとつは、フィラデルフィアでのリンやジュディとの話し合いだ。こちらではリンの興味を反映して病因学、つまり精神障害の原因が中心となった。

ジョンと私は、無力状態やうつ病の治療は、人々の説明スタイルを変えることを基本とすべきであるという論文を一緒に書き始めていた。同時に、リンと私は、人々の説明スタイルがいかに無力状態とうつ病を引き起こす原因となり得るかという論文を書き始めていた。

ちょうどそのとき『異常心理学ジャーナル《ジャーナル・オブ・アブノーマル・サイコロジー》』誌の編集長が私に連絡を取ってきた。学習性無力感論争に関するたくさんの意見が雑誌に寄せられており、その多くがジョン、リン、ジュディのものと同じような反対意見だというのだ。編集長はその号の全ページをこの論争に充てるつもりで私にも記事を一つ書いてくれないかということだった。私は承知して、リンとジョンに、私たちが別々に書いてきた二つの論文を一つにまとめさせてくれるよう説得した。新しい理論がこれほど大々的に扱われるときには、反論に対する私たちの答えを先に載せておくことが大切だと感じたからだ。

私たちの方法はバーナード・ワイナーの帰属理論に近いものだったが、三つの点で異なっていた。第一に私たちは、単独の出来事を人々がどう説明するかではなく、**説明習慣**に注目した。説明の〝スタイル〟というものがあるはずだと主張したのだ。第二に、ワイナーは説明には二つの面——永続性と個人度——があると述べたが、私たちはもう一つ、普遍性を加えて三つとした（これらの概念についてはのちほど説明する）。第三にワイナーはものごとの達成に関心を持っていたが、私たちは精神障害とその治療に焦点をおいた。

『異常心理学ジャーナル』誌の特別号は一九七八年二月に出版された。これにはもともとの学習性無力感理論に対する主な反論にあらかじめ回答したジョンとリンと私の記事が載っていた。これは好評で、当初の学習性無力感理論よりもさらに多くの研究を生みだす結果となった。私たちはさらに先ほどのテストも考案した。テストを作ったことによって、個々の説明スタイルの判定が容易になって、私たちの理論を実験室の外にいる現実の人間の問題に応用できるようになった。

毎年、アメリカ心理学会では、研究開始一〇年以内に〝際立った科学的業績〟を上げた心理学者にアーリーキャリア賞（若手研究者賞）を与える。私は一九七六年に学習性無力感理論でこれを受賞し、一九八二年にはリンが学習性無力感理論の改訂によって受賞した。

大なり小なり不幸に見舞われたとき、人は何が原因だと思うだろうか？　簡単にあきらめる人々は習慣的にこう言う。「私が悪いんだ。この状況はずっと続くだろう。このせいで、私は何をやってもうまくいかないだろう」

一方、不運に屈しない人々はこう言う。「状況がそうだっただけだ。この状態はすぐに終わる。それに人生にはほかにもいろいろ楽しいことがある」

悪い出来事を習慣的にどう説明するかは、単に失敗したときに口にする言葉以上の意味がある。それは子ども時代と思春期に身につけた習慣だ。説明スタイルは自分が世の中でどんな地位を占めていると見ているか――自分に価値があり、生きていく資格があると思っているか、あるいは価値のない、無力な存在だと考えるか――にかかっており、オプティミストとペシミストを分ける特徴的な目安である。
先ほどこの章で読者に受けてもらったテストは、各自の説明スタイルを明らかにするために考案されたものだ。

誰が決してあきらめないか？

説明スタイルには永続性、普遍性、個人度の三つの重要な面がある。

永続性：すぐにあきらめる人は、自分に起こった不幸は永続的であり、悪いことは続くもので、いつまでも自分の人生に影響を与えるだろうと考えている。無力にならない人々は、不幸の原因は一時的なものだと信じている。

永続的（悲観的）
「私はもう立ち直れない」
「ダイエットは決してうまくいかない」
「君はいつもがみがみ言う」
「上司は嫌なやつだ」
「君は口をきいてくれない」

一時的（楽観的）
「私は疲れている」
「ダイエットは外食するとうまくいかない」
「君は私が部屋を片付けないとがみがみ言う」
「上司は虫の居所が悪い」
「君は最近口をきいてくれない」

悪いことを〝いつも〟とか〝決して〟という言葉で考えて、いつまでも続くと思っている人は永続的、悲観的な説明スタイルの人だ。〝ときどき〟とか〝最近〟という言葉で考えて、状況を限定し、悪いことは一過性の状態であると思っている人は楽観的説明スタイルの人だ。

ここで先ほどのテストを開いてほしい。PmB（Permanent Bad／永続的な悪い出来事）の印がついている八つの項目5、13、20、21、29、33、42、46を見てみよう。

これらの項目は、悪い出来事の原因がどれくらい永続的だと考えているかを試すもので、下に0のついているものは楽観的、1のついているものは悲観的な考えだ。例えば、配偶者の誕生日を忘れた説明として「ほかのことでいろいろ忙しかったせいだ」（質問5）ではなく「私は誕生日を覚えているのが苦手なのだ」を選んだとすれば、より永続的で悲観的なスタイルであることになる。

PmBの質問の下の数を合計し、〓76ページ〓の得点表のPmBの欄に書き込む。

合計が0か1であれば、あなたはこの面では非常に楽観的、

2か3はやや楽観的、

4は普通、

5か6はかなり悲観的、

7か8なら、この本の第三部の助けを借りたほうがいい。

これが、永続性がなぜそれほど重要なのか、また無力のままでいる人もいるのになぜすぐに回復する人もいるのかという、ジョン・ティーズデールの反論に対する答えである。

失敗は少なくとも一時的にはすべての人を無力にする。傷つくけれど痛みは消える。たちどこ

ろに消える人もいる。これらは0か1の得点をした人々だ。痛みが長く続く人もいる。はらわたが煮えくりかえり、いらいらし、恨みとなって固まる。7か8を取った人々だ。こういう人たちは小さな挫折のあとでも何日も何カ月も無力なままでいる。大きな敗北のあとでは決して立ち直れないかもしれない。

良い出来事に関する楽観的な説明スタイルは、悪い出来事に関する楽観的説明スタイルと正反対だ。良い出来事には永続的な理由があると考える人は、一時的な理由があると考える人よりも楽観的である。

永続的（楽観的）

「私はいつもついている」

「私は才能がある」

「競争相手は能力がない」

一時的（悲観的）

「今日はついている」

「私は努力する」

「競争相手は疲れたんだ」

楽観的な人々は良い出来事を特性、能力、〝いつも〟、というような永続的な理由で説明する。ペシミストは状況、努力、ときどき、のような一時的な理由を挙げる。

質問のうちちょうど半分は「株で大もうけする」のような良い出来事に関するものだった。PmG（Permanent Good／永続的な良い出来事）の印のついた設問2、10、14、15、24、26、38、40を採点してみよう。

下に1と書いてある答えは永続的で楽観的なものである。下の数を合計し、得点表のＰｍＧの欄に書き込む。

もし合計が7か8ならば、良い出来事は続くと考えている大変なオプティミスト、

6はやや楽天的、

4か5は普通、

3はやや悲観的、

0、1、2は非常に悲観的だ。

良い出来事には永続的な理由があると信じている人々は、成功したあともさらに一生懸命努力する。良い出来事は一時的な理由によるものと思っている人は、成功はまぐれだと決めつけて、たとえうまくいってもそれ以上はやろうとしないかもしれない。

普遍性：特定の理由によるものか、全般的な理由によるものか

永続性は時間の問題だが、普遍性は広がりを表す。

次の例を考えてみよう。大規模小売企業で経理部の半数が解雇された。そのうちの二人、ノーラとケビンはうつ状態になった。どちらも何カ月も別の職を見つける気になれず、また所得税の申告など経理の仕事を思い出すようなことは避けていた。ノーラはしかし、優しく活動的な妻ではあり続けた。これまでのような人付き合いは絶やさなかったし、健康状態も良く、週三回は体操を続けていた。反対にケビンは打ちのめされたままだった。妻や赤ん坊にも関心を払わず、毎晩くよくよ考え込んで口をきかなかった。人に会うのが耐えられないといってパーティーにも行

こうとしなかった。ジョークを聞いても笑わなかった。風邪を引いて一冬中治らず、ジョギングもやめてしまった。

悩みごとがあっても、それを箱にしっかりしまい込むことによって、人生の大事な一面――仕事、恋愛関係――がうまくいっていなくても、普段どおり生きていける人がいる。一方で、すべてに傷つき、破綻する人もいる。人生の一本の糸が切れると布地全体がほどけてしまうのだ。つまりこういうことだ。自分の失敗に対して普遍的な説明をつける人は、ある一つの分野で挫折すると、すべてをあきらめてしまう。特定の説明をする人は、人生のその分野では無力になるかもしれないが、ほかの分野ではしっかりと歩み続ける。

悪い出来事に対する普遍的な説明と特定の説明の例を挙げよう。

普遍的（悲観的）	**特定（楽観的）**
「先生は皆不公平だ」	「セリグマン教授は不公平だ」
「不愉快だ」	「彼は不愉快なやつだ」
「本は役に立たない」	「この本は役に立たない」

ノーラとケビンは、同じように永続性の面で高い得点をした。二人ともこの点ではペシミストだ。解雇されてから両者とも長い間うつ状態にあった。しかし二人は普遍性の面では反対の得点をした。ケビンは解雇されたことで何をやってもうまくいかなくなるだろう、自分はだめな人間なのだと考えた。ノーラは悪い出来事には特定の理由があると考えた。解雇されたとき、自分は

経理の才能がないのだと思った。

あなたは破滅するタイプだろうか？　このテストの質問18で、負けたのは自分がスポーツの才能がないためだ（普遍的）としたか、それともこの種目は得意ではないからだ（特定）と考えたか？　ＰｖＢ（Pervasiveness Bad／普遍的な悪い出来事）の印のついた質問8、16、17、18、22、32、44、48を見てみよう。

下の数を足し、得点表のＰｖＢの欄に書き込む。

合計が0か1は非常に楽観的、

2か3はやや楽観的、

4は普通、

5か6はやや悲観的、

7か8は非常に悲観的だ。

良い出来事に対する楽観的な説明スタイルは、悪い出来事に対する説明スタイルとは正反対である。オプティミストは悪い出来事には特定の原因があると考え、一方で良い出来事は自分のやることすべてに有利な影響を与えると信じる。ペシミストは悪い出来事には普遍的な原因があり、良い出来事は特定の原因で起きると考える。元の会社から臨時の再雇用の知らせが来たとき、ノーラは「やっと私なしではやっていけないことが分かったのね」と思った。同じ通知を受けたケビンは「よっぽど人手不足なんだな」と思った。

特定（悲観的）

普遍的（楽観的）

「私は数学がよくできる」
「私の仲買人は石油株を知っている」
「私は彼女に受けが良かった」

「私はよくできる」
「私の仲買人はウォール街を知っている」
「私は受けが良かった」

良い出来事がどれほど普遍的だと考えているか、楽観度を採点してみよう。ＰｖＧ（Pervasiveness Good／普遍的な良い出来事）と書かれた質問6、7、28、31、34、35、37、43を見てほしい。

下に0と書かれた質問は悲観的（特定）だ。

質問35で助けてあげた友達に感謝されたとき、あなたはどう答えただろう？「困っているときに助けてあげることができるのはうれしい」（特定で悲観的）か、それとも「私はいつも他人を助けてあげる」（普遍的で楽観的）だったか？

得点を合計し、ＰｖＧの欄に書き込む。

7か8は非常に楽観的、
6はやや楽観的、
4か5は普通、
3はやや悲観的、
0、1、2は非常に悲観的だ。

希望は何でできているか

これまで、希望をもたらすのはほとんどテレビ伝道師、政治家、広告業者の活動領域であった。だが説明スタイルの概念を導入することによって、希望は実験室に持ち込んで科学者がその仕組みを分析することができるものになった。

私たちが希望を持っているかどうかは、説明スタイルの二つの側面、普遍性と永続性にかかっている。不幸な出来事に一時的で特定の原因を見つけるのは希望のなせる業だ。原因が一時的であると考えることによって、無力状態を時間的に制限できるし、特定の原因によるものと思えば、無力さをその状況のときだけに限定できる。反対に、永続的な原因だとみなせばずっと将来にまで無力状態は続き、普遍的な原因だと思えば何をやってもだめだということになる。不運な出来事に永続的で普遍的な原因を見つけるのは絶望のもとだ。

希望がない	大いに希望がある
「私はばかだ」	「私は二日酔いだ」
「男は暴君だ」	「夫は虫の居所が悪かった」
「このしこりがガンである確率は五割だ」	「このしこりがなんでもない確率は五割だ」

このテストの中でもっとも重要な点数は希望点（ＨｏＢ）だろう。ＰｍＢの合計をＰｖＢの合計に加算したものが、不幸な出来事に出会ったときの希望点である。

もし、0、1、2であれば非常に希望度が高い。
3、4、5、6はやや希望度が高い。
7、8は普通。
9、10、11はやや希望度が低い。
12、13、14、15、16は非常に希望度が低い。
トラブルに際して永続的で普遍的な説明をする人は、長期間広い範囲にわたってプレッシャーにつぶされてしまう傾向が強い。
希望点ほど重要な要素はないと言える。

個人度：内向的説明をするか、外向的説明をするか

説明スタイルには個人度というもう一つの観点がある。
私は以前なんでも私のせいにする女性と住んでいた。レストランの食事がまずいのも、飛行機が遅れたのも、ドライクリーニングに出した自分のズボンの折り目がきちんとついていないのさえ私のせいにした。ある日ヘアドライヤーがうまく動かないといってどなられた私は頭にきて言った。「君ほど悪いことを人のせいにする女は見たことがないよ」「そうよ。それもあなたが悪いのよ！」

悪いことが起こったとき、私たちは自分を責める（内向的）か、ほかの人や状況を責める（外向的）。失敗したときに自分を責める人は結果的に自分を低く評価することになる。自分は価値も才能もなく、誰にも愛されない人間だと思う。外的な要因を責める人は悪いことが起こっても

自尊心を失わない。一般的にこのような人々は、自分を責める人々よりも自分のことが好きである。

低い自己評価は普通悪いことが起きたときに内向的説明をすることによって起きる。

内向的（低い自尊心）
「私はばかだ」
「私にはポーカーの才能がない」
「私は安定性に欠ける人間だ」

外向的（高い自尊心）
「お前はばかだ」
「私はポーカーでついていない」
「私は貧乏な境遇で育った」

質問の3、9、19、25、30、39、41、47のＰｓＢ、(Personalization Bad／悪い出来事の個人度）の得点を見てみよう。

1と書いてある答えは悲観的（内向的、個人的）なものだ。得点を合計し、ＰｓＢの欄に書き入れる。

0か1は非常に高い自尊心を表す。
2か3はやや高い自尊心を表す。
4は普通。
5か6はやや低い自尊心を表す。
7か8は非常に低い自尊心を表す。

合計の前にもう一度言っておくが、良い出来事に出会ったときの楽観的説明スタイルは、悪い出来事に出会ったときの逆、つまり外向的ではなく、内向的だ。自分が良い出来事を招いたのだと信じている人は、ほかの人や状況が良い結果をもたらしたのだと信じる人よりも自分自身を好ましく思っている傾向がある。

外向的（悲観的）
「偶然幸運にめぐまれた」
「チームメートの技がさえていた……」

内向的（楽観的）
「私は幸運を逃さない」
「私の技がさえていた……」

最後はＰｓＧ（Personalization Good／良い出来事の個人度）で、これに関する質問は1、4、11、12、23、27、36、45である。

0と書いてある答えは外向的で悲観的、1と書いてある答えは内向的で楽観的だ。

ＰｓＧの項目に得点の合計を書き込む。

7と8は非常に楽観的。
6はやや楽観的。
4と5は普通。
3はやや悲観的。
0、1、2は非常に悲観的。

全得点が出揃ったところで集計に入る。

まず三つのＢを足す（ＰｍＢ＋ＰｖＢ＋ＰｓＢ）。これがＢ（悪い出来事）の合計点。

次に三つのGを足す（PmG＋PvG＋PsG）。これがG（良い出来事）の合計点。
GからBを引く（G－B）。これが最終得点である。
これらの得点の意味するところは次のようになる。

Bの合計点が3から5であれば、すばらしく楽観的で、「変身」の章は必要ない。
6から9であれば、やや楽観的。
10と11は普通。
12から14はやや悲観的。
15以上ならば、絶対に変身が必要。
Gの合計点が20以上ならば、良い出来事を非常に楽観的に考えていることになる。
17から19であればやや楽観的。
14から16は普通。
11から13はかなり悲観的であることを表し、
10以下は非常に悲観的であることを示している。
最後にG－Bの値が9以上ならば、全般的に非常に楽観的だ。
6から8はやや楽観的。
3から5は普通。
1と2はやや悲観的。
0以下は非常に悲観的である。

責任についてのひと言

楽観主義の習得には数々のメリットがあるのだが、危険もある。うつ状態をできるだけ短くするために時間と状況を限定するのはよい。それで回復が早まるのならけっこうだ。しかし、他人に責任をなすりつけるのはいかがなものだろう。

私たちは当然、誰もが自分のしたことには自分で責任を持つことを期待する。心理学の学説の中には、個人の責任逃れに手を貸して、社会に害を与えたものもある。例えば悪行は精神異常という間違ったレッテルを張られ、マナーの悪さは神経症のせいにされ、〝治療で治った〟患者は個人的にそうしたくないからという理由で家族に対する義務から逃れようとすることなどがある。ここで疑問となるのは、失敗に対する考え方を内向的から外向的に変えることが（「自分が悪いのではない……運が悪かったのだ」）、責任感を弱めることになるだろうかということだ。

責任逃れを助長するようなやり方を提唱するのは私の本意ではない。なんでもかんでも内向的から外向的思考に変更することはないと思う。しかし、確実にこれをやるべき状況もある。それは、うつ病のときだ。次の章で述べるように、うつ病の人は必要以上に自分で責任を背負い込むことが多いのだ。

さらにもっと深い問題もある。そもそも人はなぜ自分の失敗の責任を取るべきなのか、ということだ。その答えは、自分の悪い点は改めるべきだからだ。もし責任を問わなければ誰も変わらないだろう。人が変わるためには、内向性はさほど重要ではない。大事なのは永続性だ。もし失敗の原因が永続的なもの――愚かさ、才能のなさ、醜さ――だと思っていれば、変えるための行動を起こす気にはならない。しかし、原因が一時的なもの――意欲のなさ、努力不足、太りすぎ――だと信じれば、変える努力ができる。

もし自分がペシミストだったら

もし自分の説明スタイルが悲観的だと分かったら、これは大きな問題だ。点数が悪かった人は、四つの分野でトラブルに出会うだろう（あるいはすでに出会っているかもしれない）。第一に次の章で分かるように、うつ状態になりやすい。第二に、恐らく才能以下の業績しか上げていないと思われる。第三に健康状態は（免疫機能も）十分ではないだろうし、これから年を取るにつれてさらに悪化する可能性がある。最後に、楽しくあるべきはずの人生があまり楽しくない。悲観的な説明スタイルはみじめなものだ。

もし悲観度が普通の範囲内であれば、普段は別に問題にならないはずだ。しかし、人生では誰もが危機にひんすることがあり、そのときは必要以上に苦しむことになるかもしれない。株が下がったり、愛する人に拒絶されたり、希望していた職に就けなかったとき、どんな反応をするだろうか。次の章に示すように、きっととても悲しくなるだろう。人生に興味を失い、何も始める気になれず、将来に希望も持てなくなる。この状態が何週間も、あるいは何カ月も続くかもしれない。多くの人は、すでに何回かこのような気持ちを経験したことがあるのではないだろうか。

これは非常によくある現象なので、教科書にも正常な反応だと書いてある。

トラブルに打ちひしがれている状態がよくあることだからといって、これでいいというわけでも、人生がこうでなければならないわけでもない。もし違う説明スタイルを取れば、困難な状況にももっとうまく対処できるし、そのためにうつ状態に追い込まれることもなくなるのだ。

新しい説明スタイルの利点はそれだけではない。平均的な悲観度の人は、本来持っている才能よりもやや低いレベルで人生を送っていることになる。第６章、８章、９章で分かるように、標準的な程度の悲観主義でも学校、職場、スポーツの場での成績を引き下げることがあるからだ。第10章では普通の悲観度の人でさえ、そのために平均以下の健康状態しか保てないことがあるという例を示した。生活習慣病に必要以上に早くかかったり、症状が重くなったりするかもしれない。免疫機能も低下して感染症にかかりやすくなり、回復にも時間がかかることもある。

もし第12章のテクニックを身につければ、日常の楽観度を上げることができ、人生によくある通常の挫折にももっと肯定的に対処できるようになるし、大きな失敗からも以前よりもずっと早く立ち直れるようになる。職場でも学校でもスポーツでももっと良い成績を上げられるようになり、長い目で見れば健康状態も良くなるのだ。

第4章

悲観主義の行きつくところ

悲観的で憂うつな状態を経験しているとき、私たちは軽症のうつ病を患っていると言える。この病を知ることは、悲観主義の思考形式を理解するためにも非常に役立つ。

私たちの大多数はうつ状態を経験したことがあり、それがいかに日常生活に有害であるかを知っている。大きな望みがすべて一度にやぶれたようなときにしか、この状態に襲われない人もいるが、たいていの人は挫折を味わうたびに経験する症状だ。だが、いつもこの状態とともに暮らし、どんなに幸せなときでも心から喜べず、苦しいときにはなおさらどん底にまで落ち込んでしまう人もいる。

ごく最近まで、うつ病はミステリーであった。どのような人がかかりやすく、どんな原因で起こり、どうすれば治せるかはすべて謎だった。だが世界中にいる数百人の心理学者や精神科医が研究を続けてきたことで、今日ではこれらの疑問に対する答えが見えてきた。

うつ病には三種類ある。第一は普通のうつ状態で、私たちもよく知っているものだ。これは、将来について考える力のある賢い種《ホモサピエンス》、人間にはつきものの苦しみや敗北が原因で起きる。例えば、望んでいた職に就けない。株価が下がる。愛する人に拒否される。配偶者が亡くなる。まずい講義をしたり、不本意な本を書く。年を取る。このようなことが起こると、次に来るのは決まって悲しみと無力感だ。私たちは消極的になり、将来の見通しは暗く、それを明るくする才能もないと思い込む。仕事はうまくいかず、休みがちになる。以前は楽しかったことにも熱意を失い、食べ物にも友達づきあいにもセックスにも興味がなくなる。夜も眠れない。

しかし、しばらくすると、ありがたい自然の摂理で不思議と元気が出てくる。普通のうつ病はとてもありふれた病気で、精神障害のなかでは風邪のようなものだ。私の調査によると、どんなときでも、常に私たちの約二五パーセントは少なくとも軽症のうつ状態にあることが分かった。

ほかの二つの種類は単極型と双極型のうつ病で、心理学者や精神科医がもっとも多く扱う精神障害だ。両者の違いは、躁《そう》の状態があるかどうかによる。躁状態は、一見うつ病とは逆の、理由のない気持ちのたかぶり、尊大な態度、誇大な話やジェスチャー、自信過剰が特徴である。

双極型のうつ病は常に躁の時期を伴うので、躁うつ病とも呼ばれている（躁とうつが両極をなす）。単極型のうつ病には躁の時期はない。両者のもう一つの違いは、双極型のほうが遺伝である場合がずっと多いことだ。一卵性双生児の片方が躁うつ病であれば、もう一方もそうである確率は七二パーセントである（二卵性双生児の場合は一四パーセントしかない。二卵性双生児はほかの兄弟姉妹と同程度の関係しかないが、同じ両親から同時に産まれて一緒に育てられるので、これら二種類の双生児を研究すると、後天的なものと遺伝的なものを区別するのに役立つ）。

躁うつ病には〝魔法の薬〟炭酸リチウムが劇的な効果を表す。八〇パーセント以上の症例で、リチウム塩剤は躁状態を著しく緩和し、うつ状態にもかなりの効き目がある。普通のうつ状態や単極型のうつ病とは異なり、躁うつ病は肉体的な病気であると考えられ、医学的な治療をされる。

ここで問題となるのは、精神障害だと認められている単極型のうつ病と、普通のうつ状態は関連があるかどうかということだ。私は症状がいくつあるかとか程度が重いか軽いかが違うだけで、これらは同じものだと思っている。単極型のうつ病と診断され、患者のレッテルを張られた人と、うつの重い症状が表れているが、病気ではないと言われた人の間に大きな差はない。その人がどの時点で診療を受ける決心をするか、また加入している保険がうつ病であれば保険金を支払うか、また患者と呼ばれることにどれくらい抵抗があるか、それだけのことだろう。

私の考えはこの点で、単極型うつ病は病気で普通のうつ状態は一時的な意気阻喪であるとする医学会の主流意見と大きく異なる。私の考えの決め手となるのは、普通のうつ状態と単極型のうつ病はまったく同じ特徴を持っていることだ。両者とも四つの分野――思考、気分、言動、肉体的反応――で否定的になるという変化を伴う。

ある教え子の女子学生の例を挙げよう。彼女を仮にソフィーと呼ぶことにする。ソフィーは高校時代にすばらしい成績を上げて、ペンシルバニア大学に入学した。高校の生徒会の会長を務め、卒業式で式辞を述べ、人望があり、美人でチアリーダーもやった。ソフィーが望んだものはなんでも手に入った。難なく良い成績をとり、男の子たちはソフィーをめぐって競い合った。一人っ子で両方とも専門職の両親の愛を一身に受けて育ったソフィーを、友達は〝ゴールデンガール〟と呼んだ。

私が診療のために初めてソフィーに会ったとき、彼女は三年生で、もうゴールデンガールではなくなっていた。恋愛にも学業にも破綻をきたし、ひどいうつ状態にあった。うつ症状に悩む人の多くがそうであるように、ソフィーもいくつものつらい出来事を経て何カ月も苦しんでから、やっと治療に訪れたのだった。

ソフィーは自分が空しいと言った。誰にも愛されず、才能もなく、見込みのない人間で、何の希望もない。先学期は二科目落としてしまった。机に座っても山のようにたまった勉強のどこから手をつけていいか分からず、一五分ほどぼうぜんと宿題を見つめてから、あきらめてテレビをつけてしまう。現在はちんぴらと一緒に暮らしている。自分が利用されているだけのような気がして、以前はあれほど喜びを感じたセックスも少しも楽しくなく、なんとか我慢している状態だ。ソフィーの専攻は哲学で、特に実存主義に惹かれていた。そして人生は不条理であるという実存主義の教義を信じて、ますます絶望に陥っていた。

君には才能もあるし、女性としても魅力的なのだから、と私が言うと、ソフィーはわっと泣きだした。「先生まで私を買いかぶっていらっしゃるのですね！」

先ほど述べたように、うつ病の四つの判断基準のうちの一つは、思考が否定的になることだ。うつ状態にあるときの考え方は、正常な状態のときの考え方とは異なる。自分自身にも、世の中にも、将来にも希望が持てない。ソフィーはそれが自分に才能がないためだと思い込んだ。うつ状態にあると、小さな障害が越えることのできない障壁に見える。ソフィーの机の上のプリントの束は、山のように思えたのだ。

世界的なセラピストであるアーロン・ベックの診ていた患者が、重症のうつ状態のさなか、なんとか台所の壁紙を張ったのだが、患者はこの作業が失敗だったと考えていた。

セラピスト：あなたはなぜ、壁紙張りが成功だったとは思わないいんですか？
患者：花模様がそろわなかったからです。
セラピスト：実際にあなたがこの仕事を完成させたのですか？

患者：はい。

セラピスト：あなたの台所ですか？

患者：いいえ、近所の人の台所の壁紙張りを手伝ったんです。

セラピスト：その人が大部分の作業をしたんですか？

患者：いいえ、ほとんど全部私がやりました。その人は壁紙張りをやったことがなかったものですから。

セラピスト：ほかに失敗した点はありますか？　そこら中に糊《のり》をこぼしたとか、壁紙をたくさんだめにしたとか、ひどい状態にしてしまったとか？

患者：いいえ。問題は花がそろわなかったことだけです。

セラピスト：どれくらい、ずれてしまったのですか？

患者：（指で三ミリほどの幅を示して）これくらいです。

セラピスト：どのシートも？

患者：いいえ……二枚か、三枚です。

セラピスト：それで全部で何枚あったんですか？

患者：二〇枚か、二五枚ほどです。

セラピスト：ほかにも誰か、ずれに気がついた人はいましたか？

患者：いいえ。実のところ、近所の人はとてもうまくできたと言いました。

セラピスト：あなたは後ろに下がって壁全体を見たとき、ずれた場所が分かりましたか？

患者：えーと、実際はほとんど分かりませんでした。

患者は自分は何をしてもだめだと思い込んでいたために、上出来だった壁紙張りが失敗だったとみなした。悲観的な説明スタイルはうつ状態の人の思考の中心をなすものだ。

単極型うつ病と普通のうつ状態の二番目の特徴は、否定的な気分になることだ。うつ状態になるとがっくり落ち込んで悲しくなり、絶望の底に落ちた気分になる。泣いてばかりいるかもしれないし、もう涙も枯れた状態になるかもしれない。ソフィーは、特に調子の悪い日は昼食時までベッドから出ずに泣いていた。

うつ状態は一日中続くことは少なく、時間によって変化することが多い。通常目覚めたときが最悪だ。ベッドの中で過去の失敗を思い出し、今日もきっと挫折を味わうことになるに違いないという不安でいっぱいになる。ベッドにいるかぎりこの思いを振り払うことができない。起きて一日の活動を始めると気分が晴れてきて、普通は時間とともに良くなっていくが、午後三時から六時まではＢＲＡＣ（basic rest and activity cycle／休養と活動の基本サイクル）によって再び悪化する。晩はもっとも気分が晴れていることが多い。

うつ状態のときの気分は悲しいだけでなく、不安といらいらを伴うことが多い。うつの症状がさらにひどくなると、不安や敵意は消え失せ、患者は無感動、無感覚になる。

うつ病の三番目の特徴は言動に関するもので、三つの兆候がある。消極的、優柔不断、そして自殺を試みることだ。

うつ病患者はなかなか何かを始めることができず、ちょっとでも邪魔が入るとすぐにあきらめてしまう。小説家は最初の言葉を書き出すことができない。やっと書き始めてもワープロの画面がちらついただけでやめてしまい、それから何カ月も手をつけない。

うつ病患者は選択をすることができない。電話でピザを注文しても、プレーンかトッピングをつけるか、と尋ねられると、じっと受話器を見たまま返事ができず、一五秒間の沈黙の末に電話を切ってしまう。ソフィーも宿題を始めることができなかった。どの科目を先にやるかさえ、決められなかったのだ。

うつ病患者の多くが自殺を考え、実際に試みる。動機は普通二通りあり、患者にはそれぞれどちらか一方、または両方がある。このまま生きていくことは耐えられないので、すべてを終わらせたいという願望と、もう一つは愛情を取り戻したい、仕返しをしたい、または死んでしまえば相手に反論のチャンスを与えなくてすむという計算である。

四番目に、うつ病は望ましくない肉体的な症状を伴うことが多い。うつの状態が重ければ重いほど、たくさんの症状がある。食欲、性欲が減退する。睡眠が妨げられる。早く目覚めすぎて、何度も寝がえりを打つが、もう眠りに戻ることはできない。とうとう目覚まし時計が鳴り、新しい一日を憂うつな気分で、しかも疲れ切って始めなければならなくなる。

これら四つの症状——思考、気分、言動、肉体的反応が否定的になる——が、うつ病（単極型うつ病と普通のうつ状態）診断の基準となる。四つの症状が全部そろっていなくても、また特定の症状がなくても、うつ病のこともある。しかし、各症状が重ければ重いほど、うつ病である可能性は高い。

自分のうつ病度をテストする

自分は今どれくらい落ち込んでいるのか、計ってみよう。

国立精神衛生研究所疫学センターのレノール・ラドロフが考案したうつ病度を試すテストがあり、広く普及している。ＣＥＳ‐Ｄ（Center for Epidemiological Studies-Depression／疫学センターうつ病度テスト）と呼ばれるこのテストはうつ病のあらゆる症状をカバーしている。**ここ一週間の間に**自分が感じたものにもっとも近いものを○で囲む。

1　普段は気にならないことが気になった

0　ほとんど、または全然そんなことはなかった（一日未満）
1　いくらか、または少しそうだった（一日～二日）
2　ときどき、またはややそうだった（三日～四日）
3　ほとんど、またはずっとそうだった（五日～七日）

2　食欲がなかった

0　ほとんど、または全然そんなことはなかった（一日未満）
1　いくらか、または少しそうだった（一日～二日）
2　ときどき、またはややそうだった（三日～四日）
3　ほとんど、またはずっとそうだった（五日～七日）

3　友人や家族が励ましてくれても、どうしても気分が晴れなかった

0　ほとんど、または全然そんなことはなかった（一日未満）

1　いくらか、または少しそうだった（一日〜二日）
2　ときどき、またはややそうだった（三日〜四日）
3　ほとんど、またはずっとそうだった（五日〜七日）

4　自分がほかの人よりも劣っている気がした

0　ほとんど、または全然そんなことはなかった（一日未満）
1　いくらか、または少しそうだった（一日〜二日）
2　ときどき、またはややそうだった（三日〜四日）
3　ほとんど、またはずっとそうだった（五日〜七日）

5　自分のしていることに集中できなかった

0　ほとんど、または全然そんなことはなかった（一日未満）
1　いくらか、または少しそうだった（一日〜二日）
2　ときどき、またはややそうだった（三日〜四日）
3　ほとんど、またはずっとそうだった（五日〜七日）

6　気分が落ち込んだ

0　ほとんど、または全然そんなことはなかった（一日未満）
1　いくらか、または少しそうだった（一日〜二日）
2　ときどき、またはややそうだった（三日〜四日）
3　ほとんど、またはずっとそうだった（五日〜七日）

7　何をするのもおっくうで、無理にしている感じだった

0　ほとんど、または全然そんなことはなかった（一日未満）
1　いくらか、または少しそうだった（一日〜二日）
2　ときどき、またはややそうだった（三日〜四日）
3　ほとんど、またはずっとそうだった（五日〜七日）

8　将来に希望が持てなかった
0　ほとんど、または全然そんなことはなかった（一日未満）
1　いくらか、または少しそうだった（一日〜二日）
2　ときどき、またはややそうだった（三日〜四日）
3　ほとんど、またはずっとそうだった（五日〜七日）

9　自分の人生は失敗だったと思った
0　ほとんど、または全然そんなことはなかった（一日未満）
1　いくらか、または少しそうだった（一日〜二日）
2　ときどき、またはややそうだった（三日〜四日）
3　ほとんど、またはずっとそうだった（五日〜七日）

10　言い知れぬ心配に襲われた
0　ほとんど、または全然そんなことはなかった（一日未満）
1　いくらか、または少しそうだった（一日〜二日）
2　ときどき、またはややそうだった（三日〜四日）
3　ほとんど、またはずっとそうだった（五日〜七日）

11　よく眠れなかった
0　ほとんど、または全然そんなことはなかった（一日未満）
1　いくらか、または少しそうだった（一日〜二日）
2　ときどき、またはややそうだった（三日〜四日）
3　ほとんど、またはずっとそうだった（五日〜七日）

12　不幸せな気分だった
0　ほとんど、または全然そんなことはなかった（一日未満）
1　いくらか、または少しそうだった（一日〜二日）
2　ときどき、またはややそうだった（三日〜四日）
3　ほとんど、またはずっとそうだった（五日〜七日）

13　普段よりも口数が少なかった
0　ほとんど、または全然そんなことはなかった（一日未満）
1　いくらか、または少しそうだった（一日〜二日）
2　ときどき、またはややそうだった（三日〜四日）
3　ほとんど、またはずっとそうだった（五日〜七日）

14　さびしかった
0　ほとんど、または全然そんなことはなかった（一日未満）
1　いくらか、または少しそうだった（一日〜二日）
2　ときどき、またはややそうだった（三日〜四日）

3　ほとんど、またはずっとそうだった（五日〜七日）

15　**まわりの人がよそよそしかった**

0　ほとんど、または全然そんなことはなかった（一日未満）
1　いくらか、または少しそうだった（一日〜二日）
2　ときどき、またはややそうだった（三日〜四日）
3　ほとんど、またはずっとそうだった（五日〜七日）

16　**人生がつまらなかった**

0　ほとんど、または全然そんなことはなかった（一日未満）
1　いくらか、または少しそうだった（一日〜二日）
2　ときどき、またはややそうだった（三日〜四日）
3　ほとんど、またはずっとそうだった（五日〜七日）

17　**泣きたい気持ちに何度も襲われた**

0　ほとんど、または全然そんなことはなかった（一日未満）
1　いくらか、または少しそうだった（一日〜二日）
2　ときどき、またはややそうだった（三日〜四日）
3　ほとんど、またはずっとそうだった（五日〜七日）

18　**悲しい気持ちだった**

0　ほとんど、または全然そんなことはなかった（一日未満）
1　いくらか、または少しそうだった（一日〜二日）

2　ときどき、またはややそうだった（三日〜四日）
3　ほとんど、またはずっとそうだった（五日〜七日）

19　**みんなが自分を嫌っていると感じた**
0　ほとんど、または全然そんなことはなかった（一日未満）
1　いくらか、または少しそうだった（一日〜二日）
2　ときどき、またはややそうだった（三日〜四日）
3　ほとんど、またはずっとそうだった（五日〜七日）

20　**気分が乗らなくて、なかなか何かを始められなかった**
0　ほとんど、または全然そんなことはなかった（一日未満）
1　いくらか、または少しそうだった（一日〜二日）
2　ときどき、またはややそうだった（三日〜四日）
3　ほとんど、またはずっとそうだった（五日〜七日）

採点は簡単で、○をつけた番号を合計すればよい。どちらに○をしたらいいか決められなくて二つに○をした質問があれば、大きいほうの数字を足す。得点は0から60の間になるはずだ。得点を検討する前に知っておくべきなのは、高い点を取ったからといって、ただちにうつ病にかかっていると診断されるわけではないことだ。症状がどのくらいの期間続いているかなど、ほかの要素も加味したうえで、資格のある心理学者か精神科医が詳細な面接をしなければ診断を下すことはできない。このテストはむしろ現在の時点での読者の正確なうつ度を示すものである。

得点が0から9までであれば、アメリカ人成人の平均値よりも低く、うつ状態ではない。10から15の間であれば、軽いうつの傾向がある。16から24ならば中程度のうつ状態にある。25以上であれば重度のうつ状態である可能性がある。

もし得点が重度のうつ状態の範囲にあり（またはどの範囲にあっても）、チャンスさえあれば自殺したいと思っている人は、すぐに専門家の診察を受けることをお勧めする。中程度のうつ症状だった人は二週間後にもう一度テストをし、得点がもしまだこの範囲であれば専門家の予約を取るべきだ。

一九七〇年代末、アメリカ合衆国厚生省のアルコール・麻薬物乱用および精神衛生委員会のジェラルド・クラーマン博士は二度にわたって大がかりな米国内の精神障害の実態調査を行った。ECA（epidemiological catchment area）研究と呼ばれるこの調査は、国内に各種の精神障害がどれだけあるかを調べることを目的にしていた。無作為に抽出された成人九五〇〇人に、調査員が心理学者や精神科医が行うのと同じ面接調査を実施した。

これほど多数の異なった年齢層の成人たちが面接を受けて、精神障害の症状を経験したことがあるかどうか、また経験したとすればいつかを聞かれるのは異例のことだったが、おかげで長年にわたる精神障害の実態と、二〇世紀におけるその変遷が明らかになった。もっともショッキングな変化の一つは、生涯で一度でもうつ病にかかったことのある人の率とその時期であった（どんな病気でも年齢が高いほど、かかったことのある人の割合が大きいのが普通だ。例えば骨折の経験のある人の率は年齢が上がるほど多くなる。年を取るほど骨折の機会に多くさらされるわけだから当然だろう）。

だから誰もが、二〇世紀の初めに生まれた人ほど、うつ病にかかった率が高いだろうと予測した。

ところが統計学者たちは意外な結果を発見した。調査時二五歳だった人――一九五五年ごろ生まれた人――のうち約六パーセントが少なくとも一度は重いうつ症状を経験しているとすれば、一九二五年ごろに生まれて病気にかかる機会がより多かったはずの人々の罹患率は九パーセントほどになるものと思われた。ところが実際は、四パーセントしか経験していなかった。さらにさかのぼって、第一次世界大戦の前に生まれた人々の間ではわずか一パーセントしかいなかったのだ。

しかし、いくら綿密に行われた調査であっても、一回だけの結果では、科学者たちもうつ病が現代の流行病であると宣言することはできない。幸い国立精神衛生研究所は〝親族調査〟と呼ばれる別の調査も同時に実施していた。ＥＣＡ調査と似た形式だったが、面接者は無作為に選ばれたのではなく、近親者が重症のうつ病で入院したことのある人々が対象だった。

調査員はすでに重いうつ症状を経験したことのある五二三人の人から面接を始めた。これらの人々の近親者で面接可能な者たちはほとんど全員――計二二八九人の父、母、兄弟、姉妹、息子、娘――がまったく同一の質問を受けた。目的は、近親者が重いうつ病を患ったことのある者は、一般の人たちよりもうつ病にかかりやすいかどうかを調べるためであった。それを知ることが、うつ病の遺伝的要素と環境の影響を区別するのに役立つと思われたのだ。

ＥＣＡ調査と同じく、親族調査の結果も予測を大きく覆すものだった。二〇世紀初頭から今までにうつ病は一〇倍以上に増えていたのだ。

女性だけの場合を見てみよう。ＥＣＡ調査のときに三〇歳前後だった女性は、七〇代だった女性よりもうつ病を経験した割合が一〇倍も高かった。七〇代の女性が三〇歳だったときを振り返ると、重いうつ病を経験したことのある人はわずか三パーセントしかいなかった。ところが調査時三〇歳前後の女性は、すでにその六〇パーセントがひどいうつ症状を経験していた。実に二〇倍の開きがある。

男性の統計も逆転現象を示している。男性は女性の約半分しかうつ病にかからない（これは重要な点で、次の章で詳しく述べる）が、発病率は女性と同じく、二〇世紀の初めから急激に増加してきている。

現在、重症のうつ病はありふれた病になっただけでなく、患者の若年化も著しい。一九三〇年代生まれで身内にうつ病患者のいる人は、自身がうつ病にかかるとすれば、三〇歳から三五歳の間に発病する可能性が高かった。ところが一九五六年生まれの人では、一〇年早く二〇歳から二五歳の間に最初のうつ病が起きることが多い。重いうつ病は約半数が再発するので、一〇年早く発病すればそれだけ苦しむ年月も長いことになる。

しかもこれらの調査は重いうつ病に限ったもので、私たちの多くが経験したことのあるもっと軽いうつ病も同じ傾向にあると思われる。かつてない繁栄と物質的豊かさを実現したアメリカ国民は、かつてない精神的みじめさを味わっているのだ。

いずれにせよ、うつ病が流行病だという根拠は十分にある。

私はここ二〇年間、何がうつ病を引き起こすのか研究してきた。私の思うところはこうである。

双極型のうつ病（躁うつ病）は生物学的原因による体の病気で、薬で抑えられる。

単極型のうつ病のなかでも特に重症のものは一部生物学的原因によるもので、遺伝性のものもある。一卵性双生児の片方がうつ病になった場合、もう片方も発病する可能性は二卵性双生児よりもやや高い。この種の単極型うつ病は、双極型うつ病ほどの劇的な効き目はないにしても薬で抑えられるケースが多く、症状はしばしば電気けいれん療法によって緩和される。

しかし、遺伝性の単極型うつ病は少数派だ。それでは米国にまん延している大多数のうつ病はどこから来るのだろうか。この一〇〇年の間に人類は肉体的変化をきたして、うつ病にかかりやすい体になったのだろうか？　おそらくそれはないと思う。ここ二世代の間に私たちの脳や遺伝子がそれほど急激に変化したとは考えにくい。だからうつ病が一〇倍にもなった原因は生物学的には説明できそうにない。

私たちの身近に流行しているうつ病は心理学的見地から見るのがいちばんいいと思う。ほとんどのうつ病は、生きていくうえでの問題やそれをどう考えるかによって始まるのではないか？これが私が二〇年前にうつ病の研究を始めたときの仮説であった。しかし、大部分のうつ病の原因が心理的なものであることを、どうやって証明するかが問題だった。

どのような心理的プロセスを経て、人々はうつ状態に陥るのだろう？

ライト兄弟は飛行機を作って実際に飛ばし、鳥はなぜ飛ぶのかという古代ギリシア以来の疑問に解答を出した。もし論理的な模型《モデル》が本物の特性をすべて備えていれば、模型が動くプロセスを見ることによって本物の仕組みが分かるはずだ。ライト兄弟の飛行機――鳥の論理的な模型――は離陸し、空を飛んだ。

私もうつ病の特性をすべて備えた論理的なモデル作成に挑戦した。この仕事にはモデルを作ることと、それがうつ病に当てはまることを示すこと、の二つの部分があった。私はたちどころにいくつかの共通点を見いだすことができたが、それらが同じもので、学習性無力感実験が実世界でうつ病と呼ばれる現象を実験室で作り出したものであることを証明するのはまた別の話だった。

以来二〇年間にわたって世界中の大学で行われた三〇〇例以上の実験から、学習性無力感モデルが作られた。実験対象も犬からネズミ、そして人間へと替わった。どの実験も同じ形式で実験対象を三つのグループに分けて行ったが、結果はいつも同じだった。無力グループはすぐにあきらめ、コントロールグループとショックなしグループは活発だった。

身につけた無力感は、自分の行動が有効であることを示すか、失敗の原因についての考え方を変えるように教えることで治すことができる。またあらかじめ自分の力で事態を変えられることを学んでいれば、無力感に陥らずにすむ。人生の早い段階でこれを学べば学ぶほど、無力に対して有効な免疫力をつけることができる。

こうして学習性無力感理論は発展し、試され、完全な形に近づいていった。もし実験室で本物のうつ病のモデルが作り出せたとすれば、その意義は大きかった。精神障害の症例も実験によって意図的に作り出し、その隠れたメカニズムを解明して、治療法を考え出すことができることになるからだ。

これはライト兄弟が飛行機を飛ばして鳥の飛び方のメカニズムを示したようなわけにはいかなかった。飛行機と鳥の〝症状〟は明らかに同じだった。両方とも離陸し、飛行し、着陸する。学習性無力感理論の場合は、実験が一つ一つうつ病の症状を表していることを示すためにもっとたくさんのことをしなければならなかった。実験室で作り出された無力症状が、うつ病の人々の症状と同じであることを知る必要があった。症状が一致すればするほど良いモデルだということになる。

もっとも難しいケースから始めてみよう。この章で先ほどふれたソフィーのような重症の単極型うつ病である。

精神科医や心理学者は患者の診断のときにＤＳＭ－Ⅲ－Ｒ（Diagnostic and Statistical Manual of the American Psychiatric Association, Third Edition, Revised『アメリカ精神医学会診断と統計の手引き』改訂第三版）と呼ばれる本を使う。これは精神障害診断の集大成で、この職業にある者のバイブルともいうべきものだ。セラピストは最初の面接でその人の症状が精神障害の範疇に入るかどうか判断しようとする。

ＤＳＭ－Ⅲ－Ｒで診断を下すのは、中国料理のメニューから夕食を注文するのにちょっと似ている。現在重いうつ病にかかっていると診断するには、次の九つの症状のうち五つ以上がなければならない。

1　気分がふさいでいる
2　普段やっている活動に興味がなくなる
3　食欲がなくなる
4　不眠症
5　精神運動性の遅延：思考や行動が遅くなる
6　活力を失う

7　自分は価値のない人間で、すべて自分が悪いのだと思う
8　思考力が減退し、集中できなくなる
9　自殺を考えるか、試みる

ソフィーは重度のうつ病の良い例で、九つの症状のうち自殺願望、精神運動性の遅延、不眠症以外の六つの症状を示していた。

このDSM‐Ⅲ‐Rのリストを無力学習実験に参加した人々や動物に当てはめてみると、状況コントロール力を与えられていたグループは九つの症状のうち一つの症状も示さなかったのに対し、同じ場面でもコントロール力を与えられなかったグループは八つもの症状を示した。これは重症のうつ病のソフィーよりもさらに二つも多い。

1　逃れられない音や解けない問題を与えられた人々は、**ゆううつとした気分**が自分にふりかかってきたと報告している。
2　逃れられないショックを与えられた動物たちは**通常の活動に興味を失った**。攻撃されても反撃せず、子どもの世話もしなくなった。
3　逃れられないショックを与えられた動物たちは**食欲を失い**、体重が減って、交尾にも興味を示さなくなった。
4　無力状態の動物たちは**不眠症**の症状、特にうつ病の人々が経験するような早朝に目覚めてもう眠れないという症状を示した。

5および6　無力状態の人々と動物たちは**精神運動性の遅延を示し、活力を失った。**ショックから逃れようとせず、食べ物を得ようとか、問題を解決しようという気にもならなかった。攻撃されたり、侮辱されても反撃しなかった。新しい課題を与えられてもすぐにあきらめ、新たな環境を探索しようとしなかった。

7　無力状態の人々は問題を解決できなかったのは**自分の能力がなかったせいで、自分は価値のない人間だ**と思い込んだ。うつ状態が重くなればなるほど、この悲観的説明スタイルの度合いがひどくなった。

8　無力状態の人々や動物は**よく考えることができず、注意散漫になった。**新しいことがなかなか覚えられず、自分の得になることや安全にかかわることなど重要な事柄に注意を集中できなかった。

欠けている症状は自殺願望と実行だけだったが、それは実験が音を止めるのに失敗したなどの非常にささいなことだったからかもしれない。

以上のように、実験室モデルは非常に本物に近いものだった。この結果に刺激されて、研究者たちは学習性無力感理論をさらに別の方法でテストしてみた。うつ病に効く薬はたくさんある。それらをすべて無力状態になった動物たちに与えてみたのだ。

結果はまたもや劇的だった。各種抗うつ剤（そして電気けいれん療法）によって動物の無力状態が治ったのだ。これらの薬が脳の重要な神経伝達物質の量を増やしたのではないかと思われる。また、うつ病に効かないカフェイン、ジアゼパム（精神安定剤）、アンフェタミン（中枢神経刺激剤）

のような薬は、実験で身につけた無力状態の解消にも効かなかった。

これでモデルは実物にほとんど完全に当てはまることが分かった。症状面では、実験室で作り出した無力状態はうつ病とほぼ同じであると言ってよかった。

うつ病の流行は、無力感を身につけた人々が増えていることを意味すると見てよい。無力状態の原因はうつ病の原因と同じだと見ることができる。つまり、**自分が何をしようとむだだ**、という考えだ。この考えはコントロールできない状況によってだけでなく、挫折や敗北によっても引き起こされる。

私は、アメリカ国内にまん延しているうつ病の核をなすのはこの考え方だと思う。現代人は自分が何をしても状況は変わらないという無力感に取りつかれやすいのだろう。その理由も見当がついているが、それは最後の章で述べることにする。

何やら見通しは暗くなってしまった。しかし、望みはある。説明スタイルが重要なのも、そのためである。

もしソフィーが二〇年前にうつ病にかかっていたとしたら、自然に治るまで待つ以外なく、それには何カ月も時には何年もかかっていただろう。しかし、運良くこの一〇年間にとても有効な治療法が開発された。

開発したのは心理学者のアルバート・エリスと精神科医のアーロン・T・ベックだった。近代心理療法史が書かれるときには、二人はフロイトやユングの次に名前が載るべき人たちだと思う。彼らはともにうつ病の謎を解きあかし、この病気がこれまで考えられていたよりもずっとシンプルで、治せる病気であることを示した。

エリスとベックが新たな理論を編み出すまでは、すべてのうつ病は躁うつ病であるというのが定説であった。躁うつ病には対立する二つの理論があった。生物医学派は〝うつ病は身体の病気である〟と主張し、フロイト派は〝うつ病は自らに向けられた怒りである〟と信じた。フロイトの信奉者たちはこのばかげた考えを忠実に診療に取り入れて、患者に心の中の感情をすべて吐き出すように促した。それによって多くのうつ病は悪化し、自殺者さえ増加した。

エリスも心の中を吐き出させたが、そのやり方は大きく異なっていた。一九四七年にコロンビア大学で博士号を取ったあと、エリスは結婚・家庭問題専門の心理療法クリニックを開業した。患者たちの告白に刺激されてか、エリスはまもなく性の抑圧に反対するキャンペーンを開始し、性の解放に関する著書を次々と発表した。私が初めてエリスの本に出会ったのは、一九六〇年代初めのプリンストン大学二年のときで、学生主催の性をテーマにした講演会の企画を手伝ったのがきっかけだった。講演者として招かれたエリスは「今、マスターベーションしよう」という題で講演すると言ってきた。日ごろ公正で知られてきた学長も、エリスを呼ぶことを中止させた。

多くの同業者がエリスを当惑の目で見たが、臨床医としての彼の非凡な才能を認める者も少なくなかった。一九七〇年代に入るまでに、エリスは性と同様に偏見と誤解に満ちた世界であったうつ病の分野に、そのカリスマ性と単刀直入なやり方を持ち込んだ。以来、うつ病はその姿を変えてしまった。

エリスは、ほかの者たちが深い精神的葛藤《コンフリクト》とみなした症状を、考え方が間違っている――ばかではない人々がばかな振る舞いをしている――だけだとした。そして有無を言わさぬやり方で、間違った考え方はやめて、正しい考え方をしろ、と患者に命令した。意外にもほとんどの患者は良くなった。精神障害は非常に複雑な謎めいた現象で、深い無意識の葛藤をあばいたり、肉体的な病気が取り払われなければ治らないというばかげた定説にエリスは挑戦し、勝利を収めた。複雑化した心理学の世界で、この単純明快な方法は革命的な成功だった。

一方フロイト派の精神科医で、豊かな臨床の才能に恵まれていたベックも従来のやり方ではうまくいかないと感じていた。ベックはエリスとはまるで正反対で、丸くぽっちゃりとした人好きのする顔つきに赤い蝶ネクタイをした、ニューイングランドの田舎医者という風貌だった。柔和な良識派で、エリスのように強引に患者を説得するのはベックのやり方ではなかった。彼は注意深く聞き、静かに質問し、穏やかに諭した。

一九六〇年代、うつ病の治療に関しては支配的だったフロイト派と生物医学派の見解に対し、ベックもエリスと同様に深刻な悩みを持っていた。エール大学で医学を学んだあと、ベックは普通の精神分析医として何年も過ごした。そして診察室のソファーに横になった患者がなぜ怒りを外に出さずに自分に向けてきたのか、なぜうつ病が起きたのか、自分から思いつくのをじっと待ったが、うまくいくことはほとんどなかった。そこで今度は、うつ病患者のグループ診療を試み、怒りや悲しみを内に秘めている代わりに皆に発表するように促した。結果はさらにひどいものだった。うつ病患者たちはベックの目の前で糸がほどけたように取り乱し、また縫い合わせるのは容易なことではなかった。

一九六六年、私がティム・ベック（ティムはミドルネームのティムキンから取った愛称である）に会ったとき、彼はうつ病に関する初めての本を執筆中だった。そこにはティムの良識が強く表れていた。ティムはうつ状態にある人々が意識的に何を考えるかだけを問題にすることにしたと述べた。その考えがどこから来るのかという理論づけはほかの人に任せればいい。

うつ病患者は自分や自分の将来について悪いことばかり考える。うつ病とはそれだけのことかもしれない、と彼は推論した。うつ病の症状と思われるもの――否定的な考え方――が病気そのものなのかもしれない。うつ病は脳の化学物質が悪いのでも、内側に向けられた怒りでもない。考え方が異常をきたしている状態なのだ、とティムは主張した。

これはフロイト派攻撃のティムの鬨《とき》の声だった。「人々は精神的悩みは自力では解決できないものだから専門家の力を求めたほうがよい、と信じ込まされている。精神障害は自分の力の及ばない原因で起こるものだと教えられたために、自分がいつもやってきたような方法で解決できるはずだという自信が持てないのだ。フロイトの教えが常識の価値をおとしめたために、うつ病患者は自分の判断で問題を分析し、解決することができなくなってしまったのである」とティムは書いた。

この心理学革命の先駆者の一人に、現在七〇代のジョゼフ・ウォルプがいる。この南アフリカの精神科医は生まれながらの反体制派であり、実兄は南アの共産党指導者として投獄されているが、ウォルプ自身は精神分析に挑戦する道を選んだ。この分野で精神分析の地位は絶大だったから、これはアパルトヘイトに反対するようなものだった。

一九五〇年代、ウォルプは恐怖症に対する簡単な治療法を発見して、学会を驚かせ、同僚たちを激怒させた。精神分析の権威筋は恐怖症――例えば猫のような特定のものに対する理由のない異常な恐怖――はずっと奥深いところにある障害の表れにすぎないとしていた。恐怖症の原因は、母親に対する欲情をこらしめるために父親が自分を去勢してしまうのではないかという密かな恐れである、というのがそれまでの精神分析学会の定説だった（女性の場合の説明はない。フロイト派は、恐怖症患者は圧倒的に女性が多いという点を無視している）。

一方、生物医学の立場に立つ人々は、恐怖症の原因は脳の化学物質の障害にあると主張したが、四〇年たった一九九〇年現在、脳の化学物質の機能不全は発見されていない。双方とも患者の猫に対する恐れだけを治療するのは、はしかに頬紅を塗るようなものだと主張した。

ウォルプはしかし、何かに対する理由のない恐れは恐怖症の症状ではなく、恐怖症そのものである、と推論した。恐れを取り除くことができれば問題は解決する。精神分析や生物医学の理論家たちが言うように別の形で再び表れることはない。ウォルプと弟子たちは自らを行動療法士と呼び、恐怖症を一～二カ月で完治させていたが、病気は別の形で再発することはなかった。精神障害は複雑なものではないという説を断固曲げなかったウォルプは、南アに居づらくなって亡命し、最初はロンドンのモーズレー病院へ、それからアメリカに渡ってバージニア大学、フィラデルフィアのテンプル大学へと移り、行動療法を続けた。

一九六〇年代末には、フィラデルフィアは心理学の新たな中心地となっていた。テンプル大学ではジョゼフ・ウォルプが勇名をはせていたし、ペンシルバニア大学ではティム・ベックを信奉する者が増えていった。ティムもまたうつ病について、ウォルプが恐怖症に関して下したのと同じ結論を得ていた。うつ病はその症状以上のものではなく、否定的な考え方によって起きるのだというのである。

私は早くからティムに傾倒していた。そして、学習性無力感もうつ病も同じようなプロセス――考え方が間違った方向に行ってしまうこと――によって起きるのではないかと思っていた。私はペンシルバニア大学で博士号を取得してすぐ、一九六七年にコーネル大学で教鞭を執った。一九六九年、ティムは私に、ペンシルバニア大学に戻って彼のうつ病への新しい取り組みに協力してくれないか、と言って誘ってきた。私は喜んで戻り、うつ病の新しい治療法研究グループに加わった。

私たちの推理は単純明快だった。うつ病は一生を通しての意識的な考え方の習慣によって起こる。もしこの習慣を変えることができれば、うつ病も治すことができる。私たちが知るかぎりの方法を使って、患者の思考習慣にアタックしよう。この試みから新たな方法が生まれ、ティムはこれを認知療法と呼んだ。この療法は、うつ病の人々の失敗・挫折・敗北・無力に対する考え方を変えようとするものだ。国立精神衛生研究所は何百万ドルもかけてこの療法の有効性をテストし、それを実証した。

女性は男性の二倍もうつ病にかかりやすい。それは一般的に、女性はうつ病が増幅されるようなものの考え方をするからだ。男性は考えるよりも行動に出る傾向があるが、女性は自分のうつ病を分析し、その原因を突き止めようとして考え込むことが多い。心理学者はこの行動を反芻《はんすう》と呼ぶ。牛や羊やヤギのような反芻動物は半分消化した食べ物を口に戻してかみ直す。人が思いにふけっている姿にこの言葉を使うのはあまり魅力的とは言えないが、まさにぴったりの表現だと思う。この反芻に悲観的説明スタイルが加われば、重症のうつ病へのお膳立てが調《ととの》うことになる。

だが心配はいらない。悲観的説明スタイルも反芻も変えることができるうえに、いったん変えてしまえば後戻りすることはないからだ。認知療法は楽観的な説明スタイルを作り出して反芻を減らすことができる。挫折から立ち直るのに必要な方法を教えることで、新たにうつ病が起きるのをふせげるのだ。

説明スタイルによって無力感が生まれる

私たちは誰でも失敗すると一時無力状態に陥る。打ちひしがれ、将来の見通しは暗く、何もする気になれない。ほんの数時間でこの無力状態から立ち直る人もいれば、何週間もあるいは大きな敗北を喫したときは何カ月もこのままの状態の人もいる。

ここが短期間の意気消沈と一定期間のうつ病の分かれ目だ。第4章で述べたＤＳＭ‐Ⅲ‐Ｒ（『アメリカ精神医学会診断と統計の手引き』改訂第三版）の九つのうつ病の症状と、そのうちの八つを学習性無力感実験が作り出したことを思い出していただきたい。これら九つのうち五つ以上の症状がある場合、うつ病と診断されると述べたが、さらにもう一つ必要な条件はこれらの症状が一過性のものではなく、少なくとも二週間は続くことだ。

無力状態がすぐに消える人と、二週間またはそれ以上続く人との違いは、単純であることが多い。後のグループは悲観的な説明スタイルの人々で、悲観的説明スタイルはごく短期間の範囲の限られた無力状態を長期で広範囲なものに変えてしまう。ペシミストが挫折を経験すると、無力状態は本格的なうつ病になる。オプティミストの場合はごく短い間の意気消沈となるだけだ。

このプロセスのカギとなるのは、希望があるか、ないかである。悲観的な説明スタイルの特徴は前にも述べたように、個人的（私が悪いのだ）、永続性（ずっとこういう状態が続くだろう）、普遍性（何をやってもうまくいかないだろう）だ。挫折を永続的で普遍的なものと解釈すると、現在の失敗を将来の新たな状況にまで持ち越すことになる。例えば、誰かに振られると「自分は女性に（男性に）好かれないんだ（普遍化）」「きっと誰も相手を見つけることができないだろう（永続的）」と考える。失恋を自分にこのように説明すると、将来も恋愛に対して臆病になってしまう。そのうえ失恋の原因が自分にある（私は愛されないんだ）と思い込むと、自尊心まで傷つくことになる。

もし私の考えが当たっていれば、喫煙が肺ガンの危険因子であり、攻撃的で精力的な男性は心臓発作の確率が高いのと同様に、ペシミストもうつ病のリスクが大きいことになる。

悲観主義はうつ病を引き起こすか？

私はこの一〇年間、多くの時間をさいてこの問題に取り組んできた。ペンシルバニア大学グループは、まず最初に、何千人ものあらゆる程度のうつ病の人々に説明スタイルのアンケートを行った。それで分かったのは、誰でもうつ状態にあるときは悲観主義的だということだった。この事実は何度調査をしても変わらなかったので、この結果に疑問を唱えるにはよほど多くの反証が必要となるだろう。

しかしこの事実も、悲観主義がうつ病を引き起こすという証拠にはならない。うつ状態にある人は、同時に悲観的であるというだけのことだ。逆にうつ病が悲観主義を引き起こすのであっても、脳の化学物質のような別の要因がうつ病と悲観主義の両方を引き起こすのであっても、悲観主義とうつ病は同時に起こり得る。それに、私たちはその人が悲観的な説明スタイルを取るかどうかを、うつ病の診断の手がかりの一つにしている。だから悲観的説明スタイルとうつ病は堂々巡りであると言える。

悲観主義がうつ病の原因になることを証明するためには、うつ状態ではない人々に接触し、何か大きな打撃を受けたあとで、彼らのうち、悲観的な人々は、楽観的な人々よりもうつ病になりやすかったことを立証する必要があった。それには次のような実験ができれば理想的だった。ミシシッピー州のメキシコ湾岸の小さな町の住人すべてにうつ病と説明スタイルのテストをする。そしてハリケーンがこの町を襲うのを待つ。ハリケーンが通過したあとで、誰が泥の中にぼうぜんと立ち尽くしているか、誰が立ち上がって町を再建するかを見に行く。だがこの実験には倫理と資金の両面で問題があるので、別の方法を探さねばならなかった。

当時まだ大学二年だった優秀な教え子の一人、エイミー・センメルはうまい解決法を考え出した。自然災害は私たちのごく近辺を——実は私のクラスを——各学期に二回襲う、というのだ。つまり試験である。九月の新学期に私の講座が始まった時点で、全部の学生にうつ度と説明スタイルのテストを行った。一〇月、中間試験が近づいたところで、学生たちにどのくらいの成績だったら、自分にとって失敗だと思うか、と尋ねた。平均して、B⁺だったら失敗だという答えがいちばん多かった（いかに成績優秀者の多いクラスかお分かりいただけるだろう）。私の試験の平均点はCだから、ほとんどの学生が対象となる。実験にとってこれは好都合だった。一週間後中間試験が行われ、翌週成績とともに、ベック式うつ病調査票が渡された。

中間試験を落第した（自分の基準によってだが）学生の三〇パーセントがうつ状態になったが、そのうち九月にペシミストだった人でしかも試験に失敗した人々について調べると、その七〇パーセントがひどいうつ状態になった。つまり、重症のうつ病はもともと悲観主義だった人が挫折したときに起こるということになる。実際、自分の失敗にもっとも永続的で普遍的な説明をしたグループは、一二月にもう一度テストしたときにもまだ落ち込んでいた。

もっと深刻な背景での性格実験は刑務所で行われた。私たちは男の囚人の入所時と出所時のうつ度と説明スタイルを調べた。刑務所における自殺は大きな問題なので、うつ状態になる危険性が高いのは誰かを予想したかったのだ。驚いたことに、入所時にはひどく落ち込んでいる者はいなかった。意外にも出所時にはほとんど全員が落ち込んでいた。刑務所の教育が功を奏したとする見方もあるだろうが、収監中に何か意気消沈するようなことが起こるのではないかとも思える。

いずれにせよ、誰がいちばん重いうつ状態に陥るかという私たちの予測はまたも的中した。入所時に悲観主義的だった者だ。つまり、厳しい環境では特に、悲観主義はうつ病を育てる土壌になるということである。

これらの結果はすべて、悲観主義がうつ病の原因であることを示している。普段正常な人々のうち、不幸な出来事が起きたとき、誰がもっともうつ病に屈しやすいか、私たちはずっと前に予測できるわけだ。

悲観主義がうつ病を引き起こすかどうかを知るには、一つのグループの人たちの生活を長期間にわたって調べる方法もある。私たちは四〇〇人の小学三年生を年二回説明スタイル、うつ度、成績、人気度のテストをしながら、六年生修了まで追跡調査した（調査はまだ続行中）。

その結果、最初から悲観主義的だった子どもたちは四年間通してもっとも落ち込みやすく、またいったん落ち込むとなかなか回復しなかった。最初から楽観的だった子どもたちはずっと落ち込まないままだったか、また落ち込んでもすぐに回復した。大きな不幸（両親が別居、または離婚するなど）に襲われると、ペシミストはたちまち落ち込んでしまった。私たちは若者についても同じような調査をし、同様の結果を得た。

これらの研究は、悲観主義が本当にうつ病を引き起こすという証明になるだろうか？　それともただ単にうつ病の前に悲観主義が起こる――悲観主義はうつ病の前触れであるということなのだろうか？　ここは難しい点だ。私たちは悪いことが起こったとき、いつも自分がどう反応するかよく心得ているものと仮定しよう。不幸な出来事のとき、自分が非常に取り乱したのを何度も見てきた人は、そのために悲観的になる。オプティミストになるのは、不幸のあとでも自分がすぐに立ち直れるのを見てきた人たちだ。この点、悲観主義とうつ病の関係は、スピードメーターと車の速度のようなものだ。スピードメーターが車を加速させているわけではない。つまりスピードメーターも悲観主義もそのもとにあるもっと基本的な状態を表しているにすぎない。

この論争に決着をつけるには一つの方法しかない。それはうつ病が治療によってどのように治っていくかを研究することだ。

説明スタイルと認知療法

ターニャは日に日に悪化していく夫婦仲と手に負えない子どもたちを抱え、重症のうつ病で治療に訪れた。ターニャはうつ病のさまざまな治療法を試してみることに同意し、認知療法と抗うつ剤の両方を使うことになった。そして調査員が面接治療の様子を録音することも許可した。

次に挙げるのは、初期の面接でターニャが自分の問題にどのような説明をしていたかである。特に特徴の著しい箇所は太字にした。またこれらの引用にターニャの悲観度を表す点数をつけた（第3章のテストに似た採点法）。点数は3点（完全に一時的、特定、外的）から21点（完全に永続的、普遍的、個人的）まで幅がある。各局面が1から7までの段階になっているので、三つの局面を合計すると3点から21点までになる。3点から8点までは非常に楽観的、13点以上は非常に悲観的と言える。（説明スタイルのテストを受けなかった人、または受けられなかった人の悲観度をテストする方法はCAVE〈content analysis of verbatim explanations／説明スタイルの逐語的内容分析〉と呼ばれる。CAVEについては**189**ページで説明する。）

ターニャは自分が嫌になった。**「いつも子どもたちにどなって、決して謝らないから」**（永続的、かなり普遍的、個人的、17点）

ターニャは趣味を持っていなかった。**「私は何をしてもだめだから」**（永続的、普遍的、個人的、21点）

ターニャは抗うつ剤を飲み忘れた。**「私には無理よ。私にはそんな意志力がないの」**（永続的、普遍的、個人的、15点）

ターニャの説明は一様に悲観的だった。なんであれ、悪いことはずっと続き、すべてをだめにし、そしてそれは自分が悪いからだ。

グループのほかのメンバーと同じく、ターニャは一二週間の治療を受けた。効果は絶大で、ひと月しないうちにうつ症状が薄れ始め、治療期間が終わったときにはすっかり治っていた。ターニャの生活は外見上は大して良くなっていなかった。夫婦仲は相変わらず良くなかったし、子どもたちもやはり学校でも家庭でも言うことを聞かなかった。だがターニャは問題の原因をずっと楽観的な見方で見るようになり、次のように話すようになった。

「主人の機嫌が悪くて教会へ行こうとしなかったから、私は一人で行かなければならなかったの」（一時的、特定、外的、8点）

「子どもたちが学校へ行く服が必要だから、私はボロを着て走り回っているの」（かなり一時的、特定、外的、8点）

「主人は私の貯金を全部下ろして、自分のために使ってしまったの。もし銃を持っていたら、撃ってやったんだけど」（一時的、特定、外的、9点）

ターニャはこのごろ運転しづらくなっていた。「サングラスの濃度が足りないからだわ」（一時的、特定、外的、６点）

悪いことはほとんど毎日起きたが、ターニャはもうそれらを変えることのできない、広範囲におよぶ出来事だとも、自分のせいだとも思わなくなっていた。ターニャは事態を変えるための行動を起こし始めた。

ターニャの悲観主義から楽観主義へのめざましい変化を促したのはなんだったのか？　薬か、それとも認知療法だろうか？　その変化はただターニャのうつ状態が軽くなったという兆しであるだけなのか、それとも変化が起こったために彼女のうつ病が良くなったのか？

ターニャはさまざまな治療法を施された多くの患者の一人であったので、これらの疑問も解明できるはずだった。

第一に、治療は両方とも非常にうまくいった。抗うつ剤と認知療法はどちらか一方だけでもかなり確実にうつ病を治すことができる。両方を併用すればさらに効果が上がるが、ほんの少し多く上がるだけだ。

第二に認知療法の活動的な要素が、ターニャの説明スタイルを悲観主義から楽観主義に変えた。認知療法がうまく施されれば施されるほど、楽観主義への転換が徹底し、うつ病からの解放も完全になる。一方、抗うつ剤はうつ病にかなり効果的に効いたが、患者をより楽観的にはしなかった。投薬も認知療法もうつ病の治療に効果があるが、両者はかなり違った作用をするものと考えていいだろう。薬は活性剤の役目を果たし、患者を後押ししてうつ状態から抜け出させるが、それによって世の中が明るく見えはしない。認知療法は患者の物の見方を変える。この新しい楽観的スタイルが患者を立ち上がらせ、活動させるようになるのだ。

三番目に重要な発見は、後戻り現象だった。うつ病からの解放は永続的なものだろうか？　この研究で扱った多くの患者のうつ病は再発したが、ターニャは大丈夫だった。つまり、うつ病から永久に解放されるためには、説明スタイルを変えることこそがカギであることが分かる。薬物療法の患者の多くが再発したが、認知療法を施された患者の再発率はずっと低かった。説明スタイルが楽観的になった患者のほうが、悲観的スタイルのままの患者よりも再発しにくかった。

患者たちは薬や医者に頼らずに何度でも繰り返し使えるテクニックを、認知療法によって身につけるので、再発せずにすむわけだ。薬はうつ病を緩和するが、一時的なもので、認知療法と異なり、問題の根底にある悲観主義を変えることはできない。

私はこれらの研究から、現在うつ状態にない人々でも説明スタイルから、誰がうつ病になる可能性が高いかを予測することができるという結論を得た。誰がうつ状態のままでなかなか治らないか、また再発するかも予測できる。

先に述べたように、悲観主義は不幸に出会ったとき落ち込みやすいという事実を示しているだけで、それ自体がうつ病の原因ではないかもしれない恐れがあった。悲観主義が原因であるかどうかを見るには、悲観主義を楽観主義に変えればいい。もし悲観主義がただ状態を示しているだけだったら、オプティミストに変わっても不幸な出来事に対する反応に変わりはないはずだ。しかし、もし悲観主義がうつ病の原因であれば、楽観主義に転換することでうつ病から解放されるに違いない。事実そのとおりになったのだ。これで悲観主義がうつ病の原因であることが証明されたことになる。

反芻とうつ病の関係

ターニャが診療に訪れたとき、彼女はペシミストであったばかりでなく、悪い出来事についていつまでも考え込む――反芻する――タイプの人間だった。ターニャは結婚生活や、子どもたちや、うつ病自体について――これがいちばん良くないのだが――くよくよと思い悩んでいた。


「でも、私今は何もしたくないの……」

「つらくってね、いつも気分がふさいでしまって。私、本当は泣き虫じゃないのよ。でも今度ばかりは誰かに嫌なことを言われると、すぐに泣けてきちゃって……」

「とてもこんなことには耐えられないわ」

「私は情の薄い人間なの……」

「主人は私の自由にさせてくれないのよ。いつもうるさくて。こんな人はもう嫌」


ターニャはとめどない反芻に取りつかれて、愚痴ばかり言い、何かしようという言葉はひとつも出てこなかった。うつ病を悪化させていたのは悲観主義だけではなく、反芻癖でもあった。

悲観主義――反芻の連鎖がいかにうつ病につながるか見てみよう。まず最初に、自分の力ではどうしようもないと思われる心配事が起きる。次にこの困った事態の原因を考えてみると、ペシミストにとっては永続的で、普遍的で、個人的なものに思える。つまり、自分はこの先ずっと、さまざまな状況で無力なのだろうと予感する。この結論がうつ病を引き起こすのだ。

無力になるだろうという予感はめったにしない人もいれば、いつも感じる人もいる。反芻する傾向の強い人ほどこの予感を持つことが多い。この予感がすればするほど、その人は落ち込む。くよくよ思い悩むことによって、この連鎖反応が始まる。反芻癖のある人はいつもこの状態にいる。もともとの心配事を思い起こさせるようなきっかけがあると、たちまち悲観主義——反芻の連鎖反応が起きて、挫折を予感し、うつ状態に陥るのだ。

反芻しない人は、たとえペシミストであってもうつ病にならない傾向がある。このような連鎖反応がめったに起きないからだ。反芻してもオプティミストであればうつ病にはならない。反芻か悲観主義のどちらかを変えればうつ病の緩和に役立つ。両方を変えることができればいちばん有効だ。

つまり、悲観主義的で反芻する人はもっともうつ病にかかる危険性が高いわけだ。認知療法は楽観的な説明スタイルを作り出すとともに反芻をやめさせる。治療が終わるころには、ターニャは次のような発言をするようになっていた。

「もうフルタイムの仕事はしたくないわ。一日中家にいなくてすむように一日四時間のパートに出ようと思うの……」（行動）

「自分も少しは家計を助けているんだと思うことができるしね。そうすれば、もしみんなでどこかへ行きたくなったら行けるでしょ」（行動）

「その時々の思いつきで何かするのもいいなと思うの」（行動）

ターニャはもう愚痴ばかりこぼすのはやめ、その発言にも何かやろうという意欲が見えるようになった。

なぜ女性はうつ病にかかりやすいか

うつ病が基本的には女性の病気であるというのは注目すべき事実である。反芻がこの病気に重要な役割を占めているという点もその原因のひとつかもしれない。二〇世紀に入ってからの女性うつ病患者の急増が、度重なる研究によって明らかになった。その男女比率は今や一対二である。なぜ女性のほうがうつ病にかかりやすいのだろう?

女性は男性よりも抵抗なく治療を受けに行くために、統計に表れやすいのだろうか? そうではない。戸別訪問による調査でも、女性患者のほうが圧倒的に多いのだ。

女性のほうが自分のうつ病について率直に話すからだろうか? そうではなさそうだ。公開調査でも匿名調査でも一対二の男女比率は変わらない。

女性のほうが男性よりも条件の悪い、給料も低い仕事をすることが多いせいだろうか? そうではない。仕事と賃金に男女格差のないグループでもこの比率は変わらないからだ。金持ち女性は金持ち男性の二倍うつ病にかかり、失業中の女性は失業中の男性の二倍うつ病になる。

何か生物学的な理由で、女性は男性よりもうつ病になりやすいのだろうか? そうでもなさそうだ。月経前と出産後の情緒調査によると、ホルモンの変化がうつ病に影響を与えることは確かだが、その影響力は男性の二倍になるほど大きくはない。

遺伝子の違いによるものだろうか？　男女のうつ病患者の息子や娘たちにどれだけうつ病が表れるかという綿密な研究によると、男性患者の息子に相当数のうつ病が出た。染色体が父から息子へ、母から娘へどう伝えられるかを考えると、これは遺伝子がうつ病患者の偏った性比率の原因となることを立証するにはあまりに多すぎる数だ。うつ病に遺伝子が関係していることは証明されているが、女性のほうが男性よりもうつ病を起こす遺伝子が多く伝わるという証拠はない。

ほかにまだ三つほど興味深い理由が考えられる。

まず第一は、社会における男女の役割が女性のうつ病の土壌となっているのではないか、という疑問だ。

よく言われるのは、女性は愛や人とのつながりに心を向けるよう教育され、男性は成績や仕事の業績を上げるように教育されるということだ。この説からすると、女性の自尊心は恋愛や友情がうまくいっているかどうかに影響を受ける。だから離婚、別居、子どもの巣立ちはもちろん、デートがうまくいかなかったことまで、男性よりも女性のほうが傷つきやすいのだという。

これは一理あるかもしれないが、女性のほうが二倍もうつ病にかかりやすいという説明にはならない。なぜなら、この論法でいくと、男性は仕事上の挫折を女性よりも深刻に考えるはずだからだ。成績が振るわない、昇進できない、ソフトボールの試合で負けた――男性の自尊心を失わせる出来事もたくさんある。職場での挫折も恋愛関係の破綻と同じくらい頻繁に起こるはずだから、男性のうつ病も女性と同じくらいあっても不思議はないはずだ。

もうひとつよく言われるのは、現代社会では女性のほうが男性よりも多くの役割を要求されることだ。女性は伝統的な母・妻としての役割だけでなく、今では仕事もしなければならない。そのためにかつてなかったほどのストレスを抱えることになって、それがうつ病につながる。一見説得力がありそうだが、実際は働く妻のほうが専業主婦よりもうつ病にかかる率が低いという結果が出ている。したがって、男女の役割説はうつ病の偏った性別分布の説明にはなりそうにない。

第二の理由には、無力感と説明スタイルが関係してくる。私たちの社会では、女性は一生の間に嫌というほど無力感を味わわされる。男の子は親からも先生からもほめられたり、しかられたりするが、女の子は無視されることが多い。男の子は自分の力で生きていくようにしつけられるが、女の子は人に頼って生きることを教えられる。成長しても、女性は妻や母の役割は軽視されていることを知る。仕事に生きがいを見いだそうとしても、女性の業績は男性ほど評価されない。会議で発言しても男性のようには注目されない。たとえこれらのハンディを乗り越えて力のある地位を獲得しても、場違いだという目で見られるなど、無力を感じさせられることばかりだ。女性の説明スタイルのほうが男性よりも悲観的であるとすれば、同じ挫折を味わっても女性のほうがうつ病にかかる率が高いはずで、事実そういうデータが出ている。

これも説得力のある理論だが、欠点がないわけではない。その一つは、女性のほうが男性よりも悲観的であることを証明した者はまだいないことだ。実際に行われた男女の悲観度研究でただ一つ信頼できるものは、無作為抽出による小学生のもので、その結果はまったく逆であった。三、四、五年生では男生徒は女生徒よりも悲観的でうつ度が高かった。両親が離婚すると、男生徒のほうが女生徒よりも落ち込みが激しい（事情は思春期に変わるらしい。思春期に少女をうつ状態に引き込み、少年をうつ状態から脱出させる何かが起こるのかもしれない。詳しくは第7章と8

章）。もう一つの問題は、女性のほうが男性よりも人生を自分の力ではどうしようもないものだと見ているという証明はまだされていないことだ。

三つ目の理論は反芻に関することである。トラブルが起きたとき、女性は考え、男性は行動する。女性は解雇されるとなぜされたのか考え込む。男性はくびになると酒を飲んだり、人をなぐったり、ほかのことで気をまぎらわそうとする。何で解雇されたのかなど考えないで、すぐに別の仕事を探すかもしれない。

実際、女性はうつ病によって反芻が起きることが多いのではないだろうか。うつ状態にあるとき、女性はなぜうつ病になったのか突きとめようとする。男性はバスケットボールをしに行ったり、仕事に行って気をまぎらわせる。アルコール依存症は男性のほうが多い。男は飲んだくれて、女はうつ病になる、と言っても言いすぎではないかもしれない。女性はうつ病の原因を反芻しているうちにさらにひどいうつ状態に落ち込む。一方、行動に出る男性はうつ病を断ち切ることができるのかもしれない。

うつ病は治る

一〇〇年前は人間の行動――特に悪い行動――の説明には性格を持ち出すのがはやりだった。悪い行為の説明には性悪、ばか、愚鈍、極悪などの言葉で十分とみなされ、精神障害も生まれつきのものと考えられがちだった。

自分のことを教育を受けていないから無知なのだとは考えずに、生まれつきばかだと思っている人たちは改善の努力をしようとしない。犯罪者を生来の悪人だと考え、精神障害者を生まれつきとみなしている社会では、施設は更生のためというよりも、こらしめや封じ込めのためのものだった。

一九世紀末ごろから、この考え方はしだいに変わってきた。おそらく、労働者たちが政治力をつけてきたことが変化の引き金になったものと思われる。それからヨーロッパ、アジアから大量に押し寄せてきた移民の一世、二世がめきめき地位を向上させたこともある。人生に失敗したのは生まれつきの性格が悪いためだとされてきたのが、育ちや環境が悪いためだと考えられるようになった。無知はばかなせいではなく教育の欠如であり、犯罪は貧困から起きるという見方が有力になった。貧困自体も怠惰のせいではなく、チャンスに恵まれなかったからだと見られるようになった。精神障害者は社会に不適応な性癖があるだけで、その性癖は教育で取り除けると考えられるようになった。

環境の重要性を説いたこの新たなイデオロギーは、一九二〇年から一九六五年までレーニンからジョンソン大統領にいたるソ連とアメリカの心理学会を支配していた行動主義の根幹をなすものだった。

行動主義のあとを継いだ認知心理学は、人間は変わることができるという楽観的信念を保ちつつ、それをさらに拡大して自己改革が可能であるというところにまで理論を発展させた。精神障害の治療はもうセラピストやソーシャルワーカーや精神病院にまかせきりであってはならない。それは一部患者自身の手にもかかっているのだ。

ダイエットの本、運動の本、それに心臓発作の危険が大きい攻撃的なA型の性格や飛行機恐怖症、うつ病などを治す本がこれほどたくさん出回っているのも、この信念がもとになっている。注目すべきことはこれらのほとんどがハッタリやいんちきではないことだ。私たちは実際に体重を減らし、コレステロール値を下げ、体力を増し、魅力的になり、以前ほどあくせくしたりカッとしなくなり、それほど悲観的でなくなることができるのだ。

認知療法とうつ病

一九七〇年代、アーロン・ベックとアルバート・エリスがともに主張したのは、私たちの感情は自らの考え方によって決定されるということだった。この理論をもとにして、うつ病患者の失敗や挫折や無力状態に対する考え方を変えるにはどうしたらいいかを探る治療法が発達した。

認知療法は五つの方法を用いる。

第一に、自分は最悪の気分のとき、どんな考えが無意識に頭に浮かぶだろうか？　自然に頭に浮かぶ考えとは、あまりに習慣的になっているためにほとんど気づかずにいる短い言葉や文だ（例えば、三人の子持ちの母親が子どもたちを学校に送り出すときに大声でどなる。その結果母親は非常に落ち込む。認知療法によって、母親はどなったあと必ず自分にこう言っていることに気づく。「私はひどい母親だわ。私の母だってもう少しましだったのに」母親はこれらが自分の説明スタイルであり、それは永続的で、普遍的で、個人的――自分を責めている――であることを知る）。

第二に、この無意識の考えの反証となる事実を並べることによって、これに対抗する術を学ぶ

（この母親は、子どもたちが学校から帰ってくると、一緒にフットボールをし、数学を教えてやり、悩み事の相談にのってやっていることを思い出して気分が晴れる。これらの事実に焦点を当てることによって、母親は自分が悪い母親だと自動的に考えるのは間違っていることに気づく）。

第三に、自分の特性を見直す説明方法を学び、いつも無意識に浮かぶ考えに反論するのに使う（この母親は次のように言うようになるかもしれない。「私、午後は子どもたちに優しくできるんだけれど、午前はだめだわ。朝型人間ではないのかもしれない」これはさっきよりもずっと一時的で範囲の狭い説明だ。否定的な説明をしていると連鎖反応を起こして、「私はひどい母親だ。子どもを持つのに適していないのだ。だから生きている資格もない」というふうになってしまう。母親は新しい説明スタイルを用いることによって、連鎖反応を断ち切ることを学ぶ）。

第四に、憂うつなことから気持ちをそらす方法を学ぶ（母親は、このような悲観的なことを今考える必要はないことを知る）。プレッシャーがかかっているときに反芻すると状況はいっそう悪くなる。考えるのをあとにずらしたほうが良い結果を生む場合が多い。何を考えるかだけでなく、いつ考えるかもコントロールすることができるのだ。

第五に、自分の行動がいかに多くのうつ病の種になりそうな仮定に支配されているかに気づくことだ。そして、それらを疑ってみる。

「私は愛なしでは生きていけない」
「なんでも完璧にできなければ失敗だ」
「誰もが私を好いてくれなければ、私はだめな人間だ」
「どんな問題にも完璧な解決法があるはずだから、それを見つけなければならない」

　このような前提がうつ病のもとなのだ。こういう考えで生きていこうとすれば、たくさんの憂うつな日々を送ることになる。説明スタイルを悲観主義から楽観主義に変えることができるように、人生の前提も選択し直すことができるのだ。

「愛は貴重だけれど、めったに得られないものだ」

「ベストをつくすことが成功である」

「味方の数だけ敵もいる」

「人生では臨機応変に大まかにやることも必要だ」

　自分が誰にも愛されず、才能もなく、だめな人間だと思い込んで診療にやってきたソフィーのように、うつ病にかかる若者の数はかつてないほど増えている。ソフィーのうつ病の核には悲観的説明スタイルがあった。認知療法を開始してから、彼女の人生はじきに大きく転換した。週一回の治療を三カ月続けた結果、ソフィーの回りの状況は、少なくとも最初のうちは変化がなかったにもかかわらず、それに対するソフィーの考え方は大きく変わった。

　まずソフィーは、治療のおかげで自分が救いようもないほどの否定的な会話を自分と続けてきたことに気づいた。クラスで発言して教授にほめられたとき、ソフィーはとっさにこう思った。「先生はどの学生にも優しくしているんだわ」。インドのインディラ・ガンディー首相の暗殺を知ったとき、ソフィーは「女性指導者はどっちみち不幸な運命をたどるのよ」と思った。ある晩遅く恋人が不能になったとき、「私のことをむかつくと思っているからだわ」と考えた。

　私はソフィーに尋ねた。「道をふらふら歩いている酔っぱらいに、むかつく、と言われたら、深刻にはとらないだろう？」

「でも、自分が同じくらい根拠のないことを自分自身に言ったときは信じるんだね。自分の言うことだから信用できると思っているのだろうが、それは違う。誰でも酔っぱらいと同じくらい真実をゆがめることがよくあるんだ」

「もちろんです」

ソフィーはまもなく、いつも無意識に頭に浮かんでいた言葉に対して反論することを覚えた。ソフィーの発言をほめてくれた教授は誰にでもお世辞を言ったわけではなく、実際に別の学生が発言したときはかなり辛らつであったことを思い出した。不能になった恋人は愛を交わす前に、一時間で半ダースの缶ビールを飲んでいたことを思い出した。ソフィーは自分と楽観的な対話をするという重要なテクニックを身につけた。失敗すると思えば、失敗しやすいことを学んだ。ソフィーの説明スタイルは永久に悲観主義から楽観主義へと変貌したのだ。

ソフィーは再び猛然と勉強するようになり、優秀な成績で卒業した。新たな恋人を得て、今はその人と幸せな結婚をしている。

抗うつ剤を飲んでいる人と違い、ソフィーは挫折に出会ったときいつでも使うことのできる方法を身につけた。いったん覚えれば一生失うことのないテクニックだ。ソフィーは医者や薬の力ではなく、自力でうつ病を克服したのである。

第二部　オプティミズムが持つ力

どんな人が仕事で成功するか

飛行機の長旅では、私は窓際の席を取り、窓のほうを向いて丸くなることにしている。隣の人と話さずにすむようにするためだ。一九八二年三月のある日、サンフランシスコからフィラデルフィア行きの七九便に乗り込んだ私は、今回この作戦が役に立たないと分かっていらいらした。「やあ、ジョン・レスリーという者です。あなたは？」隣のはげかかった六〇歳くらいの男は元気な声で言い、手を突き出した。「やれやれ」私はぼそぼそと自分の名を告げておざなりな握手をし、ほっといてくれという気持ちを察してくれることを願った。

レスリーはおかまいなしに続ける。「僕は馬を飼っているんですがね」飛行機が滑走路を走り始めたとき、男はこう言った。「道が分かれているところまで来たとき、僕は馬にどっちへ行ってほしいか考えるだけでいいんですよ。そうすれば馬はそっちへ行ってくれる。仕事で人を何人も使っているが、僕は連中に何をしてほしいか考えるだけでいい。そうすればみんなそうしてくれるんです」

こうしてしぶしぶ始めた会話が、私の研究の焦点を劇的に転換させることになった。

レスリーは、私が彼の言葉に熱心に耳を傾けることを信じて疑わない、根っからのオプティミストだった。事実、雪をかぶったシエラネバダ山脈が眼下に見えるネバダに近づくころには、私は自分が話に引き込まれているのを感じた。「うちの連中はね、オーディオメーカーのアムペックスのためにビデオを開発したんですよ。あんなにクリエイティブなグループは初めてでしたね」

「おたくのクリエイティブなグループとだめな人間との違いはなんですか?」

「うちのグループは一人一人が水の上でも歩けると思っている。この自信ですよ」

ユタ上空にさしかかるころには、私は完全に魅了されていた。この男の言うことを聞くと、まさに絶対にうつ病にかからないタイプの人間そのものであった。

「どうやったら人をクリエイティブにできるんですか?」私は尋ねた。

「お教えしますよ。でも先に、あなたはどんな仕事をしているのか教えてください」

私はここ一五年間やってきたことをざっと説明した。人や動物がどのように無力を身につけるか、またペシミストがどれほど簡単にあきらめてしまうかを話した。

「その逆のケースの人たちのことも少しは研究したんですか?」レスリーは聞いた。「絶対にあきらめない人、何をされても決してうつ病にならない人を予測できますかね?」

「それはあまり考えたことがありませんでしたね」私は正直に言った。

実際、私は心理学の関心が病気にのみ向いていてはいけないのではないかと思っていたのだ。私の商売は大部分の時間とすべてのお金を、悩める人の悩みを少しでも軽くするために費やしてきた。それもむろん価値のある目標ではあるが、正常な人々の暮らしをさらに良くするための努力は、ほとんどなされていなかった。レスリーの言葉で、私は自分の仕事がもう一つの目標にも密接な関係があることに気づいた。もし、うつ病にかかりそうな人を予測できるなら、絶対にかからない人も予測できるはずだった。

ジョン・レスリーは私に、何度断られても失敗してもあきらめない精神が絶対必要なのはどんな仕事だろうか、と聞いた。

「セールスかな」私は数カ月前、保険会社の社長たちの集まりでしたスピーチを思い出しながら言った。「生命保険の外交員などはそうでしょうね」

聞いた話では、生命保険の売り込みでは一〇件の訪問予定のうち九件は続けて断られる。それでもくじけずに最後の一〇件目に挑戦しなければならない。偉大な投手に相対しているようなもので、たいていは空振りだ。しかしバットを振り続けなければ塁に出られる確率はゼロなのだ。

私は、その週末メトロポリタン生命のトップのジョン・クリードンと交わした会話を思い起こした。スピーチのあとで、クリードンは心理学の立場から会社経営者に何か助言はないだろうか、と言った。「例えば、保険の外交員を雇うとき、たくさん契約の取れる人だけを選ぶ方法はないだろうか?」また「どうしようもなく消極的なペシミストを自信満々のオプティミストにする方法を開発することはできるだろうか?」。私は分からないと答えた。

この話をレスリーにすると、飛行機がフィラデルフィア空港への着陸態勢に入るころにはクリードンに手紙を書く約束をさせられていた。そして私は実際クリードンに、ひょっとしたら優秀な外交員になる人材を選ぶ方法があるかもしれないと手紙を書いた。

私はそれっきり一度もレスリーに会っていない。あれからまもなく、私は彼の言ったとおりに悲観主義から楽観主義へと関心を移した。そして度重なる研究の結果、オプティミストのほうがペシミストよりも、学校でも選挙でも職場でも良い成果を上げること、より健康で長生きすることが繰り返し証明された。私はセラピストとして、またセラピストを指導する者として、うつ病患者の悲観主義だけでなく、普通の人々の悲観主義も楽観主義に変えられることを発見した。

レスリーに手紙を書かなければ、と何度も思った。もし書いていれば、楽観主義に関する研究の報告をしていただろう。

ここから先はレスリーへの手紙だと思って、この本を読んでほしい。

飛行機での旅から三週間後、私はマンハッタンのメトロポリタン生命のツインタワーにいた。ふかふかのじゅうたんを踏みしめ、奥まったジョン・クリードンのぴかぴかのオーク材の書斎に通されていた。陽気で洞察力のある五〇代半ばのクリードンは、私よりもずっと前に、この業界での楽観主義の重要性に気づいていた。クリードンはすべての生命保険会社が抱える永遠の課題である外交員の問題について私に説明した。

「売り込みは楽ではありません。ねばり強さが要求されますからね。辞めずにいる人のほうが珍しいですよ。毎年うちでは五〇〇〇人新しく外交員を採用します。六万人の応募者の中から慎重に選んだ人たちです。試験をして、選り分けて、面接して、研修して、それでも最初の一年で半分は辞めていきますよ。辞めない者たちもだんだん契約獲得率が下がっていきます。四年目の終わりには八〇パーセントがいなくなっています。外交員一人を雇うのに三万ドル以上かかるので我が社は雇用費用だけで毎年七五〇〇万ドルの損をすることになるわけです。この業界では皆そうですよ。

問題はメトロ生命が経費を損するだけではないことです、セリグマン博士。従業員は辞めるときはやはりみじめな気持ちになるわけですから――博士のご専門のうつ状態ですよね。業界全体の五〇パーセントが毎年辞めるとなると、この仕事に合った人材を選ぶというのは、人道上からもとても大切なことだと思うんです。

お伺いしたいのは、博士のテストで優秀な外交員になる人をあらかじめ選び出せるだろうかってことなんです。そうすれば人材をむだにせずにすみますからね」

「普通はみんな、どういう理由で辞めるんですか？」

「毎日毎日、どんなに優秀な外交員でもたくさんの人に断られます。たいていは何人も立て続けにね。だから平均的な外交員はすぐにがっくりしてしまいます。いったんがっくりすると、ノーと言われるのがますますつらくなってきて、受話器を取って次の勧誘電話をかけるのがどんどんおっくうになります。電話をかけるのを延ばし延ばしにするでしょう。電話や外回りをしないための口実を作ってぶらぶらしていると、ますます電話がかけにくくなります。やがて契約獲得率が下がって、辞めることを考えだします。壁にぶつかると、それをなんとか乗り越えることのできる人はほとんどいませんね。言っておきますけど、外交員はみんな独立心の高い人たちなんです。それがこの仕事の魅力の一つですから――だから私たちはこの人たちを指図したり、せっついたりしません。それからもう一つ言っておきますけど、毎日一〇件の電話をし続けて、断られてもくじけない人だけが成功するんです」

どんな説明スタイルの人が成功するか

私は学習性無力感理論と説明スタイルについてクリードンに説明した。それから楽観主義・悲観主義の度合いを計るテスト（第3章参照）のことを話した。このテストで悲観度の高い得点をした人は簡単にあきらめ、うつ状態にも陥りやすいことが繰り返し証明されたと言った。

私はさらに、このテストがペシミストを見つけるだけでなく、得点によって重度の悲観主義から底抜けの楽天家まで測定できることを説明した。非常に楽観度の高い得点をした人たちが、どんなに断られても失敗しても決してあきらめない人たちだ。

「このような底抜けの楽天家の価値は今まで見過ごされてきましたが、こういう人たちが生命保険の外交員のような仕事で成功するのではないでしょうか」と私は言った。

クリードンは言った。「楽観主義はどういうふうに役に立つんですか？　例えば生命保険の売り込みでいちばん大事な電話での勧誘について考えてみますとね、町中の新生児を持つ親たちのリストなど、保険に入ってくれそうな人たちの名簿を見て、片っぱしから電話して、直接会って話を聞いてもらう約束を取り付けようとするわけです。ほとんどの人は『興味ありません』と言うし、黙って切ってしまう人さえいます」

私は、楽観的説明スタイルが影響力を発揮するのは、外交員が勧誘するときに相手になんと言うかではなく、ノーと言われたときだと説明した。悲観的な外交員は、「僕は能なしだ」とか「僕の勧誘では誰も保険に入ってくれるはずがない」とか「一塁までだって行けやしない」などと、永続的で普遍的で個人的な説明をするだろう。こういう考え方をすると、次のダイヤルを回すのがますますつらくなる。このような思いを何度かすると、悲観的な外交員はその晩はもう電話しない。そしていずれ完全に辞めてしまうことになる。

一方、楽観的な外交員はもっと建設的な考え方をする。「きっと、ちょうど忙しいところへかけてしまったんだろう」とか「もう保険に入っていても、一〇人のうち八人までが目一杯には保険をかけてはいない」とか「夕食中に電話してしまったんだ」などと解釈する。だから次のダイヤルを回すのが苦にはならず、数分のうちに面会の約束をしてくれる人に当たる（平均一〇人に一人はいるのだから）。これに勇気づけられて、どんどん電話をかけ、また予約を取り付ける。この外交員はこうして持ち前のセールスの才能を発揮する。

クリードンもほかの保険会社の経営者と同様に、私が訪問する前から楽観主義がセールスのポイントだということには気づいていた。それを計る方法を持ち合わせている者が現れるのを待っていたのだ。

私たちはまず、セールスマンとしてすでに成功を収めている人たちが非常に楽観主義的かどうか、その相関関係を調べてみることにした。もしそうであれば、段階を踏んで研究を進め、最終的にはセールス要員を選ぶまったく新しい方法を編み出すのが目的だった。

第3章に示したテストと同類のものだが、質問の答えを制限しない調査方法を取った。このASQ（Attributional Style Questionnaire／特性診断テスト）には一二の状況設定がなされている。半分は悪い出来事（例えばずっと職を捜しているのだが、見つからない）、半分は良い出来事（例えば突然お金持ちになった）で、これらが自分に起こったと想像して、もっとも適当と思われる理由を書き込む。例えば最初の状況では「ロングアイランドには会計士の仕事はないんだ」と説明するかもしれないし、二番目の状況では「私は投資の天才だ」と言うかもしれない。

次に自分の書いた理由について、自分自身の責任はどれほどあるか、一から七までの段階で査定する（この理由はほかの人やそのときの状況のせい《外的》か、自分自身のせい《内的》か）。それから永続性についても査定する（この理由はほかの仕事を捜すとき、再び問題になることはない《一時的》か、いつも問題になるもの《永続的》か）。最後に普遍性を査定する（この理由は仕事を捜すときにだけ影響がある《特定》か、それとも別の面でも影響がある《普遍的》のか）。

まず最初に私たちは二〇〇人のベテラン外交員にアンケートをした。二〇〇人のうち半数は優秀で、半数は成績の良くない外交員だ。優秀な人々はそうでない人々よりもずっと楽観的な得点をした。得点と実際の売上とをつき合わせてみると、ＡＳＱで楽観度が上位半分の人々は下位半分の人々よりも外交員になってから最初の二年間で平均三七パーセントも多く契約を獲得した。

ＡＳＱの得点が上位一〇パーセントの外交員の契約獲得高は、下位一〇パーセントの外交員よりも八八パーセントも多かった。ビジネスの世界での私たちのテストの有効性を試すうえで、これは幸先良い滑り出しであった。

才能をテストする

保険業界は長い年月をかけてセールスの適性を見るためのテストを開発した。生命保険経営研究協会が編み出したキャリアプロフィールと呼ばれる職業適性検査である。メトロ生命に就職を希望する者は全員このテストを受け、採用されるためには12点以上取らなければならないが、応募者の三〇パーセントしかこの条件をクリアできない。12点以上取った者は面接を受け、見込みがあるとみなされれば採用されることになる。

全般的にどんな職種でも、経験と理論をベースにした二種類のアンケートでその人の可能性が予測できる。経験をベースにしたテストでは、実際にその仕事で成功した人と失敗した人の特徴をもとに、人生のあらゆる面に関する無作為な質問が大量に浴びせかけられる。「クラシック音楽は好きですか？」「たくさんお金をかせぎたいですか？」「ペットを飼っていますか？」「あなたは何歳ですか？」「パーティーへ行くのは好きですか？」などなど。その仕事ですでに成功している人たちと同じ〝プロフィール〟――年齢層、育ち、経験、生活環境、適性――を持っている、つまり同じ答えをした応募者がこの職業に適しているとみなされるわけだ。経験をベースにしたテストは、なぜその人がその職業で成功したのかは完全な謎であることを最初から認めていることになる。たまたま優秀な人材とそうでない人材を分けるのに役立った質問を使っているにすぎず、理論はまったく介在しない。

これに対し、ＩＱテスト、ＳＡＴ（アメリカ合衆国大学進学適性試験）のような理論をベースにしたテストは、能力を計るための質問しかしない。ＳＡＴのもとになっている理論は、知能は言語能力と数学的分析力から成るというもので、これらは学業の基礎であるから、ＳＡＴで高得点を得た者は大学でも良い成績を上げるはずだというものだ。この予測は全般的に言ってかなり正確である。

しかし、経験ベースのテストも理論ベースのテストも、多くの間違いを犯すことが知られている。ＳＡＴの点が悪くても大学で優秀な成績を上げる者もたくさんいるし、ＳＡＴの点が良くても落第する者もかなりいる。メトロ生命の場合はもっと顕著だった。キャリアプロフィールの高得点者でも業績の伸びない者が多数いるのだ。しかし、キャリアプロフィールで点の悪かった人でも保険獲得で好成績を上げることがあるだろうか？　メトロ生命はこういう人たちは雇わなかったから、それは分からなかった。キャリアプロフィールのテストをパスする人数は、メトロ生命の募集人員に満たない。もしテストに落ちた人々も受かった人々と同じくらい保険契約を取り付けることができるとしたら、メトロ生命は深刻な人手不足を解消できるはずだった。

ＡＳＱは理論ベースのテストだが、従来の成功の概念とはかなり違った理論に基づくものだ。従来の考えでいうと、成功には二つの要素があり、その両方がなければ成功しない。第一は能力または適性で、これはＩＱテストやＳＡＴによって計られる。第二は意欲または動機である。どれほど適性があろうとも、意欲がなければ失敗すると以前から言われてきた。意欲が十分であれば、乏しい才能を補うことができる。

私は従来の考えは不完全だと思う。モーツァルトのような才能と成功への熱い意欲を持った作曲家も、自分にはうまく作曲できないと思い込んでいれば、結局成功しない。思うようなメロディが浮かばないとき、簡単にあきらめてしまうからだ。成功には、失敗してもあきらめないでいられる粘り強さが必要だ。楽観的説明スタイルが粘り強さのカギになると私は考える。

説明スタイル理論では次の三つの特性をもとに成功する人材を選ぶ。

1　適性
2　動機
3　楽観主義

メトロ生命で説明スタイルを試みる

私たちが行った最初のテストで、優秀な外交員は不振な外交員よりもＡＳＱによる楽観度が高かった。これには二通りの説明ができると思う。一つにはオプティミストは売り込みに成功し、ペシミストは失敗する。もう一つは売り込みがうまくいくと、楽観的になり、うまくいかないと悲観的になるというものだ。

私たちの次のステップは、オプティミストは、雇用時に楽観度を計り、その年誰がいちばん多く契約を取るか見ることによって、オプティミストが成功するのか、成功するから楽観的になるのかを見ることだった。そのために私たちは、一九八三年一月ペンシルバニア州西部地区で採用された一〇四人の外交員を調査することにした。全員がキャリアプロフィールテストに合格し、就職に先立って研修も済ませたところで、ＡＳＱテストを受けた。何か重要な意味のあるデータを得るには一年はかかると思っていたのだが、結果は意外に早く出た。

私たちは新外交員たちの楽観度の高さに驚かされた。彼らのＧ－Ｂ得点の平均（良い出来事と悪い出来事の説明スタイルの得点差、第3章参照）は7点以上だった。これは全国平均をはるかに上回るもので、非常に楽観的な人でなければ応募してもむだなことを意味していた。生命保険の外交員は、集団としては、私たちがテストした車のセールスマン、商品取引所で一日中叫んでいるトレーダー、米国陸軍士官学校の新入生、アービーズ・レストラン（ローストビーフサンドが売り物のファーストフードチェーン）の経営者、二〇世紀の米大統領候補者、大リーグの野球選手、世界的な水泳選手など、ほかのどんな職種の人たちよりも楽観的だった。私たちは手始めにちょうどよい職種を選んだことになる（ＡＳＱを受けられない、または受けなかった人たちの楽観度をテストする方法はＣＡＶＥ〈content analysis of verbatim explanations／説明スタイルの逐語的内容分析〉と呼ばれる）。

生命保険業界は入るだけでも非常に楽観的な人間でなければならず、成功するためにはさらに高度の楽観主義を必要とする業界だからだ。

一年後、私たちは外交員のその後を見た。ジョン・クリードンが言っていたように、半数以上（一〇四人中五九人）がすでに辞めていた。

誰が辞めたか？

楽観度テストで下半分にいた人々は、上半分の人々よりも辞める率が二倍高かった。楽観度で下位四分の一にいた外交員は、上位四分の一にいた人たちよりも辞める率が三倍高かった。対照的に、キャリアプロフィールテストで最下位グループの人たちも最上位グループの人たちも辞める率に変わりはなかった。

いちばん肝心な契約獲得高はどうだったか？

ＡＳＱで上位半分の人たちは、下位半分の人たちよりも二〇パーセント多く保険契約を成立させた。上位四分の一は下位四分の一よりも五〇パーセント多く契約を取った。ここではキャリアプロフィールも同じような予測能力を示した。得点が上位半分の外交員は下位半分の外交員よりも三七パーセント多く契約を取った。二つのテストをあわせると（これらは別々の立場から受験者を見るので重複しない）、両方で上位半分に入っていた外交員は、両方で下位半分にいた外交員よりも五六パーセント多く契約を取った。つまり、楽観度テストは誰が生き残るかを予測し、また業界テストと同等の精度で誰が多く契約を取るかも予測できたことになる。

しかし、メトロ生命がＡＳＱをセールスマン採用の基準として全面的に信頼するには、まだいくつかの問題点が残っていた。まず調査対象が一〇四人しかおらず、しかも全員がペンシルバニア州西部地区の出身であったため、全体を代表しているとは言えないかもしれないことだった。第二に外交員たちはすでに採用が決まってからこのテストを受けたので、プレッシャーがかかっていないことだった。もしメトロ生命が今度からＡＳＱを使って職員を採用することにした場合、このテストの結果で採用が決まることを知っている応募者がうその答えを書こうとしたらどうなるだろう？　うまくごまかされてしまえば、テストの信頼性は失われることになる。

この心配はわりと簡単に打ち消すことができた。特定の受験者に、できるだけ楽観的に見えるような回答をするように言い、最高点には一〇〇ドルの賞金を出すとまで言って、うその回答を奨励して調査を行った。しかし、それにもかかわらず、これらの受験者はほかの受験者よりも高得点をすることはできなかった。言い換えれば、このテストはごまかすことが難しく、できるだけ楽観的な回答をするように指導されてもうまくいかないのである。

たとえこの本をよく読んでも、私たち研究グループが考案した楽観度テストでうそをつくのは難しいと感じるだろう。正しい答えはテストによって異なり、ごまかす人を見分けるための〝うそつき尺度〟があちこちに隠れているからだ。

特別班の研究

こうして、就職試験として本格的にこれらのテストを採用する用意が整った。一九八五年の初め、全国で一万五〇〇〇人のメトロ生命への応募者がASQとキャリアプロフィールの両方のテストを受けた。

目的は二つあった。第一の目的は従来どおりキャリアプロフィールに合格した一〇〇〇人の外交員を採用することだった。これら一〇〇〇人についてはASQの得点は採用の判断基準とはならなかった。これら正規のやり方で採用された人々については、私たちはより楽観的な者のほうが悲観的な者よりも保険契約高が多いかどうかを見るだけにする。

第二の目的はメトロ生命にとって、よりリスクの大きいものだった。私たちは、ASQで上位半分に入る得点をしながら、キャリアプロフィールでは惜しいところで落ちた（9から11点）楽観度の高い人々からなる〝特別班〟を作ることにした。業界テストに落ちたので、ほかの会社はどこも採用しようとしない一〇〇人以上の外交員志望者を雇うのだ。これらの人々は自分が特別班であることは知らない。もしこのグループがひどい成績であれば、メトロ生命は訓練の費用として約三〇〇万ドルを損することになる。

こうして一〇〇〇人の正規採用者と一二九人の特別採用者が決まり、それから二年間、これらの人々の成績が追跡調査された。

最初の一年は、正規採用者のうち楽観度が上位半分の外交員の契約取得率は下位半分の取得率よりも八パーセント多かっただけだったが、二年目は三一パーセント上回った。

特別班についていうと、その成績はすばらしいものだった。一年目は正規採用の楽観度が下位半分の者たちに二一パーセントまさり、二年目は五七パーセントまさった。最初の二年間で正規採用者の平均さえ二七パーセント上回ったのである。実際、彼らは少なくとも正規採用の楽観度が上位半分の者たちと同じ業績を上げたのだった。

また楽観度上位の者は下位の者をどんどん引き離していった。なぜか？　私たちの理論でいくと、楽観主義は粘り強さを引き出すからだ。初めはセールスの才能と意欲も粘り強さと同様に大切だ。だが、拒否され続けると、粘り強さが決め手になる。

楽観度テストのほうが、キャリアプロフィールよりも正確な予測をしたのである。

特別班のスーパーセールスマン

どういう人が特別班に雇われたのだろうか？　ここでロバート・デルという男と、私の理論がすべて現実となった日のことを書こうと思う。

『サクセスマガジン』誌がこの特別班のことを聞きつけて、私にインタビューした。一九八七年、同誌は楽観主義とメトロ生命特別班の代表的なスーパーセールスマン、ロバート・デルの記事を載せた。

私は〝ロバート・デル〟は典型的な特別班の外交員として出版社が作り上げた架空の人物だと思っていた。しかし、記事が出てから一週間後、秘書がロバート・デル氏から電話だと言った。

「ロバート・デルさん？　実在の人だったんですか？」

「ええ、私は本物ですよ。雑誌社がでっちあげたんじゃありません」

デルはこう言った。彼はペンシルバニア州東部の食肉処理場で二六年間――つまり大人になってからずっと働いていた。仕事はきつかったが、豚肉加工の調理部にいたので、少なくともほかの部門ほどつらくはなかった。その後需要が減少し、組合はデルに最小限の労働時間は保証してくれたものの、食肉処理場の現場で働かなければならなくなった。会社の経営状態はいよいよ悪化し、ある月曜日出勤してみると入り口に札が下がっていた。〝閉鎖〟とあった。

「この先ずっと生活保護で暮らすのは嫌でしたから、三〜四日後に保険外交員募集の広告に応募したんです。それまでセールスの経験はなかったし、できるかどうかも分かりませんでしたが、先生のテストを受けたら、なんとメトロ生命に採用されたんですよ」

食肉処理場の職を失ったことは結果的に幸運だったとデルは言った。特別班に入って最初の年、デルは食肉処理場で得ていた給料の五〇パーセント増の収入を得た。二年目には二倍になっていた。そのうえ、デルはこの仕事が大好きで、特に本人の裁量に任されている部分が大きいのが気に入っていた。「でも今朝はがっくりきましたよ。私にとっては今までで最高額の大口契約を取ったんですが――客のニーズに合わせて何カ月も練ってきた案なんです――、二時間ほど前、会社に引き受けを断られてしまったんです。それで先生にお電話することにしたんですよ」

「それはよかった。お電話いただいて、うれしいです」私はデルの意図がのみこめぬまま、そう言った。

「セリグマン先生、この記事によると先生はメトロ生命のためにたくさんの優秀な外交員を選んだことになりますね、今朝のような悪い出来事が起きても決してあきらめないような。無料でなさったわけではないんでしょう？」

「まあ、そうだが」

「じゃあ、今度は先生が私の保険に入ってくださってもいいんじゃないですか？」

私はそのとおりにした。

メトロ生命の新たな雇用方針

一九五〇年代メトロ生命は二万人の外交員を抱える保険業界の最大手だった。その後三〇年間にメトロは外交員を削減してほかの勧誘方法に頼るようになり、私たちが特別班の研究を終えようとしていた一九八七年には、とっくに業界首位の座をプルーデンシャルに明け渡して、外交員も八〇〇〇人ちょっとに減っていた。ジョン・クリードンは外部から優秀な指導者を招請して巻き返しを図り、外交員を翌年は一万人、その次の年は一万二〇〇〇人に増やして、メトロ生命のマーケットシェアを拡大しようとした。しかし同時に外交員の質は落としたくなかった。そこで特別班が編成されることになったのだ。

メトロ生命はASQで上位半分に位置し、キャリアプロフィールに惜しいところで落ちた応募者を雇うことにした。これで従来の方式では考慮もされなかったたくさんの外交員が誕生した。そしてキャリアプロフィールに合格しても、悲観度の高いほうから二五パーセント以内に入っている者たちは採用しないことにした。こうしてメトロ生命は外交員を一万二〇〇〇人以上に拡大し、個人向け保険のマーケットシェアを五〇パーセント近く伸ばした。

ペシミストをオプティミストに変える

私はまたジョン・クリードンのオフィスにいた。オフィスの豪華さに変わりはなかったけれど私たちは皆少しずつ年を取っていた。初めてクリードンに会ったのは、七年前私が生命保険会社の経営者に講演をしたときだった。ジョンはメトロ生命の最高経営責任者になったばかりで、私も楽観主義が成功につながるという理論の導入に燃えていた。アメリカ実業界の指導者として名をはせたジョンは、あと一年で引退すると私に告げた。

「一つ、まだ気になっていることがあるんだが」とジョンは言った。「どんなビジネスも何人かはペシミストを抱えている。年功序列制でずっと居座っている場合もあるし、その分野では有能だから、価値を認められている場合もある。私もだんだん年を取るにつれて、ペシミストの重圧を感じるようになってきてね。ああいう連中はいつもあれはダメ、これはダメばかり言うんだ。あれでは創造力もイニシアティブも殺してしまう。彼ら自身のためにも、もちろん会社のためにも、楽観主義に転向できたらずっといいのに。そこで聞きたいんだが、今まで三〇年も、五〇年も悲観主義的な生き方をしてきた人を、オプティミストにすることはできるだろうか？」

答えはイエスだった。しかし、クリードンが言っているのは外交員ではなく、保守的で官僚的な経営陣のことだ。どんな組織でも、最高経営責任者が誰であろうと、こういう役員たちが実権を握っていることが多い。こういう人たちの改革はどういうふうにしたらいいのか分からなかった。外交員と違って、役員にテストや研修を受けろと言うわけにはいかない。おそらくクリードンでさえ、役員に個別であれ団体であれ、認知療法を受けるよう要求することはできないだろう。だが、仮にそれができたとしても、彼らに楽観主義を教えるのは賢いことだろうか？

それから毎晩、私はクリードンの言ったことを思った。経営が順調な企業で、悲観主義の正しい使い道はあるのだろうか？　順調な人生で、悲観主義の正しい使い道はあるのだろうか？

なぜ悲観主義は生き残ったのか

悲観主義は私たちの周りにあふれている。いつも悲観主義に悩まされている人もいる。非常に楽観的な人以外は、誰でもときどきは悩まされる。悲観主義は創造主の大きな手違いなのか、それともちゃんと大事な役割を持っているものなのか？

悲観主義は、私たちがしばしば必要とする現実主義を支えているのではないだろうか？　人生には楽観主義では正しく対処できない場面がよくある。私たちは取りかえしのつかない失敗をすることがあるが、こういうときにバラ色のめがねで見るのはなぐさめにはなっても、現実を変える力はない。例えば航空機の操縦室のように、楽天的な見方よりも、厳しい現実的な見方が必要な状況もある。投資で損をしたら、いつまでも希望的観測をしていないで手を引き、別のところへ資金を回すことも時には必要だ。

クリードンがメトロポリタン生命の経営陣の悲観主義を変えることができるだろうか、と言ったとき、私は自分に悲観主義を楽観主義に変える能力があるかどうかよりも、それによって害をおよぼすのではないかというほうが心配だった。役員たちの悲観主義が何らかの形で経営に役に立っているのかもしれなかったからだ。あまりに大ぶろしきな計画には誰かが水を差さねばならない。これらのペシミストたちはアメリカ企業のトップに登りつめた人たちなのだから、何か正しいことをしたはずだった。

楽観的な人々が現実を自分に都合よく解釈してゆがめがちなのに対し、悲観的な人々のほうが現実を正しく見るのではないか。これは私にとって気になることだった。私はセラピストとして、うつ状態にある患者をより幸せに、そして世の中を正しく見られるようにするのが務めだと信じてきた。私は幸せと真実の両方を教えるはずだった。だが、ひょっとしたら幸せと真実は両立しないのかもしれない。私たちがうつ病患者に施してきた治療法は、患者に自分の世界が実際よりもすばらしいという幻想を起こさせただけなのかもしれない。

うつ状態にある人々はそうでない人々よりも悲しみに沈んではいるけれど、より賢いという証拠もある。

一〇年前、当時ペンシルバニア大学の大学院生だったローレン・アロイとリン・エイブラムソンが、二つのグループに電灯をつけさせる実験を行った。電灯をコントロールする力は人によって異なっていた。一つのグループは完全なコントロール力を与えられ、自分がボタンを押すたびに電灯がつき、押さないときは決してつかなかった。もう一つのグループは全然コントロール力を与えられていなかった。彼らがボタンを押すと押さないにかかわらず、電灯はついた。

両方のグループの人たちは、自分がどれほどのコントロール力を持っていたかを判断するよう求められた。うつ状態の人々は自分がコントロールできたときもできなかったときも非常に正確だった。うつ状態でない人々は私たちを驚かせた。これらの人々は自分がコントロールできたときは正確だったが、無力だったときもまだ力を持っていると判断していたのだ。

ボタンを押して電灯をつけるだけでは皆本気にならないかもしれないと考えて、アロイとエイブラムソンは実験にお金をからませた。電灯がつけばお金がもらえ、つかなければお金を失う。

しかし、うつ状態にない人々の思い違いはなくなるどころか、大きくなった。自分が負けたときは実際よりも自分にコントロール力がなかったと思い、勝ったときは実際よりもコントロール力があったと思い込んだ。これに対して、うつ状態の人々は常に自分の力を正確に判断していた。

ここ一〇年間の研究でも繰り返し同じような結果が出ている。

数年前のニューズウィーク誌の報告によると、アメリカ人男性の八〇パーセントは社会性や社交術において自分が上位半分までに入っていると考えているという。これらの男性はうつ状態にない人々だと思われる。オレゴン大学の心理学者ピーター・ルーイソンらの研究によると、次のような結果が出ているからだ。

ルーイソンらはうつ状態の人々とそうでない人々にパネルディスカッションをさせ、あとで自分の説得力と好感度を自己評価させた。パネルオブザーバーの審判によると、うつ病患者は説得力がなく、感じも良くなかった。社交性がなくなるのはうつ病の症状の一つで、うつ病患者はそのことを正確に認識していた。意外だったのはうつ状態にない人々は自分を過大評価し、審判の評価よりもずっと自分は説得力があり、魅力的だと考えていた。

このことは記憶の面でも言える。一般的にうつ状態にある人は良い出来事よりも悪い出来事のほうをよく覚えている。うつでない人は逆のパターンを示す。

私がセラピストになったばかりだったとき、うつ病患者の人生を正確に把握したいのであれば、過去のことをきいてもむだだと教えられた。聞かされるのは、いかに両親が愛してくれなかったか、手がけた事業がどれほどうまくいかなかったか、生まれ故郷がどんなにひどい町だったかばかりだからだ。しかし、ひょっとしてこれらの人々の記憶が正しいということはないだろうか？

これは実験によって簡単に試すことができる。口頭のテストを受けさせ、二〇回できて、二〇回間違えるように操作する。あとで結果はどうだったと思うかと尋ねる。すると、うつ状態の人は例えば二一回できて、一九回間違ったというふうにほぼ正確に答える。過去をゆがめて覚えているのはうつではない人々で、一二回間違えて二八回できたなどと答えるのである。

このパターンは私たちの説明スタイルの研究でも常に顕著だった。うつ状態でない人のパターンには偏りがあり、うつ状態の人のはバランスが取れている。第3章で読者が受けたテストは半分は良い出来事で半分は悪い出来事から成り立っていた。あなたのG－B（良い出来事－悪い出来事）の値は何点だったろうか？

うつ状態の人の値は均衡が取れていて0点に近い数字になる。うつでない人の得点は大きくなる。悪いことは人のせいであり、すぐ終わり、この場合に限られる。良いことは自分がやったのであり、ずっと続き、いろいろな状況でプラスになるだろう。楽観的な人ほど、この偏りは大きくなる。対してうつ状態の人は、成功は失敗と同種類の要素によって引き起こされると考える。

うつ病患者が現実を正確に把握しているという事実は、悲観主義の核心に迫る問題だと思う。なぜ悲観主義とうつ状態は人間の進化の過程で消滅しなかったのだろうか？　もし悲観主義がうつ病と自殺の根底にあり、その人の業績や免疫機能を低く抑え、さらに健康さえ損なうとすれば、なぜ、とっくの昔に死に絶えなかったのだろう？　悲観主義には人類に役立つような働きがあるのだろうか？

私たちは約一〇〇万年前に始まった更新世（氷河期）の動物だ。私たちの感情は、ここ一〇万年の間の気象の大変動――寒波と熱波、干ばつと洪水、突然の大飢饉――によって形成されてきた。私たちの祖先は、暖かな日和を厳しい冬の前触れととり、将来のことを絶えず心配する能力があったからこそ、更新世を生き抜くことができたのかもしれない。私たちはこれら先祖の脳を受け継いでいるのだ。

現代生活でも、時にはこの根深い悲観主義が役に立つ場合もある。経営が順調な大企業を例に取ってみよう。まずオプティミストたちがいる。研究開発、企画、市場での売買——これらの仕事に携わる人々は夢を追うタイプでなければならない。しかし、全員が将来の可能性ばかりを追求するオプティミストだったら、会社は破産する。

会社には現在の状況をしっかり把握しているペシミストも必要だ。経理係、公認会計士、財務部長、経営学士、安全管理技師——これらは皆、会社がどれだけ資金を出せるか、危険はどれくらいかをしっかり認識している必要のある部署である。

これらの職業的ペシミストは、悲観主義のためにたびたびうつ状態になったり、健康を損ねたり、出世できなかったりすることもなく、持ち前の正確さを上手に商売道具として使っている。

つまり、成功している企業にはオプティミストもペシミストも必要だ。ここで強調したいのは企業のトップには、両者のバランスを取るだけの知恵と柔軟性のある最高経営責任者がいなければならないということだ。クリードンはまさにこのような人物であって、彼が私に悲観主義的な役員のことをこぼしたのは、日ごろ両極端の人々の融和を図る大変さから出たものだった。

うまくいく会社に楽観主義と悲観主義の両方が必要であるように、人生をうまく生きるためには、時には悲観主義が必要かもしれない。柔軟な楽観主義を思うままに使いこなす最高経営責任者のような能力が要求されるのではないかと思う。

第7章

子どもと両親──楽観主義は遺伝するか

説明スタイルは子ども時代に発達する。このころ身につけた楽観主義または悲観主義は基本的なもので、失敗も成功もこれらを通して考えられ、強固な思考習慣となる。この章では、ひとりひとりの説明スタイルがどのようにして出来上がるのかを探り、それが子どもたちに与える影響と、どうしたらそれを変えることができるかを考える。

自分の子どもの楽観度を測定する

子どもが七歳以上であれば、すでに説明スタイルが発達し、固定する過程にあると考えられる。子どもの説明スタイルは「子どもの特性診断テストＣＡＳＱ（Children's Attributional Style Questionnaire）」で判定することができる。ＣＡＳＱはこの本の第3章のテストによく似ており、すでに何千人もの子どもたちが受けている。対象は八歳から一三歳の子どもたちで、テストは約二〇分かかる。一四歳以上の子どもであれば、第3章のテストを受けさせてよい。八歳未満の子どもはペーパーテストでは信頼性のある結果は得られないが、説明スタイルを判断する方法はほかにもあるので、この章で説明する。

自分の子どもをテストするときは、二〇分の時間を確保して一緒にテーブルに着き、次のように言おう。

「子どもによっていろいろな考え方があるわね。お母さんはそのことについて書いてある本を読んで、あなたならこういう場合、どうするだろうって思ったの。

見てごらん。とてもおもしろいのよ。あなたがどんなふうに考えるか、っていう質問がいっぱいあるの。もしこういうことが起きたら、あなたならAとBとどっちのことを考えるかしら？自分の考えに近いほうを選んでみましょう。

このテストのいいところは、どっちを選んでも間違いじゃないってことなの。さあ、1番を見てみましょう」

要領が分かれば、子どもは一人で進められるはずだが、比較的幼い子どもたちには質問事項を一つ一つ一緒に読みあげるとよい。


【子どもの特性診断テストCASQ】

1 テストで一〇〇点を取った

PvG A 僕（私）は頭がいい。 1
B この科目は得意なんだ。 0

2 友達とゲームをして勝った

PsG A 相手が下手だったからだ。 0
B 僕（私）が強いからだ。 1

3　友達の家に一晩泊まって楽しかった

PvG

A　友達があの晩仲良くしてくれたからだ。　0

B　友達の家族みんながあの晩仲良くしてくれたからだ。　1

4　グループで旅行に出かけて楽しかった

PsG

A　僕（私）が機嫌良くしたからだ。　1

B　一緒に行った人たちが機嫌良くしてくれたからだ。　0

5　友達はみんな風邪をひいたのに、君（あなた）だけひかなかった

PmG

A　僕（私）はこのごろ丈夫だ。　0

B　僕（私）は丈夫な子どもだ。　1

6　君（あなた）のペットが車にひかれてしまう

PsB

A　僕（私）がちゃんと見ていてやらなかったからだ。　1

B　運転している人がちゃんと気をつけないからだ。　0

7　知り合いの子が君（あなた）のことを嫌いだと言う

PsB

A　よくいじわるをする人がいるものだ。　0

B　よく僕（私）がほかの人にいじわるをするからだ。　1

8　君（あなた）は成績が良い

PsG

A　学校の勉強が簡単だからだ。　0

B　僕（私）が一生懸命勉強するからだ。　1

9　友達に会うと、すてきな服ね、とほめられる

PmG　A　友達はあの日、人の服装をほめたい気分だったからだ。　0

B　友達はたいてい人の服装をほめる。　1

10　親友に大嫌いだと言われる

PsB　A　友達はあの日機嫌が悪かったんだ。　0

B　あの日、僕（私）が友達にいじわるしたからだ。　1

11　君（あなた）が冗談を言っても誰も笑わない

PsB　A　僕（私）が冗談を言うのが下手だからだ。　1

B　この冗談はみんなが知っているので、もうおもしろくないんだ。　0

12　授業が分からなかった

PvB　A　僕（私）はあの日、どんなことにも身が入らなかった。　1

B　先生が話しているとき、ちゃんと聞いていなかった。　0

13　テストに落第する

PmB　A　先生が難しいテストをするからだ。　1

B　先生はこのごろ難しいテストをする。　0

14　ずいぶん体重が増えて、太めになってきた

PsB　A　太るものを食べさせられたからだ。　0

B　僕（私）は太る食べ物が好きだからだ。　1

15　誰かが君（あなた）のお金をとった

PvB　A　あの人は正直じゃない。　0
　　　B　人は正直ではないものだ。　1

16　両親が君（あなた）の作った物をほめてくれた
PsG　A　僕（私）は物を作るのが上手だ。　1
　　　B　両親は僕（私）の作った物だから好きなんだ。　0

17　ゲームに勝って、賞金をもらった
PvG　A　僕（私）は運のいい人間だ。　1
　　　B　僕（私）はゲームをするときは運がいいんだ。　0

18　川で泳いでいておぼれそうになる
PmB　A　僕（私）は不注意だからだ。　1
　　　B　僕（私）は不注意なこともある。　0

19　君（あなた）はたくさんのパーティーに呼ばれる
PsG　A　このごろ、たくさんの人が僕（私）と仲良くしてくれる。　0
　　　B　僕（私）はこのごろたくさんの人と仲良くしている。　1

20　大人にどなられる
PvB　A　あの人は誰でもいいから最初に会った人にどなったんだ。　0
　　　B　あの人はあの日会った人みんなにどなったんだ。　1

21　ほかの子どもたちと一緒にグループ研究をしたが、うまくいかなかった
PvB　A　あのグループの人たちとはうまく一緒に研究ができない。　0

B　僕（私）はグループではうまく研究できないんだ。　1

22　新しい友達ができる

PsG　A　僕（私）がいい人だからだ。　0

B　僕（私）はいつもいい人たちに出会う。　1

23　君（あなた）はずっと家族とうまくいっている

PmG　A　僕（私）は家族とは仲良くやっていける。　0

B　僕（私）はときどき、家族と仲良くできる。　1

24　君（あなた）はバザーでお菓子を売ろうとするが、誰も買おうとしない

PmB　A　このごろ子どもたちがいろいろなものを売っているので、もうみんな子どもからは買いたくはないんだ。　0

B　みんな子どもから物を買いたくはないんだ。　1

25　君（あなた）はゲームに勝つ

PvG　A　僕（私）も一生懸命ゲームをすることもあるんだ。　0

B　僕（私）も一生懸命やることもあるのさ。　1

26　学校で悪い成績を取った

PsB　A　僕（私）は頭が悪いんだ。　1

B　先生の点のつけ方が不公平だ。　0

27　ドアにぶつかって、鼻血を出した

PvB　A　ちゃんと前を見て歩かなかったからだ。　0

B　このごろ、僕（私）は不注意だ。　1

28　君（あなた）がボールを取りそこなったために、チームは試合に負けた

PmB　A　あの日は僕（私）は一生懸命プレーしなかった。　0

B　僕（私）はたいてい一生懸命プレーしない。　1

29　体育の時間に足首をくじいた

PsB　A　ここ二～三週間、体育の授業で危ないスポーツをしていた。　0

B　ここ二～三週間、僕（私）は体育の授業で動きが鈍かった。　1

30　両親が海へ連れていってくれて楽しかった

PvG　A　海では何もかもすばらしかった。　1

B　海での天気がすばらしかった。　0

31　乗った電車がすごく遅れたので、映画を見そこなってしまった

PmB　A　ここ数日間、電車が遅れている。　0

B　電車は時間どおりに着くことがない。　1

32　お母さんが夕食に大好物を作ってくれる

PvG　A　お母さんは僕（私）を喜ばせるために何かしてくれることもある。　0

B　お母さんは僕（私）を喜ばせるのが好きだ。　1

33　君（あなた）のチームが試合に負ける

PmB　A　うちはチームプレーが良くないんだ。　1

B　あの日はチームプレーが良くなかった。　0

34 **宿題を早く終わらせることができた**
PvG　A　このごろ僕（私）はなんでも早くすませる。　0 1
B　このごろ僕（私）は宿題を早くすませる。

35 **先生に当てられるが、君（あなた）は間違った答えを言ってしまう**
PmB　A　僕（私）は当てられるとあがってしまう。　0 1
B　あの日は当てられたとき、あがってしまった。

36 **乗るバスを間違えて、道に迷ってしまった**
PmB　A　あの日はぼうっとしていたんだ。　0 1
B　僕（私）はたいていぼうっとしている。

37 **遊園地へ行って、楽しかった**
PvG　A　遊園地はたいてい楽しい。　1 0
B　僕（私）はたいていなんでも楽しい。

38 **年上の子に顔をたたかれた**
PsB　A　僕（私）があの子の弟をいじめたからだ。　0 1
B　あの子の弟が僕（私）がいじめたと言いつけたんだ。

39 **誕生日に、欲しかったおもちゃを全部もらえた**
PmG　A　みんな僕（私）が誕生日プレゼントに何を欲しがっているか知っている。　0 1
B　今度の誕生日はみんな僕（私）が何を欲しがっているか分かってくれた。

40 **お休みに田舎へ行ってとても楽しかった**

PmG　A　田舎はいつもきれいだ。　1
　　　B　僕（私）たちが行ったときは、田舎がきれいな季節だった。　0

41　近所の人が夕食に呼んでくれる

PmG　A　よその人は親切なこともある。　0
　　　B　よその人は親切だ。　1

42　先生がお休みのとき、君（あなた）は代理の先生に気に入られた

PmG　A　あの日、僕（私）が授業中お利口にしていたからだ。　0
　　　B　僕（私）はほとんどいつも授業中お利口にしている。　1

43　君（あなた）は友達を喜ばせる

PmG　A　僕（私）と一緒にいると楽しいからだ。　1
　　　B　僕（私）と一緒にいると楽しいこともある。　0

44　アイスクリームをただでもらった

PsG　A　僕（私）がアイスクリーム屋のおじさんと仲良くしたからだ。　1
　　　B　アイスクリーム屋のおじさんはあの日機嫌が良かったからだ。　0

45　友達のパーティーで手品師が君（あなた）に手伝ってくれと言った

PsG　A　僕（私）が選ばれたのは偶然だ。　0
　　　B　僕（私）がとても熱心そうに見えたからだ。　1

46　友達に一緒に映画に行こうと誘うが、行ってくれない

PvB　A　あの日は友達は何もする気にならなかったんだ。　1

B　あの日は友達は映画へ行く気にはならなかったんだ。　0

47　両親が離婚する

PvB　A　結婚生活をうまくやっていくのは難しいんだ。　1

B　僕（私）の両親にとって結婚生活をうまくやっていくのは難しいんだ。　0

48　ずっと入りたかったクラブに入れてもらえなかった

PvB　A　僕（私）がほかの人たちとうまくやっていけないからだ。　1

B　僕（私）はあのクラブの人たちとうまくやっていけない。　0

得点表

PmB（　　）	PmG（　　）
PvB（　　）	PvG（　　）
HoB（　　）	
PsB（　　）	PsG（　　）
B合計（　　）	G合計（　　）
G－B＝（　　）	

採点する。子どもに得点を教えてもよいが、その場合は得点の意味も教える。

最初はPmB（永続的な悪い出来事）から始める。質問事項13、18、24、28、31、33、35、36で子どもが選んだ答えの下端の点数を合計し、PmBの欄に記入する。

次にＰｍＧ（永続的な良い出来事）５、９、23、39、40、41、42、43の得点を合計し、記入する。それからＰｖＢ（普遍的な悪い出来事）12、15、20、21、27、46、47、48およびＰｖＧ（普遍的な良い出来事）１、３、17、25、30、32、34、37の得点を出す。

ＰｍＢとＰｖＢを合計して、希望点（ＨｏＢ）を出す。

次にＰｓＢ（悪い出来事の個人度）６、７、10、11、14、26、29、38とＰｓＧ（良い出来事の個人度）２、４、８、16、19、22、44、45を採点する。

悪い出来事（ＰｍＢ、ＰｖＢ、ＰｓＢ）を合計し、Ｂ合計欄に記入。それから良い出来事（ＰｍＧ、ＰｖＧ、ＰｓＧ）を合計し、Ｇ合計欄に記入する。

最後にＧ合計からＢ合計を引いて、楽観度を表す得点を出す。

次にこの得点の見方と、ほかの子どもたちとの比較を説明する。

第一に、男女によって得点の傾向には差がある。女の子は少なくとも思春期までは男の子よりもかなり楽観的な得点をする。九歳から一二歳の女の子のＧ－Ｂの得点は平均７点で、同年齢層の男の子の平均は５点だ。もし女の子の得点が４・５以下なら、やや悲観的だと言える。もし２点以下なら、非常に悲観的でうつ病の危険性がある。もし、男の子が２点以下なら、やや悲観的、１点以下なら非常に悲観的でうつ病の危険性がある。

Ｂ合計は、九歳から一二歳の女の子の平均は７点、男の子は８・５で、平均よりも３点以上**高い**得点をした子は非常に悲観的だ。

Ｇ合計は、九歳から一二歳の男女の平均点が13・５点で、この点よりも３点以上低い得点をした子は非常に悲観的だと言える。良い面（ＰｍＧ、ＰｖＧ、ＰｓＧ）の得点はそれぞれ平均４・

性がある。

５点で、３点以下の子は非常に悲観的である。悪い局面（ＰｍＢ、ＰｖＢ、ＰｓＢ）は女の子の場合平均各２・５点、男の子の場合平均各２・８点で、各４点以上の得点をした者はうつ病の危険

なぜ子どもは希望を失うことがないのか

読者は自分の得点と子どもたちの平均値を見て驚いたかもしれない。全般に思春期前の子どもたちは希望にあふれ、無力ということを知らず、極端なほど楽観的だ。思春期以後は決してこのような状態になることはない。

息子のデビッドは妻と私が離婚したとき、五歳だった。遠回しの説明は役に立たず、息子は毎週末ケリーと私はまた結婚するのか、と繰り返し聞いた。はっきり言うべきときが来たと思った。人は誰かをもう好きではなくなることがあり、もう元に戻ることはないのだと説明した。息子にはっきり分からせるために、私はこう聞いた。「君はとても好きだった友達が、もうあんまり好きではなくなったことがあるかい？」

「うん」デビッドは記憶を探りながら、しぶしぶ肯定した。

「お父さんとお母さんはそういう気持ちなんだよ。もうお互いが好きではないし、もう二度と好きになることはないんだ。だから二人がまた結婚することはないんだよ」

息子は私を見上げてうなずき、最後にこう言った。「するかもしれないよ！」

子どもの説明スタイルは、大人よりもはるかに偏っている。良いことはずっと続き、すべての

面でうまくいき、それは自分がえらいからだ。悪いことはすぐに終わり、それは誰かほかの人のせいだからだ。平均的な子どもの平均点は、メトロポリタン生命の腕利き外交員の得点と似ていて、非常に楽観的なほうに傾いている。うつ状態の子どもの得点は、うつ状態ではない大人の平均と似通っている。子どもは、大人がとてもかなわないほど楽観的なのが普通であるために、子どもの重度のうつ病はよけい悲劇的だ。

実際は子どもも大人と同じくらいの頻度で同じくらいひどいうつ状態になるのだが、思春期の少年少女や大人とは決定的な違いがある。子どもは希望を失わないし、自殺もしない。毎年二万人から五万人のアメリカ人成人が、ほとんど全員うつ状態の果てに自殺する。自殺をはかる可能性が高いのは、自分の現在のみじめな状態は永久に続き、何をしてもだめで、死だけがこの苦しみを終わらせてくれると固く信じている人だ。

子どもの自殺は悲劇的なことに増加傾向にあるが、年二〇〇人程度ではまだ流行病とは言えない。わずか五歳の子どもによる殺人の記録はあるが、七歳以下の子どもは**決して**自殺しない。この年齢の子どもも死についての理解はあり、死が最終的なものであることも分かるし、誰かを殺したいと思うこともあり得る。だが希望のない状態を長い間保つことはできないのだ。

しかし、悲観主義やうつ病になりやすいと言える子どもたちもいる。ＣＡＳＱで楽観度が上位半分――男の子は5・5、女の子は7・5以上――にいた子どもたちは将来も楽観的である傾向が強く、下位半分にいた子どもたちよりもうつ状態になりにくくて、良い成績や業績を達成し、より健康的な人生を送れる可能性が高い。

説明スタイルの形成は早い時期に始まり、八歳ですでにかなりはっきりした形で見られる。もし小学三年生までに子どもの楽観的、また悲観的なものの見方が定まっているとして、それが将来の成績や健康に大きな影響力を持つとしたら、それはどこから来たのか、それを変えるにはどうすればいいのか知りたいと思うのが当然だろう。

説明スタイルの源と思われるものはおもに三つある。第一は母親だ。

（1）母親の説明スタイル

シルビアが八歳の娘マージョリの前で、悪い出来事に対してどんな反応をするか見てみよう。場面は母娘がショッピングセンターの駐車場の車に乗り込むところで始まる。シルビアの説明スタイルを識別してみよう。

マージョリ：ママ、車のこっち側がへこんでるよ。
シルビア：えっ、本当？　パパにどんなにしかられるか分からないわ！
マージョリ：新しい車なんだから、ほかの車からずっと離れたところに停めるようにってパパはいつも言ってたのに。
シルビア：私っていつもこういう目に遭うんだから。私、なまけ者だから、食料品をなるべく遠くまで運ばずにすむようにしたいのよ。ほんとにばかだわ。

シルビアは自分について相当ひどいことを言っており、マージョリはじっと聞いている。悲観的なのは内容だけでなく、形式もだ。マージョリはシルビアの話から母親が大変困った状態にあり、ばかで、なまけ者で、いつもついていないことを知る。

シルビアはかなり無意識にこの不幸な出来事に対して四つの説明をしている。

1　「私はいつもこういう目に遭う」永続的（**いつも**という言葉を使っている）：普遍的（車がへこんだだけでなく、こういう目と言っている）：個人的（誰でも遭うのではなく、**自分が**遭うと言っている）。

2　「私はなまけ者だ」永続的な性格（なまけ心が出て、という言い方と比べてみると分かる）：普遍的（なまけ者であるといろいろな面で悪影響がある）：個人的（それが自分であると言っている）。

3　「食料品を遠くまで運びたくないから」個人的、永続的（運びたくなかった、ではない）。しかし、これは肉体労働に限ったことなので、特に普遍的ではない。

4　「私はばかだ」――永続的、普遍的、個人的。

マージョリは母親の言うことを注意深く聞いていた。悪いことはずっと続き、広範囲にわたり、自分のせいであるという母親の考えを聞いて、世の中とはこういうものだと学んだ。

マージョリは毎日家の中で起こる困った出来事について、母親がこういう分析をするのを聞いて育つ。子どものアンテナはいつも両親、特に母親に向けられる。「なぜ?」というのが、子どもの最初の、そしてもっとも多くする質問であるのも偶然ではない。身の回りの世界について説明を得ることは、成長過程でもっとも重要な知的作業の一つだ。両親が果てしない「なぜ」攻めにいらだって答えてくれなくなると、子どもたちは別の方法で答えを得ようとする。何か起こったときに親たちが自然に口にする説明にじっと耳を傾けるのだ。特に何か悪いことが起こったとき、親たちの言うことを一言ももらさずに聞こうとする。親の発言の詳細だけでなく、その原因が永続的か一時的か、特定か普遍的か、自分のせいか、他の人のせいかも鋭く聞き分けているのだ。

子どものとき、母親が世の中の出来事をどう話していたかは、子どもの説明スタイルに非常に大きな影響を及ぼす。私たちは一〇〇人の子どもたちとその両親を対象にしたアンケートで、このことを発見した。母親の楽観度と子どもの楽観度は非常に似通っていた。これは息子にも娘にも言えることだった。私たちは、子どもの説明スタイルも母親の説明スタイルも、父親のスタイルとは全然共通点がないのを知って驚いた。幼い子どもはおもに自分の世話をしてくれる人（普通は母親）が物事の原因について話すのを聞き、その人のスタイルをまねることが分かる。楽観的な母親ならいいが、悲観的な場合は悲劇的になり得る。

ここで一つ疑問がわいてくる。説明スタイルは遺伝的なものだろうか？ 私たちは知能、政治観、宗教心などの多くを両親から引き継ぐ（別々に育てられた一卵性双生児の政治観、宗教心の有無、ＩＱが異様なほど似ていることが研究によって明らかになっている）。これらの心理的特徴と異なり、家族に見る説明スタイルのパターンは、これが遺伝ではないことを思わせる。母親のスタイルは息子と娘の両方に似ており、父親のは誰にも似ていない。これは普通の遺伝のパターンには当てはまらないものだ。

これを確かめるために、私たちは今、ごく幼いときに養子に出された子どもたちの生みの親と養父母の楽観度の調査を試みている。子どもたちの楽観度が養父母のパターンに似ていて、生みの親に似ていなければ、楽観主義の源は学習したものだという私たちの見解を立証することになる。もし一度も会ったことがない生みの親のパターンに似ていれば、楽観主義は少なくとも一部は遺伝であることになる。

(2) 大人の非難──教師と両親

子どもが何か悪いことをしたとき、親は何と言うだろうか？　先生は何と言うだろうか？

情緒発達研究の世界的権威キャロル・ドゥエックがしたように、小学三年生の教室をのぞいてみよう。キャロルは楽観主義がどのように発達するかを示した。成人してから女性のほうが男性よりもずっとうつ病にかかりやすい理由を解くカギも、子ども時代の女性に何が起こるのかを研究することで解明されるかもしれない。

まず最初に気づくのは、男生徒と女生徒の態度の違いだ。女の子たちはおとなしく座り、注意深く聞いているようすで、先生にとって喜ばしい存在だ。ふざけるときもひそひそおしゃべりしたり、くすくす笑う程度である。男の子たちはじっと座っていることさえできず、話は聞かないし、決まりにも従わない。始終ふざけて叫んだり、走り回ったりする。

分数のテストがある。テストで悪い点を取った子どもに先生は何と言うだろうか？

落第点を取った男の子に先生が決まって言うせりふはこうだ。「注意して聞いていなかったのね」「一生懸命やらなかったんでしょ」「先生が分数を教えていたときに暴れていたからよ」これらは一時的で、特定の分野に限られた説明だ。もっと努力することもできるし、もっと気を入れて聞くことも可能だし、暴れるのもやめることができるからだ。

私たちの研究によると、女の子は日常的にかなり違った小言を聞かされる。女の子たちは暴れないし、注意して聞いているようなので、こういう点でしかることはできない。そこで先生はこう言う。「あなたは算数は得意ではないわね」「いつもいいかげんな答案を出すのね」「答えをチェックしたことがないんでしょ」女の子たちは失敗すると永続的で普遍的な叱責を次々と浴びせられることになる。三年生のときの経験が女生徒にどのような影響を与えるのだろうか？

キャロル・ドゥエックは四年生の女子に、アナグラム（言葉のつづり換えゲーム）で絶対に解けない問題を与え、各自が自分の失敗をどう説明するか試した。子どもたちは全員一生懸命やったが、つづり換えができないうちに「やめ」と言われた。

「なぜできなかったの？」と実験者は質問した。

女の子たちは「私、言葉ゲームは苦手なの」「頭が良くないから」などと言った。

同じテストをされた男の子たちはこう言った。「よく聞いてなかった」「一生懸命やらなかったから」「こんなパズルなんかやってどうするの？」

テストで女の子たちは自分の失敗に関して、永続的で普遍的な説明をした。一方男の子たちはもっとずっと希望のある説明をした。子どもたちが失敗したとき、大人がどんな批判をするかは、子どもの説明スタイルに重大な影響を与えることがこれで分かる。

（3）子どもの人生における危機

私は一九八一年ドイツのハイデルベルクで、家族問題の世界的な権威で社会学者のグレン・エルダーが、逆境のなかで育った子どもの研究に興味を持つ研究者のグループに行った講演を聞いた。世界大恐慌の前、グレンの前任者たちはカリフォルニア州の二都市バークレーとオークランドの子どもたちに、心理的長所と短所に関する詳細な面接とテストを行った。これら実験対象となった子どもたちは七〇代、八〇代になっても、この画期的な研究にずっと協力し続けてきた。またこれらの人々の子どもや孫たちも調査に参加した。

グレンは次に、大恐慌に打ちのめされることなく生き続けた人々と、立ち直れなかった人々について語った。恐慌で全財産を失った中流層の少女たちが中年初期には精神的に立ち直り、その後は肉体的にも心理的にも上手に年を取っていった話に聴衆は聞き入った。一九三〇年代、同じように恵まれない生活を送った貧困層の少女たちはついに立ち直ることができなかった。これらの少女たちは中年後期にすさんだ生活を送り、晩年は肉体的にも精神的にも悲惨な状態だった。

グレンはその原因についてこう推論した。

「上手に年を取った女性たちは大恐慌下の子ども時代に、苦境は克服できるものだと学んだのだと思います。大部分の中流層は一九三〇年代の終わりか一九四〇年代の初めまでには経済的に立ち直ったのですから。これによって彼女たちは悪いことは一時的で特定の分野に限られていて、外的な要因によるものだ、という説明スタイルを身につけたのです。だから、年を取って、友達が亡くなったときも『誰かほかに友達を見つけよう』という気持ちになれたのでしょう。この楽観的なものの考え方が健康を維持し、上手に年を取る助けになったのです。

一方貧困層の少女たちの家庭は、大多数が大恐慌のあとも立ち直れませんでした。恐慌の前も、最中も、あともずっと貧しいままでした。苦しいことはずっとそのままなので、少女たちは希望のない説明スタイルを身につけました。ずっとのちに親友が亡くなると、『もう友達を見つけることはできないだろう』と考えたと思います。子ども時代に身につけた悲観主義が新たな危機を迎えるたびに災いして、健康にも、成績や業績にも、幸福感にも悪い影響を及ぼしたのです。

しかし、これは大胆な推論にすぎません。五〇年前には誰も説明スタイルを思いついた者はいなかったので、測定していないからです。一九三〇年代に戻るタイムマシンがあれば、私の推論が正しいかどうか分かるのに残念です」グレンはこうしめくくった。

私はその晩眠れなかった。「タイムマシンがあればいいのに」という言葉が頭の中を駆け巡っていた。朝五時、私はグレンの部屋のドアを激しくたたいていた。

「起きてくれ、グレン。話がある。タイムマシンはあるんだよ！」

グレンはベッドからはい出し、私たちは散歩に出た。私は言った。

「去年、クリス・ピーターソンという若い優秀な社会心理学者から手紙が来てね。『助け求む』という書き出しで、『小さな大学で年八講座も持たされて身動き取れず。創造力旺盛、出張可』という運勢占いみたいな文章だったが、僕は彼をペンシルバニア大学に呼んで二年間一緒に仕事をした。本当に創造力に富んだアイデアを出してくれた」

クリスのもっとも創造的なアイデアは、説明スタイルのアンケートに答えてくれない人々――スポーツの花形選手、大統領、映画スターなど――の説明スタイルを診断することだった。

クリスは新聞のスポーツ面を片っぱしから読んで、フットボール選手の発言を見つけ出し、それをその選手が答えてくれた質問事項のように扱った。つまり、もし選手が「向かい風だったので、ゴールをミスしてしまった」と言ったとすると、クリスはそれを1から7までの段階に採点する。「向かい風だった」というのは、風ほど永続的でないものはないから、永続性は1。向かい風が影響を与えるのはボールをキックするときだけで、恋愛問題の邪魔をするわけではないから、普遍性は1。風は選手のせいではないから、個人度も1。「向かい風だった」というのは悪い出来事の説明としては非常に楽観的だということになる。

それからクリスはこの選手の発言をすべて採点して平均値を出すことによって、アンケートなしでも説明スタイルを得ることができた。そして、このようにして得たこの選手の特徴が、アンケートをしていれば得られたであろう特徴とほぼ同じであることを示した。私たちはこれをCAVE（説明スタイルの逐語的内容分析）と呼んだ。

「ねえ、グレン」僕は続けた。「CAVEこそタイムマシンなんだ。これはアンケートに答えてくれない現代人に使えるだけでなく、答えることのできない、つまりすでに死んでいる人たちにも使えるんだよ。君を起こしたのもそのためだ。君の前任者たちは一九三〇年代のバークレーとオークランドの子どもたちの面接記録の原本を取っておいただろうか？」

グレンはちょっと考えた。「あれはテープレコーダーが普及する前のことだが、速記録は取ってあったように思う。戻ったら、うちの公式記録保管庫を当たってみるよ」

「面接での応答記録が残っていれば、CAVEを使って分析することができる。子どもの原因説明の発言を抜き出して、この発言の出所を知らせていない採点者たちに楽観度を測定してもらうんだ。そうすれば子ども一人一人の五〇年前の説明スタイルがどうだったかが分かる。君の推測が当たっているかどうかも判定できるわけだ」

グレンがバークレーの公式記録保管庫を当たってみると、初期の面接から、そのあと少女たちが母になり、祖母になるまでのいろいろな段階で行われた面接が、完全な形で記録に残されていた。私たちはこれらの記録から、一人一人の女性について説明スタイルを出していった。

グレンの推測は大部分正しかった。上手に年を取った中流層の女性たちは楽観的な傾向にあった。みじめな晩年を送った貧困層の女性たちは悲観的傾向にあった。

タイムマシンを使うことによって三つのことが初めて実現した。

第一に、タイムマシンは非常に有力な道具であり、私たちはこれを用いてアンケートに応じない人々の楽観度を計れるようになった。記者会見、日記、心理療法の記録、前線から故国に出した手紙、遺書など膨大な範囲の資料を〝CAVE〟できる。CASQを受けるには幼すぎる子どもの話から原因説明に関する発言を抜きだして、同様に採点することもできる。ずっと昔に亡くなったアメリカ大統領たちがどれくらい楽観的だったかを知ることもできるだろうし、アメリカ国民の楽観度が時代とともに増したか、減ったか、またある文化や宗教がほかよりも悲観的であるかどうかも分かるかもしれないのだ。

第二に、タイムマシンによって、私たちが母親から説明スタイルを学ぶことがさらに立証された。一九七〇年、今では孫のいるバークレーとオークランドの少女たちの面接が行われた。加えてすでに自身が母となっているその子どもたちも面接を受けた。私たちはこれらの面接記録を〝CAVE〟し、アンケートで示されたのと同じ結果を得た。母と娘とは楽観度が際立って似ていたのだ。

第三に、タイムマシンによって、私たちが子ども時代に経験する危機がそれぞれの楽観度を形づくることが初めて証明された。経済的危機を乗り越えた少女たちは、悪い出来事は一時的で変えることのできるものだと見るようになったのに対し、大恐慌後も貧しいままだった子どもたちは、不幸なことはずっと続き、克服できないものだと考えるようになった。

子ども時代の危機の影響の重要性を証明した学者は、グレン・エルダーのほかにもいる。英国の教授ジョージ・ブラウンは一〇年がかりでサウスロンドンのもっとも貧しい地区を歩き回り、主婦たちに念入りな面接調査を行った。ブラウンはうつ病を防止するカギを求めて、四〇〇人以上に面接した。彼が発見した重症のうつ病患者の数自体が衝撃的で、これらの主婦たちの二〇パーセント以上がうつの状態にあり、その半分は精神異常をきたしていた。ブラウンが追究していたのは、このような厳しい環境のもとでうつ病になった者とそうでない者との違いはどこにあったかということだった。

ブラウンはうつ病からその人を守る三つの因子を発見した。この中のどれか一つがあれば、ひどい挫折や喪失に直面してもうつ病は起こらない。第一は配偶者か愛人との親密な関係、第二は外に仕事を持っていること、第三は家で面倒を見なければならない一四歳以下の子どもが三人以上いないことだ。

ブラウンはうつ病にかかりやすくなる危険因子も二つ発見した。夫の死、息子の移民など最近大切な人を失ったこと、さらにもっと重要なのは、その女性自身が**一三歳になる前に母親を亡くしていること**だ。

ジョージ・ブラウンはこう説明する。「幼いときに母を亡くすと、もっと大きくなってから何かをなくしたとき、非常に悲観的になる。例えば息子がニュージーランドに移民すると、お金を稼いだらまた戻ってくるとは考えず、死んでしまったものととるようになる」

幼い少女にとって、母の死は永久にすべてを失うのと同じように感じられる。特に、ボーイフレンドや仲間に関心を持つようになる思春期よりも前に母を失うと、この観が強い。もし私たちが人生で初めて何か大切なものを失った経験が、その後の人生で何かを失ったときどう考えるかに大きな影響を与えるとすれば、ブラウンの発見もうなずける。

第８章

学校で良い成績を上げるのはどんな子か

一九七〇年四月のある風の強い寒い日、まだペンシルバニア大学の新米教授だった私は、ニュージャージー州アトランティックシティのハドンホールというホテルにチェックインする人々の列の中にいた。かつては栄華を誇ったこのホテルもややさびれていたが、アトランティックシティでギャンブルが解禁になるのに伴い、大きく変身しようとしていた。ここで東部心理学会の年次総会が開かれるのだ。前に並んでいた女性がこちらを振り向いたとき、私ははっと息を飲んだ。私の幼なじみだったからだ。

「ジョーン・スターンじゃないかい？」

「マーティン・セリグマン！　ここで何してるの？」

「僕は心理学者なんだ」

「私もよ！」

それ以外の理由でこの週末、このホテルにチェックインすることはあり得ない。私たちはどっと笑った。ジョーンはニュースクール社会学研究大学で、私はペンシルバニア大学でそれぞれ博士号を取り、二人とも教授になってここで再会したわけだ。

私たちは一緒に幼稚園に通い、家も三ブロックしか離れていなかった。私が富裕層の子弟の行くオールバニ・アカデミーに転校させられたとき、ジョーンも同類の女子校聖アグネスに行った。

二人ともオールバニを離れて大学に行ってからのほうが充実した生活を送っていた。ジョーンは結婚してジョーン・ガーガスという名前になっていた。

私はジョーンにどんな研究をしているのかと聞いた。

「子どもたちの見方や考え方が成長に伴ってどう変化していくかを研究しているの」ジョーンは視覚上の錯覚に関する研究について、非常に興味深い話をしてくれた。私は学習性無力感理論について語った。

「お父さんはまだご健在?」とジョーンは聞いてきた。私が父の死を告げると、つらかったでしょうね、と言った。ジョーンも一〇代のときに母を亡くしているので、私の気持ちをよく分かってくれた。

大会の間、私たちは多くの時間を一緒に過ごし、別れるとき、二人の研究目標が共通項を持つ日が来るかもしれない、と話し合った。

ジョーンはその後ニューヨーク市立大学の社会学部長から、プリンストン大学の学部長となった。一方私は説明スタイルの研究を続けた。私たちの研究が接点を持つようになるまで、それから一〇年の歳月がたっていた。その接点とは、子どもの楽観度が成績にどういう影響を与えるかという問題だった。

教室での子どもたち

私が遭遇した少年アランの例を述べてみよう。九歳のアランは心理学者がオメガチャイルド(オメガはギリシア語アルファベットの最後の文字）と呼ぶ、内気で運動神経が悪く、試合をするときはいつも最後になってやっと出してもらえる子どもだった。アランはしかし非常に頭が良く、芸術の天分に恵まれていた。アランの描く絵は、小学生としては美術の教師が今までに見たこともないほど優れたものだった。アランが一〇歳のとき、両親が別居し、彼はうつ状態に陥った。成績は急降下し、めったに口をきかなくなり、絵に対する関心も失った。

美術の教師があきらめずにアランの本心を聞き出したところ、アランは自分のことをばかで弱虫の出来損ないで、自分が両親の別居の原因だと考えていることが分かった。美術教師はアランに彼の自己評価がどんなに間違っているかを根気よく話して聞かせた。アランは教師の言うことを受け入れるようになった。教師はアランの両親を知っていたので、二人の別居が決してアランのせいではないことを納得させることができた。

つまり、先生はアランの説明スタイルを変える手助けをしたのである。数カ月のうちにアランは学校でいくつも賞をもらうようになり、運動神経の悪さは熱意でカバーしてスポーツの面でも進歩を示すようになっていた。アランはもうおちこぼれではなく、はつらつとしたティーンエイジャーへの道を歩き始めるようになった。

子どもの成績が良くないと、先生はもちろん親でさえ、その子は才能がないのだと決めつけてしまいがちだ。子どもはうつ状態にあるために頑張る気が起きず、持っている能力をフルに発揮できないでいるのかもしれない。もし親が子どもは頭が悪いのだと結論づけると、子どももそれを感じてそういう自己評価を下す。子どもの説明スタイルはさらに悪くなり、成績不振が習慣的なものになってしまうだろう。

子どものうつ病度を計る

自分の子どもがうつ状態にあるかどうか、どうやって調べたらいいだろうか。

心理学者か精神科医の診断なしでは正確な結論は出せないが、子どもに次のようなテストを受けさせることによって、おおまかな見当をつけることはできる。これは第4章で示したうつ病度テストを子ども用にアレンジしたもので、CES‐DC（Center for Epidemiological Studies-Depression Child／疫学センター子どものうつ病度テスト）と呼ばれる。テストをするときは、子どもには次のような説明をするとよい。

「お母さんはいま子どもの気持ちについての本を読んでいるから、あなたはこのごろどんなことを考えているのかなと思ったの。このテストの文章を一つ一つ読んで、四つの答えの中から**ここ一週間**にあなたが感じたりしたりしたことにいちばんぴったりなものを選んでみましょう。どの答えを選んでも間違いということはないのよ」

【ここ一週間どうだったか】

1　僕（私）は普段気にならないことが気になった

全然（　）　ほんの少し（　）　いくらか（　）　とても（　）

2　あまりおなかがすかなくて、食べたくなかった

全然（　）　ほんの少し（　）　いくらか（　）　とても（　）

3　家族や友達が励ましてくれても、楽しい気持ちになれなかった
全然（　）　ほんの少し（　）　いくらか（　）　とても（　）

4　自分がほかの子たちよりもおとっているような気がした
全然（　）　ほんの少し（　）　いくらか（　）　とても（　）

5　気が散って自分のしていることに集中できない気がした
全然（　）　ほんの少し（　）　いくらか（　）　とても（　）

6　気持ちが落ち込んだ
全然（　）　ほんの少し（　）　いくらか（　）　とても（　）

7　疲れて何もする気になれなかった
全然（　）　ほんの少し（　）　いくらか（　）　とても（　）

8　何か悪いことが起こりそうな気がした
全然（　）　ほんの少し（　）　いくらか（　）　とても（　）

9　前にやったことが、結局うまくいかなかったような気がした
全然（　）　ほんの少し（　）　いくらか（　）　とても（　）

10　なんだかこわかった
全然（　）　ほんの少し（　）　いくらか（　）　とても（　）

11　いつもほどよく眠れなかった
全然（　）　ほんの少し（　）　いくらか（　）　とても（　）

12 不幸せだった
全然（　）　ほんの少し（　）　いくらか（　）　とても（　）

13 いつもほどはしゃがなかった
全然（　）　ほんの少し（　）　いくらか（　）　とても（　）

14 友達がいないみたいなさびしい気持ちだった
全然（　）　ほんの少し（　）　いくらか（　）　とても（　）

15 友達に仲間はずれにされている気がした
全然（　）　ほんの少し（　）　いくらか（　）　とても（　）

16 楽しくなかった
全然（　）　ほんの少し（　）　いくらか（　）　とても（　）

17 泣きたくなった
全然（　）　ほんの少し（　）　いくらか（　）　とても（　）

18 悲しかった
全然（　）　ほんの少し（　）　いくらか（　）　とても（　）

19 嫌われている気がした
全然（　）　ほんの少し（　）　いくらか（　）　とても（　）

20 何も始める気になれなかった
全然（　）　ほんの少し（　）　いくらか（　）　とても（　）

採点は簡単で、それぞれ〝全然〟は0点、〝ほんの少し〟は1点、〝いくらか〟は2点、〝とても〟は3点で、これらを合計する。もし子どもが二カ所に○をつけている場合は点の高いほうを取る。

0から9点の子どもはおそらくうつ状態にはないと思われる。10から15点の子どもは軽度のうつ状態であることが考えられる。16点以上の子どもはかなりのうつ度を示していて、16から24点未満の子どもは中程度のうつ病の範囲に入り、24点以上の子は重度のうつ病である可能性がある。しかしここで注意しなければならないのは、どんなペーパーテストも専門家の診断と同じではあり得ないということだ。この種のテストには二種類の間違いがつきものだ。第一は多くの子どもたちが、特に両親から自分の症状を隠そうとすることだ。したがって10点未満の子どもでも、実際はうつ状態にある場合もある。第二は高得点の子どもはうつ病以外の問題を抱えているために得点が高いこともあることだ。

もし子どもが10点以上を取り、成績が振るわない場合はうつ病が原因である可能性もある。私たちの調査によると、四年生の生徒ではうつ度が高いほど成績が悪いという結果が出ている。非常に才能のある知能の高い子どもたちの場合でも同様である。

自分の子が二週間続けて16点以上を取るか、10点以上でも自殺を口走るようなら、専門家に相談すべきだ。

プリンストン・ペンシルバニア大学合同長期研究

子どもの場合も大人と同じように、悲観的説明スタイルがうつ病や成績不振の大きな原因になり得るだろうか?　一九八一年、研究の過程でこの問題が起きたとき、私はジョーン・ガーガスのことを思った。あれから私たちはずっと連絡を取り合っていた。ジョーンは子どもの考え方が成長に伴ってどう変化するかを研究しており、またニューヨーク市立大で社会学部長をしていたときは、能力以下の成績しか上げていない学生たちに心を痛めていた。ジョーンこそ私の研究にうってつけのパートナーだと思われた。

「結論から言うと、成績不振のほとんどは能力のなさからきているのではないと僕は思うんだ。うちの最新データによると、生徒はうつ状態に陥ると、成績が急降下することが分かっている」

ジョーンに会ったとき、私はこう切りだした。「キャロル・ドゥエック(第7章のなぜ子どもは希望を失うことがないのか(2)参照)の最近の実験について人づてに聞いたんだが、キャロルは子どもたちを説明スタイルによって〝無気力〟グループと〝意欲〟グループに分けて、解くことのできない問題と解ける問題を与えたという話だ。

解ける問題のときは両グループに何の違いも認められなかった。しかし解けない問題が出てくると、驚くべき違いが現れた。無気力グループの子どもたちの問題への取り組みは一年生のレベルにまで落ちてしまって、この作業を嫌がるようになり、野球や劇などほかのことを話し始めた。意欲グループの子どもたちの取り組みは四年生のレベルにとどまり、自分たちのやり方が間違っていることを認めながらも、あきらめずに作業を続けた。

それだけではなく、子どもたちは最後に解ける問題を与えられたが、無気力グループの子どもたちは完璧に解答を出せたこの種の問題を、もう一度やるときは五〇パーセントしか解くことができないだろうと予測した。意欲グループの子どもたちは九〇パーセント解けるだろうと考えた。

僕は、子どものうつ病や成績不振のもとにあるのは悲観主義ではないかと思う。子どもは自分の力ではどうしようもないと思ったとき、努力するのをやめてしまい、成績が落ち込むのではないだろうか。君にこの問題を一緒に調査してほしいんだ」

ジョーンは僕の誘いにすぐには応じなかった。いろいろ質問し、しばらく考えてから、ジョーンはこう言った。「挫折からすぐに立ち直る力と楽観主義が成績向上のカギであることは分かったわ。でも、そのために目をつけるべきなのは大学でも高校でもないと思うの。人生を見る姿勢が出来上がるのは小学校や中学校よ。思春期後ではなくて前だわ。子どものうつ病、学業成績、説明スタイルの研究は、学部長としていろいろな学生を見てきた私にもぴったりだと思う」

幸運だったのは、スーザン・ノーレン・ホークセマがちょうど大学院生としてペンシルバニア大に入ってきて、このプロジェクトのまとめ役になってくれたことだった。スーザンはエール大の彼女の恩師がここ一〇年来最高の教え子だという折り紙をつけた、静かな決意を秘めた二一歳の女性だった。

私がスーザンにジョーンとの話を聞かせると、彼女は即座にこれを自分のライフワークにしたいと言った。

それから二年間、ニュージャージー州プリンストン周辺の教育委員長、学校長、教師、父母、子どもたちへの働きかけが行われ、ついに国立精神衛生研究所を動かして、小学校でどのような児童がうつ状態になり、成績不振に陥るのかを予測するための、大規模な調査が実施されることになった。幼い子どもたちを苦しめ、勉強を妨げるうつ病の原因を探るのが目的だった。

一九八五年の秋、プリンストン・ペンシルバニア大学合同長期研究が始まった。四〇〇人の小学三年生とその教師､両親が､子どもたちが中学一年を終えるまでの五年間調査されることになった。

子どもたちのうつ病と学業不振には、二つのおもな危険因子があるというのが私たちの推論だった。

●悲観的説明スタイルの子どもはうつ状態に陥りやすく、成績不振になりやすい。

●両親の別居、家族の死、親の失業など家庭内の不幸な出来事を経験した子どもは、もっとも悪い状態になりやすい。

第一に説明スタイルについて

悲観的説明スタイルの子どもは非常に不利な状況にある。三年生になったときCASQ（子どもの特性診断テスト）で高い悲観度を示した子どもは、うつ病の危険がある。私たちは、時の経過とともにうつ度が増した子どもと減った子どもに分けたところ、説明スタイルによって次のような傾向が現れることが分かった。

●三年生のとき最初から悲観的説明スタイルだった子どもは、そのときはうつ状態でなくても時の経過とともにうつ状態になる。

●初めから悲観的説明スタイルで、うつ状態でもあった子どもは、ずっとうつのままだ。

●三年生の初めにうつ状態だった子どもでも楽観的説明スタイルならばしだいに良くなる。
●最初から楽観的説明スタイルで、うつ状態でなかった子どもは、ずっとうつ病にはならない。

悲観主義が先か、うつ状態が先か？　悲観的だとうつ状態になり、うつ状態だと世の中が悲観的に見える。そのどちらも本当で、これは悪循環だ。

自分の子どもにこの悪循環が始まっていることに気づき、それを断ち切ってやるのは親の大事な役目の一つだ。その方法は第13章に示す。

第二に不幸な出来事について

不幸な出来事が多く降りかかればかかるほど、子どものうつ病は重症になる。楽観的な子どもは悲観的な子どもよりも、また友達の多い子どもは少ない子どもよりも、不幸に対する抵抗力がある。しかし、すべての子どもが大なり小なりマイナスの影響を受けることは避けられない。

次に挙げるような事態が起きたときは、親は最大限の時間とエネルギーをさいて、子どもを支えてやらなければならない。第13章に書いた方法を実行に移すべきときでもある。

●兄姉が大学進学または就職のために家を離れる。
●ペットが死ぬ――ささいなことに思えるかもしれないが、子どもにとっては重大事だ。
●かわいがってくれた祖父母が亡くなる。

●転校する――友達を失うことは大きなショックになり得る。
●両親が始終けんかする。
●両親が離婚、または別居する――夫婦げんかとともにこれは最大の問題だ。

両親の離婚と仲たがい

両親の離婚と仲たがいは増加の一途をたどっており、子どもたちをうつ状態に追い込む原因のトップに挙げられるので、私たち長期研究グループもこの点に焦点を当てた。

私たちが調査を始めたとき、六〇人――約一五パーセント――の子どもたちが、両親が離婚または別居中であると言った。私たちはこれらの子どもたちを三年間注意深く観察し、ほかの子どもたちと比較してきた。

第一に、離婚家庭の子どもたちは全般的に状態が良くなかった。年二回のテストで、これらの子どもたちは両親が揃っている家庭の子どもたちよりもはるかに落ち込んだ状態を示した。私たちは時の経過とともにこの差が縮まっていくことを願っていたのだが、三年たってもこれらの子どもたちはほかの子どもたちよりもはるかにうつ度が高く、むしろ以前よりもわずかながらうつ度が増したほどだった。離婚家庭の子どもたちは、そうでない子どもたちよりも熱意がなく、自尊心も低くて、身体の調子も悪く、心配性だということが分かった。

しかし、これらは平均的な結果であって、うつ状態にならない子どももいたし、なってもすぐに回復した子どももいた。離婚が子どもを必ず長年にわたるうつ状態にさせるわけではないが、うつ状態になりやすくすることは確かだ。

第二に、離婚家庭の子どもたちにはさらに悪い出来事がいくつも起こる。これらの子どもたちのうつ状態が何年も続くのはそのせいかもしれない。悪い出来事は三種類に分けられる。まず、離婚自体、または離婚が引き金となってかかったうつ病が原因で起きる出来事は次のようなものだ。

- ●母親が新しい仕事を始める。
- ●同級生が以前ほど親しくしてくれなくなる。
- ●どちらかの親が再婚する。
- ●どちらかの親が新しい教会のメンバーになる。
- ●どちらかの親が入院する。
- ●子どもが何かの教科で落第する。

離婚家庭の子どもたちは、さらにそれ自体が離婚の原因であったかもしれないさまざまな出来事を経験する。

- ●両親のけんかが激しくなる。
- ●父親がたびたび出張で家を空けるようになる。
- ●どちらかの親が失業する。

ここまでは当然予想されたことだった。ところが、離婚家庭の子どもたちには次のような不幸まで降りかかる可能性が高いことを知って、私たちは驚いた。

●離婚家庭の子どもたちは兄弟姉妹が入院する確率が、そうでない家庭の子どもたちよりも三倍半高い。
●その子自身が入院する確率も三倍半高い。
●子どもの友達が死ぬ確率が二倍高い。
●祖父母の誰かが亡くなる率も二倍高い。

これらの出来事のうちのいくつかは、離婚の原因、または結果であることも考えられる。しかし、離婚家庭は離婚自体とは全然関係なさそうな不幸にも見舞われることが多いように思える。子どもの友達や祖父母が亡くなることが離婚の原因や結果であるとは思えないが、調査によって分かった統計ではこのような数字が出ている。

こうしてみると、離婚家庭の子どもを取り巻く状況はますます暗いものになってくる。両親が憎しみ合っているよりも離婚したほうが子どものためだと以前からよく言われてきたが、離婚を考えている親たちは以上のような悲惨なデータについて真剣に検討する必要がありそうだ。

しかし問題は離婚自体ではなく、その根底にあるのは両親のけんかかもしれない。私たちは、両親が離婚はしていないが、いつもけんかばかりしているという七五人の子どもたちの追跡調査をした。これらの家庭の子どもたちも離婚家庭の子どもたちと同じくらい重症のうつ状態にあり、その状態は両親がけんかしなくなったと言ってからも長く続いた。

両親のけんかが子どもを傷つけるのは、二つのケースが考えられる。一つはけんかや別居が直接子どもを傷つける場合、もう一つは両親が互いに不幸であることを子どもが感じ取って悩む場合だ。どちらが正しいのかは、私たちのデータからは明らかではない。

夫婦げんかよりも両親の不幸が子どもを傷つけていることが分かれば、結婚問題のカウンセリングを受けて和解の道を見つけることを勧める。

しかし、けんかと別居が子どものうつ病の原因であることが分かれば、そしてもし両親が子どもの幸せを第一に考えるのであれば、話は別だ。子どものために親は別居を思いとどまり、さらに難しいことだが、けんかを控えることができるだろうか？

決してけんかするなと言うほど、私は世間知らずではない。けんかも時には問題解決と状況改善に役立つ。しかし、たいていの夫婦げんかは実りのないものだ。大人がけんかしている映画を見たとき、問題がきちんと解決されれば子どもたちはそれほど気にしない。だから両親がけんかをしたときは、子どもの前ではっきりと解決してみせるべきだと思う。

それよりも重要なのは、けんかしそうになったときはそれが子どもを傷つけるのではないか、といつも考えることだ。けんかは神聖な権利だと考える人は多いだろう。自分の考えをすべてぶちまけるのが良いとされる時代だ。しかし、子どもの立場からすると親のけんかで良い影響を受けることはまずない。だから、私は現代の風潮に逆らってあえて親はけんかする前に何度も考え直してほしいと言いたい。腹を立てて、けんかするのは当然の権利ではない。怒りを胸に納め、自尊心を犠牲にして、配偶者から不当な扱いを受けてもじっと我慢することだ。配偶者を怒らせたり、やり返したりするのを思い留まってほしい。子どもの幸せがかかっていると思えば、けんかをしないという選択もできるのではないだろうか。

私たちの調査によると、親のけんかや別居によって、一般に次のような事柄が次々と起こる。子どものうつ度が上がり、学校の問題が増え、説明スタイルが悲観的になり、悲観的になったことで成績はさらに下がる。この悪循環が始まると、子どもはうつ状態から抜け出せなくなる。両親のけんかが激化し、別居に踏み切るときが、子どもにとってももっとも危機的なときである。うつ病や悲観主義に陥らせないために、教師や親の特別な助けが必要だ。特に時間をつくって、子どもとの密接な関係を保たなければならない。深い愛情関係が両親の仲たがいによる悪影響に打ち勝つための力になるかもしれないからだ。専門家に相談することを考えてもよい。それで夫婦げんかが減るかもしれないし、この段階で治療すれば子どもも一生うつ病に悩まされずにすむかもしれない。

少年と少女

私たちの調査では、すべての段階で、男の子は女の子よりも高いうつ度を示している。三年生と四年生の男児では、なんと三五パーセントもの子どもたちが三年生と四年生の間に少なくとも一度はひどいうつ状態を経験していることが分かった。女児では二一パーセントしかいなかった。男児は女児に比べて、言動上の問題（いつもトラブルを起こすなど）と無快感症（何も楽しくない、友達がいない、非社交的）が多いが、悲しさの度合い、自尊心の減少、身体の不調の点では両者に違いは見られなかった。

男の子は女の子よりも悲観的で、両親の離婚をふくむ不幸な出来事に対してもろい。成人では女性のほうが男性よりも二倍うつ病にかかりやすいという事実があるが、その理由がなんであれ、それは子ども時代に根ざしたものではないことになる。つまり、この比率を逆転するようなことが――女の子にとっては非常に衝撃的なことが――思春期または思春期のすぐあとに起こるのだろうと推測される。

私たちが追跡調査している子どもたちがまもなく思春期を迎える。プリンストン・ペンシルバニア大学合同長期研究の後半の二年間の結果が、その答えを出してくれるかもしれない。

大学入試のいいかげんさ

一九八三年のある春の日、私はペンシルバニア大学の入学審査事務局長のウィリス・ステットソンの話を聞いていた。入学審査事務局がどれほどの間違いを犯すかについてだった。私もこの大学で修士号を取った者の一人として、この選考方法がどれほどひどい結果をもたらすことがあるかはよく見てきた。私は自分の考案したテストが、現行の審査方法よりも成績を正確に予測する助けになるかどうか、試してみようと提案した。

「まあ、しょせん統計による推測だからね。ある程度はズレが出るのは仕方がない」ステットソンは言った。

私はペンシルバニア大学ではどのようにして入学者を選考するのか聞いた。

「審査対象になるのはおもに高校の成績、ＳＡＴ（大学進学適性試験）の点、アチーブメントテストの結果の三つだ。この三つを例の回帰方程式に当てはめて出した点数、例えば3・1がその学生の大学一年でのＰＩ（predictive index ／予想平均点）というわけだ。ＰＩが基準以上であれば入学が許される」

私はこの回帰方程式がいかに間違いが多いかをよく知っていた。この方式はＳＡＴや高校の成績など過去の実績を、大学の成績の平均点など将来の基準に当てはめようとするものだ。例えば両親の体重から赤ん坊の出生時の体重を予測する場合は、ある病院で生まれた過去一〇〇〇人の赤ん坊について、赤ん坊自身とその両親の体重を調べ、母親の体重を21・7、父親の体重を43・4で割り、両方の値の平均を出せば、それが新生児の体重であるとする、というようなものだ。21・7や43・4という数字には何も意味はなく、統計上そうなったというだけのことだ。回帰方程式は、ほかに方法がないときに使うものである。

「僕たちの間違いには二種類ある」ステットソンは続けた。「一年のとき、予測よりもずっと悪い得点をする学生と、予想よりもずっと良い成績を上げる学生だ。幸せなことに予想よりもはるかに好成績をおさめる学生のほうがずっと多いのだが、やはり、誤差は少ないに越したことはない。君のテストについてもっと説明してほしい」

私はＡＳＱ（特性診断テスト）とそのもとになる理論について、一時間以上かけて説明した。メトロポリタン生命保険会社の外交員試験のことも話し、これをペンシルバニア大に採用した場合どうなるかについても話し合った。「見込み違いをさらに減らし、ＰＩよりも正確に一年生のときの成績を予測できるのではないか。有望な学生を落として、将来落伍する者を代わりに入れている場合があると思う。どっちにしろ本人にとっても大学にとっても悲劇だ」と私は言った。とうとうステットソンは決心した。「やってみようじゃないか。今年入学する学生たちに試してみよう」

こうして、新入生のうち三〇〇人あまりは入学したその週にＡＳＱを受けた。そして私たちは彼らが最初の中間試験、期末試験を終えるのを待った。多くの者が高校では優等生だった新入生たちが、一流大学での競争がどんなものかを思い知るまで待った。困難に直面して落ちこぼれる者、はい上がる者が出るのを待った。

一学期の終わりに、ステットソンの恐れていた間違いが明らかになった。三分の一もの学生が、ＳＡＴ、高校の成績、アチーブメントテストの予測よりもはるかに良いか、または悪い成績を取った。これら一〇〇人の新入生のうち、二〇人が予想よりもずっと出来が悪く、八〇人がずっと良かった。

結果は生命保険の外交員、小学四年生の例と同様に、自分の〝才能〟以上の成績をおさめたのは全般的に言って、入学時に楽観的だった者たちで、予想よりもずっと低い成績に終わったのは入学時に悲観的だった者たちだった。

兵舎

大学の中間試験に落ちたり、小学校三年生の復活祭の劇の主役になれないのは、人生のなかでも大した挫折ではない。しかし教育機関のなかには、失敗がもっと大きなストレスを意味するとところがある。〝獣舎《ビーストバラックス》〟と呼ばれる、ウェストポイント（米国陸軍士官学校）の寄宿舎だ。

七月初め、不安げな新入生がウェストポイントにやって来ると、彼（現在では彼女もいる）を待ち受けるのは、夏の間中厳しい訓練を課してやろうと手ぐすね引いている幹部たちだ。長時間の直立不動の姿勢、駆け足での暁の行進、規則の丸暗記、そして服従、服従、服従……。これは将来の米国陸軍将校にふさわしい人格を作り上げるために必要なのだという。ウェストポイントは、一五〇年間このやり方でうまくいってきたと考えている。

粗末に扱われてはいるが、ここの新入生は貴重な人材だ。彼らはその学力と将来の指導性を買われて、膨大な数の応募者の中から選ばれた。ウェストポイントは米国の大学の中でも最難関の一つで、ここに入った者はエリート中のエリートといえる。ここでの教育には一人当たり二五万ドルかかり、中退する者がいればそれだけ納税者の血税がむだになったことになる。にもかかわらず、多くの士官候補生が訓練の厳しさに耐えかねて辞めていく——新学期が始まる前に辞める者さえ少なくないのだ。

私がこれらの事実を知ったのは、一九八七年二月のことだった。ウェストポイントの人事担当局長リチャード・バトラーが電話してきた。「先生、米国政府のために協力してください。中退者問題にお力をお借りしたいんです。毎年一二〇〇人の新入生が入ってきますが、七月一日の到着当日に六人が辞め、八月末までに、つまり、まだ授業が始まらないうちに一〇〇人がいなくなります。どういう人間が中退するのか、予測できないものでしょうか？」

私は二つ返事で承知した。もっとも厳しい教育の場で、楽観主義がどれほど威力を発揮するかを見るには、またとない機会だと思ったからだ。

こうして七月二日、私は一四歳の息子デビッド――テスト用紙を配るための特別助手――を連れ、北へと車を走らせた。

ぴかぴかの新築のアイゼンハワー講堂に新入生全員が入場してきた。一二〇〇人の選り抜きの若者たちが気をつけの姿勢で立ち、座ってテストを始めるように、という私たちの合図を待っている。この光景に私は非常な感銘を受け、デビッドは畏敬の念に打たれてぼうぜんとしていた。

バトラーの統計は正確だった。最初の日に六人が辞めた。一人はテストのさなかに立ち上がり、嘔吐し、講堂から走り去った。八月末までに一〇〇人が辞めていた。

これを書いている段階で、私たちは九一年卒業予定の上官候補生たちを二年間追跡調査したことになる。誰が辞めたか？　またもやペシミストたちだった。悪い出来事は自分のせいで起き、これからもずっと続き、何をやってもうまくいかないだろう、と考える者は士官学校の厳しい訓練に耐え切れない可能性が高い。ＳＡＴの予測よりも良い成績を修めたのはオプティミストたちで、予想よりも悪い成績だったのはペシミストたちだった。

私はまだ、ウェストポイントのような伝統的な場所で、入学選考方法と訓練方式をこれらの調査の初期の結果に基づいて変えるように提言することはできない。しかし、楽観度によって将来の将校を選ぶのは、より良い軍指導者を得るための有効な方法ではないかと思う。さらに、中退者の何人かを、本書のあとのほうに示したペシミストをオプティミストに変えるテクニックを使って救うことができたなら、そして彼らの才能に見合った優れた将校になるチャンスを与えることができたなら、これほどすばらしいことはないだろう。

従来の成績優秀者

一〇〇年近くの間、適性と才能こそが学問に秀でるためのカギとされてきた。アメリカではIQテスト、SAT、MCAT（医大入学試験）の点が一定以上なければ競争に参加することさえ許されない。ヨーロッパでは状況はさらにひどいという。

私に言わせれば〝才能〟は過大評価されすぎている。才能の測定方法は不完全であり、その結果が将来を予測する要素として不完全であるだけでなく、従来の考え方は間違っている。低い得点を補ったり、せっかくの高い才能を損なう作用のある説明スタイルを考慮していないからだ。

楽観主義と好成績はどちらが先なのだろう？　才能のある人、成績の良い人が楽観的になるのは当然だろう。しかし、私たちが生徒たちを対象に行った研究では、楽観的な人が好成績を上げることが明らかになっている。私たちはSATや保険外交員適性試験で高得点を上げた人々がのちにどうなるかを調べた。そして、ペシミストは才能以下の力しか発揮しないのに対して、オプティミストはそれ以上の成績を上げることが繰り返し証明された。

そこで私は、楽観度を考慮に入れずに能力を考えるのはほとんど無意味であるという結論に達したのである。

第9章

メッツとビオンディはなぜ勝てたか

アメリカ人はスポーツの統計が大好きだ。ビル・ジェームスとエリアス・スポーツ事務所は創意工夫に富んだ野球統計年鑑を編集し、毎年何万部もの売上を上げている。そしてこれを好んで読むのは一般大衆だけではない。まじめな科学的研究にも役立っている。人間の能力に関する詳細な予測をする理論はいろいろあるが、プロスポーツは今や世界でもっとも多く報道されている活動の一つだから、これらのスポーツ年鑑を使って、理論がどれほど信頼性のあるものかをテストすることができるわけだ。

説明スタイル理論の場合も同様で、私は学生たちと一緒に何千時間もかけて、自分の理論がスポーツの統計に当てはまるかどうかをテストした。楽観主義はスポーツの場ではどんな働きをしているだろうか？

単純に言ってしまうと、スポーツに関しては三つの基本的仮説がある。第一に、ほかの条件が同じであれば、より楽観的な説明スタイルの選手が勝ち進むはずだ。楽観的な人のほうが、敗北や苛酷な条件のもとでは一生懸命頑張ると思われるからだ。

第二に、チームに関しても同じことが言えるはずである。もしチームとしての楽観度を計ることができるなら、実力が同じであれば、より楽観的なチームのほうが勝つはずだ。この現象はプレッシャーのかかった状況ではもっとも顕著に現れると考えられる。

第三に、これがもっともおもしろそうなのだが、選手の説明スタイルを悲観主義から楽観主義に変えることができれば、もっと勝てるはずだということだ。プレッシャーのかかった試合では特にそう思われる。

ナショナルリーグ

アメリカ人にもっとも人気のある娯楽、野球を考えてみよう。最初に告白しておくが、私はこの種の科学が大好きだ。マイクロフィルムをにらんで過ごす数え切れないほどの時間、打率の欄をめぐっての深夜にわたる討論、徒労に終わることの多い新統計方法考案の試み……。それにもかかわらず、私は今までやったなかでこの研究がいちばん楽しかった。それは私が大の野球ファンであるだけでなく（フィラデルフィアに本拠地を置くフィリーズのホームゲームでは、たいていネット裏三列目に私の姿があるはずだ）、これらの発見が人間の成功と失敗の核心に迫るものだからだ。

しかし、仮説を立てることは簡単だが、理論が正しいかどうかを確かめるのは容易ではない。問題は三つある。

第一に、個人の集まりであるチームには説明スタイルがあるのだろうか？　私たちの研究では悲観的な個人は楽観的な個人よりも成績が悪いことが証明された。しかし、悲観的なチームというものが存在するだろうか？　そして、悲観的なチームは楽観的なチームよりも成績が良くないということがあるだろうか？　これらの疑問に答えるために、私たちは全シーズンを通してそのチームの各選手の発言をスポーツ面から拾って、ＣＡＶＥ（説明スタイルの逐語的内容説明）を使って分析した。スポーツ記者は悪い出来事に焦点を当てるので、このような発言はすべての新聞のスポーツ面にあふれるほど載っている。私たちは、これらがどのチームのどの選手の発言か知らされていない採点者たちを使い、各選手のプロフィールを算定した。監督に関しても同様にした。最後に全選手の点を平均して、チーム全体の説明スタイルを出した。こうしてリーグすべてのチームを比較した。

第二の問題は、スポーツ面に載っている発言自体の信ぴょう性だ。私たちはすべての主要選手に自分たちでインタビューすることはできないから、地元の新聞のスポーツ面や、これらのネタが豊富に出ている『スポーティングニュース』紙に頼った。選手が記者に言うことは科学的分析の材料としては質の高いものではない。記事をおもしろくするために発言自体が大げさに書かれているかもしれない。また選手は本心を語らないかもしれない。だから、新聞に出ている発言が説明スタイルを正確に表しているかどうか、私たちには分からない。それを知るには、研究が実際にチームの成績を予測できれば、これらの発言が正確であったのだろうし、もし予測できなければ理論が間違っているか、発言が楽観度をきちんと表していなかったのだと思うしかない。

スポーツ面の発言の問題はそれだけではない。チームの説明スタイルを明らかにするには、実に膨大な量の記事を処理しなければならないのだ。この研究のために、私たちはナショナルリーグ一二球団（訳註：当時。米大リーグにはナショナルリーグとアメリカンリーグがあり、二〇一二年現在、それぞれ東中西地区に分かれて、計三〇球団ある）の各地元新聞のスポーツ面を、一九八五年四月から一〇月までの野球シーズンを通して読んだ。その結果があまりにおもしろかったので、私たちは一九八六年にも同じ研究を繰り返して行った。全部で一万五〇〇〇ページのスポーツ記事をCAVEで分析したことになる。

第三の問題は、楽観主義が勝利を招くのであって、逆ではないことをどうやって示すかだった。これから説明するニューヨーク・メッツは一九八五年非常に楽観的なチームで、ペナントレースの最後の週にセントルイス・カージナルスに惜敗したものの、好成績を収めた。メッツは楽観的だったから良い成績だったのか、または成績が良いから楽観的だったのか？ これを解き明かすには、ある年の楽観主義が翌年の勝利につながることを予測しなければならない。むろん、移籍または引退した選手たちの説明スタイルはチームの資料からはずす。

これでも十分とは言えない。私たちはそのチームの前年の成績を補正しなければならなかった。例えばメッツを見てみよう。メッツは一九八五年ナショナルリーグでもっとも楽観的なチームで、勝率も九八勝六四敗で第二位だった。私たちの予測どおり、メッツは一九八六年はさらに良い成績を上げた。これはメッツが楽観的だった（一九八五年の選手たちの発言から）ためか、あるいは単に優秀なチームだった（一九八五年の勝率から）ためか？ その答えを得るためには、統計的に一定に保つため、前年の勝敗記録を補正して、楽観主義のほうが前年の好成績よりも正確にその年の成功を予見できるかどうかを見る必要がある。私たちは、高校の成績やSATよりも楽観主義のほうが大学の成績を正確に予測するかどうかを試したときも、こういう操作をした。

また楽観主義が理論どおりに、プレッシャーのかかった場面で威力を発揮するかどうかも知る必要があった。息子のデビッドは一シーズン九七二試合行われるナショナルリーグの全試合のボックススコア（両チームの全選手の名前とポジションおよび試合中の諸データを符号で記入した記録）に目を通し、プレッシャーのかかった状況での統計をいくつも作成した。そのあとで、エリアスの野球年鑑がもっと良い統計を出しているのを知り、自分たちの分は捨てて、それを使うことにした。エリアスは競り合っている試合の終盤三イニングでチームの各打者がどのような成績を残しているかを示している。

そこで私たちは、一九八五年に楽観的だったチームは悲観的だったチームよりも、一九八六年に回が詰まってきてプレッシャーのかかる場面で高い打率を上げるだろうと予想した。ここでもやはり、楽観主義が各選手の全体の打率以上に影響力を持つことを表すために、プレッシャーのかかっていない状況での打率を統計的に補正する必要があった。

一九八五年のメッツと一九八六年のカージナルス

一九八五年、ナショナルリーグ東地区では上位二チームが互角に戦っていた。シーズン中ずっと、私たちは新聞に載ったメッツとカージナルスの各選手の発言をもらさず拾い上げて、採点し、シーズンが終わったときに総計を出した。

以下、シーズン中メッツの選手が言ったことを記し、CAVEによる実際の採点を添えてみよう。採点は3点（非常に一時的、特定、外的）から、21点（完全に永続的、普遍的、個人的）までである。3点から8点までは非常に楽観的、13点以上は非常に悲観的である。

なぜ負けたのかというデイビー・ジョンソン監督の発言から始めよう。

「今夜は向こうのチームの調子が良かったから、負けたんだ」（外的―向こうのチーム、一時的

―今夜、特定―今夜の相手。7）

チームの強打者たちの発言。レフトのジョージ・フォスター。「三振することだってあるさ。今日はついてなかった」（7）

ライトのダリル・ストロベリーはなぜフライを落としたのかと聞かれて「ボールが思ったよりも飛んでね。もう少しで取れるところだったんだが」（6）

なぜメッツはシャットアウトされたのかと聞かれて、ストロベリーは「こういう経験もしなきゃならないのさ」（8）

ファーストのキース・ヘルナンデスは、メッツはなぜロードで二試合しか勝てなかったのかと聞かれて「ロードが長いので負担になってきてね」（8）

エースのドワイト・グッデンはなぜホームランを打たれたのかという質問に対し「今夜はあのバッターはうまく打った」（7）

なぜメッツが負けたのかと聞かれて、グッデンは「こういう日もあるさ」（7）、「今日は僕はついていなかった」（8）、「暑すぎたんだ」（8）

グッデンは自分のワイルドピッチについて「ボールが湿っていたんだろう」（3）

読者もお分かりと思うが、メッツは負けたときは〝その日だけ悪かった〟、あるいは〝相手の調子が良かったから〟で、自分たちのせいではない、というスポーツ界の楽観的説明スタイルのお手本のような答えをしている。メッツはグループとしては一九八五年ナショナルリーグでもっとも楽観的なスタイルを示し、悪い出来事に対する平均得点は9・39だった。生命保険の外交員としても十分にやっていけるだけの得点だ。

今度は、メッツを最後の週に振り切り、西地区とのプレーオフにも勝ち抜いたカージナルスの選手たちの発言を聞いてみよう。カージナルスはワールドシリーズに進出したが、審判のミスでアメリカンリーグの覇者カンザスシティ・ロイヤルズに悲劇的な敗北を喫した。カージナルスにはメッツよりもさらに実力のある選手たちがひしめいていた。メッツの通算チーム打率は二割五分七厘だったが、カージナルスは二割六分四厘だった。カージナルスの投手陣はメッツの投手陣よりも防御率でわずかに勝っていた。


ホワイティ・ハーゾグ監督（今日の野球界でもっとも有能な監督と言えるだろう）の発言。チームが負けたのは「打てないからだ。それ以外ないじゃないか」（永続的、普遍的、個人的。20）

さらに、記者たちがハーゾグよりもピート・ローズ（当時シンシナティ・レッズのプレーイングマネジャー）の話を聞きたがることについて「当たり前だろ。ピートは僕よりも三八〇〇本も多くヒットを打っているんだからね」（永続的、普遍的、個人的。14）

また、シーズンを通してなぜチームが休み明けに良い試合ができないのかについて、同監督は「精神的な問題だね。気がゆるむんだろう」（14）

一九八五年ナショナルリーグの首位打者ウィリー・マギーは思ったほど盗塁ができなかったのは「技が未熟だったからだ」（16）と述べた。

マギーは一九八四年に不成績に終わったことについて「精神的に参っていたからだ。不振に打ち勝つことができなかった」（15）

強打者ジャック・クラークはフライを落としたことについて「楽に取れるボールだったのに、僕が取れなかったんだ」(12)

セカンドのトム・ハーは、打率が三ポイント落ちたのは「集中力がなくなっているからだ」(17)と言った。

カージナルスは非常に実力のある、しかし悲観的な説明スタイルのチームだということが分かる。統計的に見て、悪い出来事に対する同チームの得点は11・09で一二球団中九位だった。私たちの理論からすると、悲観的な説明スタイルにもかかわらずそのシーズンで好成績を上げるチームは、このハンディをカバーするだけの非常に優れた才能に恵まれていることになる。

そしてまた、私たちの理論で翌年を占ってみると、これら二チームに関するかぎり、一九八五年よりもメッツは良い成績を上げ、カージナルスは悪い成績に終わるだろうと思われた。

そして実際にそうなったのだ。一九八六年のメッツは奇跡のチームだった。メッツの勝率は六割六分七厘(前年は六割五厘)で、東地区のペナントレースを制して、西地区の勝者とのプレーオフに勝ち、ボストン・レッドソックスとのワールドシリーズで歴史的な逆転優勝を果たしたのだ。メッツの一九八六年の総合的なチーム打率は二割六分三厘の好成績で、しかも終盤のイニングでは二割七分七厘に達した。

カージナルスは一九八六年には悲惨な結果に終わった。勝率はわずか四割九分で、豊かな天分に恵まれているにもかかわらず、チーム打率は全体で二割三分六厘、プレッシャーのかかる終盤のイニングでは二割三分一厘にすぎなかった。

選手たちの発言を使って、私たちはナショナルリーグ一二球団の一九八五年の説明スタイルを算定した。統計的に楽観的だったチームは、一九八六年に前年の勝率を上回り、悲観的だったチームは前年を下回った。一九八五年に楽観的だったチームは一九八六年にプレッシャーのかかる場面で高打率を上げ、悲観的だったチームの打率は、通常の場面では楽観的チームに劣らない成績を上げたのに、プレッシャーのかかる状況ではさんたんたる結果に終わった。

私は普通二度繰り返してからでないと、自分の研究の成果の有効性を信じない。私たちは一九八六年もそっくり同じ研究を繰り返して、一九八七年の成績を予測できるかどうか試した。結果は原則的に同じだった。楽観的なチームは前年の勝率よりも良い成績をおさめ、悲観的チームは悪い成績に終わった。プレッシャーのかかる状況では、楽観的なチームはよく打ち、悲観的チームは打てなかった。

NBA（全米プロバスケットボール協会）

バスケットボールには野球にない二つの特徴がある。第一に選手の数が少ないので、CAVEするのが野球よりは少し楽だ。第二に、これがいちばん大事なことなのだが、バスケットボールには非常に巧妙なハンディがつけてある。すべての試合に関して、ハンディキャッパーと呼ばれる査定係がどちらが勝つかだけでなく、どれだけの差で勝つかを予想する。一九八〇年代中ごろのある晩、ニュージャージー・ネッツとボストン・セルティックスが戦っているとすれば、ボストンの勝ちを予想する者が多いだろう。だが、ただボストンが勝つほうに賭けることはできない。ボストンが勝つ可能性が非常に高いので、対戦相手のほうに賭けたがる者はいないからだ。だからボストンに賭ける人には、例えば九点以上の差をつけて勝つ、というハンディをつける。もしボストンが九点差以上つけて勝てば、賭け金は二倍になって戻ってくるが、九点未満の差で勝った場合は賭け金を失うことになる。半数の人はハンディ付きでボストンに賭け、半数の人はネッツに賭けるように、ハンディキャッパーは非常にうまく得点差を決める。

ボストン・セルティックスとニュージャージー・ネッツ

私たちは、一九八二年から八三年のＮＢＡアトランティック地区（訳註：ＮＢＡには同地区が所属するイースタンカンファレンスのほかにウェスタンカンファレンスがある）の各チームの地元新聞のスポーツ面をすべて読み、それぞれの説明スタイルを判定してそこから楽観度を算定し、一九八三年～八四年のシーズンにプレッシャーのかかる状況下でチームがどのような成績を上げるかを推測した。今までで二番目に人手を要する作業だった。それから私たちは一九八三年～八四年も同じ作業を繰り返して、八四年～八五年のシーズンを予想した。全部で一万ページのスポーツ面を読み、一チーム当たり一〇〇の状況説明発言を集めたことになる。

二つの極端な例を見てみよう。最初はボストン・セルティックスが悪い出来事を説明している発言だ。

負け試合「あんな騒がしい、とんでもないファン（相手チームのホームコートの）はＮＢＡ中でほかに見たことがないよ」（9）

同じく負け試合「ここ（相手チームのホームコート）では思いもしなかったことが起こるんだ」（8）

あまり得点できなかったクォーター「ここの観客は全然盛り上がらないんだ」（6）

プレーオフの試合に負けたとき「相手が強すぎたよ」（6）

決勝戦の第一試合を落としたとき「あれほど試合上手なチームは初めてだ」（8）、「敵はずいぶん大胆な動きをした」（4）

相手チームが四〇点入れたとき「今日の好調さなら、あのプレーヤーは誰が相手でも四〇点入れていたよ。信じられないくらいすごかったものな」（5）

セルティックスの選手たちの発言は躁病患者の言葉のようだ。悪い出来事は常に一時的な特定の事柄に関するもので、自分たちのせいではないと説明している。セルティックスは一九八三年～八四年のシーズンでは、負け試合の次の試合ではハンディの得点差を上回って勝ったケースが六八・四パーセントもあり、さらに一九八四年～八五年では八一・三パーセントという驚異的な数字を残している（ハンディの性格から言って、チームが決められた得点差以上で勝つ確率は五〇パーセントなのだ。勝ち試合のあとの試合でセルティックスがハンディ差以上の得点で勝った割合は、一九八三年～八四年が五一・八パーセント、一九八四年～八五年は四七・三パーセントだった）。並はずれた不屈の精神のチームだと言える。

次に一九八二年～八三年のニュージャージー・ネッツが悪い出来事をどう説明しているか聞いてみよう。

プレーオフの試合に負けたとき「僕たちは全部ミスしてしまった」(18)、「自分からチャンスをふいにして負けてしまったんだ」(16)

ほかの負け試合「今まで僕がコーチをしたなかでも、体力的にいちばん弱いチームの一つだね」(18)、「こんなに頭が働かなかったことはないよ」(15)、「僕たちはショットを逃してばかりいた。全然自信がないんだ」(17)

ネッツは一九八三年～八四年のシーズン、肉体的には悪いチームではなく、五割一分八厘の勝率を上げている。だが、精神的にはガタガタだった。負けた原因は永続的、普遍的なもので、自分たちが悪いのだと説明している。一九八三年～八四年、負け試合のあとのネッツの勝率はどうだったかというと、ハンディで決められた得点差以上の点で勝ったのは三七・八パーセントしかない。しかし勝ち試合のあとは四八・七パーセントだ。ネッツは一九八三年～八四年中におもに選手の移籍によって、説明スタイルに改善が見られた。そして一九八四年～八五年には、負け試合のあとのハンディ得点差以上での勝ちが六二・二パーセントになった。

バスケットボールと野球の研究をまとめてみる。

●個々の選手だけでなく、チームにもはっきりとした説明スタイルがあり、楽観度を計ることができる。
●説明スタイルはチームの〝強さ〟以上に正確に成績を予測できる。
●スポーツの場での成功は楽観度によって予測できる。

●スポーツの場での失敗は悲観度によって予測できる。
●負け試合のあとの試合や、イニングが詰まってからのプレッシャーのかかった状況でチームがどのような成績を上げるかは、説明スタイルに大きく影響される。

バークレーの水泳選手たち

バークレーの水泳スター、マット・ビオンディが一九八八年のソウルオリンピックでどれだけの成績をおさめるかがマスコミの注目の的になった。ビオンディは七種目に出場することになっており、アメリカのマスコミは彼が一九七二年、マーク・スピッツが史上初めて達成した七個の金メダルに並ぶ記録を残すこと間違いなしという感じの報道をした。事情を知る者にとっては、ビオンディがソウルで七個のメダルを手に入れれば、それらが金であれ、銀であれ、銅であれ、すばらしいことだと思えたのだが。

ビオンディの最初の出場種目は二〇〇メートル自由形だった。彼は期待に反して三位だった。次の種目は一〇〇メートルバタフライだった。ビオンディはほかの選手を圧倒して先頭に立っていた。ところがあと二メートルのところでビオンディはもう一かきしてゴールに飛び込むのを怠って、最後の一メートルを惰性で進んだように見えた。ビオンディがスリナムのアンソニー・ネスティにインチの（センチの？）差で敗れたとき、ソウルには――そしてアメリカ中にも――うめき声が広がった。ネスティは最後の一かきでスリナムに史上初のメダル（金銀銅を問わず）をもたらしたのだ。記者たちはビオンディがもう立ち直れないのではないかと書き立てた。出だしの失敗に打ち勝って、残りの五種目で金メダルを取り、祖国に持ち帰ることができるだろうか？ 居間でテレビを見ていた私は、ビオンディならできると確信していた。彼に敗北から立ち直る能力がどれくらいあるか、私たちは四カ月前にバークレーでテストしていたからだ。

ビオンディはチームメートたちと一緒にASQ（特性診断テスト）を受け、楽観的なグループの中でも上位二五パーセントに入った。ASQのあとプールで敗北の模擬体験実験をした。ビオンディのコーチのノート・ソーントンは、ビオンディに一〇〇ヤードをバタフライで全力で泳がせた。彼は50・2秒で泳いだ。好記録であったが、ソーントンはビオンディにしては非常に遅い51・7秒だと告げた。ビオンディは驚き、がっかりしたようすだった。ソーントンは彼に数分休んで、また全力で泳ぐように言った。二回目のビオンディのタイムは50・0秒とさらに速くなった。ビオンディの説明スタイルが非常に楽観的であったことと、敗北のあともめげずにかえって記録が良くなった実績から、私は彼がソウルから金メダルを持ち帰るだろうと信じた。

ビオンディは後半の五種目で五個の金メダルを獲得した。

私はノート・ソーントンはテレビで見ただけで会ったことはない。だが、ノートと彼の妻のカレン・モー・ソーントン――二人はカリフォルニア大学バークレー校のそれぞれ男子チームと女子チームのコーチ――は私のもっとも価値ある協力者だ。ソーントン夫妻のような協力者は科学者にとって貴重な財産だと言える。ノートとは電話でしか話したことがない。最初にノートが電話してきたのは一九八七年三月のことだった。

「先生の保険の外交員についての研究を読んだのですが、同じことが水泳にも言えるのではないかと思うんです。その根拠というのは……」

私は興奮して「イエス！　イエス！」と叫びたくなる気持ちを必死にこらえて、ノートの話を聞いた。「先生は、私たちコーチにもなかなかつかむことのできない、選手の確固とした信念のようなものを計る手段を知っていらっしゃるように思えるんです。選手の試合や練習に対する姿勢が大切なことは私たちにも分かりますが、姿勢はごまかすことができますから、大事なときに期待を裏切られてしまうこともあります。それに、悪い姿勢を直すにはどうしたらいいのかも分かりません」

一九八八年一〇月、シーズン開幕前に、大学チームの五〇人の男女正選手がＡＳＱを受けた。加えて、ノートとカレンは各選手が特にプレッシャーのかかる状況において、シーズン中どのような成績を上げるかを予測した。これはＡＳＱによって、選手と緊密な関係にあるはずのコーチたちさえまだ知らないことが明らかになるかどうかを見るためだった。

すぐに、ＡＳＱによる楽観度と、コーチによる各選手の成績予測（プレッシャーのかかる場面で）には少しも関連性がないことが分かった。しかし、楽観度で高得点をした者が実際にプールで好成績を出すだろうか？

その答えを得るために、ノートとカレンはシーズン中各選手の泳ぎを一つ一つ「期待以下」「期待以上」に分けて記録した。選手自身も同様の判定をした。コーチと選手の判定はぴったり一致した。私はシーズンを通しての「期待以下」の泳ぎの回数を合計した。ＡＳＱで悲観主義と判定された選手は、楽観主義と判定された選手の二倍の「期待以下」を記録した。オプティミストは能力どおりの力を発揮したのに対し、ペシミストはそれ以下の成績しか残せなかった。

説明スタイルはここでも野球やバスケットボールやセールスのときと同じように、敗北に対して選手がどう反応するかを予測することができるのだろうか?

それを試すために、私たちは敗北の状況を設定して実験を行った。シーズンの終わりに、私たちは各選手にそれぞれの得意種目を全力で泳がせた。ノートとカレンは、各選手に実際の記録よりも1・5から5秒(距離によって)遅いタイムだったと告げた。ビオンディも前述のように本当は50・2秒のところを51・7秒だと言われた。私たちは〝失敗〟の量をうそと気づかれない程度で、しかも十分に失望するだけの値(一人の選手は隅に座り込んで赤ん坊のように二〇分も身体を震わせていたほどだ)に調節していた。そして各選手は休憩のあと、再び全力でその種目を泳ぎ、タイムを計測した。

予想どおり、ペシミストはタイムが落ちた。悲観主義の二人の主力選手は一〇〇ヤードでまるまる2秒も遅くなった。これは優勝者とビリほどの違いがある。オプティミストはタイムが落ちなかったか、またはビオンディのようにさらに速くなった。オプティミストのなかには2秒から5秒もタイムを縮めた者も何人かいた。これもまた優勝か圏外かほどの違いだ。むろん選手たちはあとで真相を知らされた。

コーチへの提言

コーチや選手はこれらの発見を真剣に考慮すべきだ。今すぐ応用できることも多い。

●ASQは普通の人が直感では知り得ない楽観度を計る。楽観度は経験を積んだコーチやバスケットボールのハンディキャッパー以上に選手の成績を予測する力がある。

●楽観度によって、いつ特定の選手を使うべきかが分かる。大事なリレー競技に、有能な選手ながら前回の個人競技に敗れたペシミストが出場する予定だとすれば、代わりの選手を出したほうがいい。ペシミストは良い成績を出したあとにだけ使うべきだ。

●誰を採用するかは楽観度によって決めるべきだ。素質が同程度なら、オプティミストのほうが長期的には良い成績を上げる。

●ペシミストの選手も訓練によってオプティミストにすることができる。

ソーントン夫妻は悲観的な選手たちを楽観的にすることができるかと尋ねてきた。私はまだ確信はないが、変身プログラムを開発中で、かなり有望だと思うと答えた。私は二人に感謝する意味で、この訓練計画をスポーツ界では最初にバークレーの水泳選手たちに試みることを約束した。この章を書いている間にも、うちの訓練士《トレーナー》たちが楽観主義への変身方法を伝授しにバークレーに向かっている。これらの方法は本書の最後に示す。

オプティミストは長生きする

腹部のガンの一種であるバーキットリンパ腫の診断を受けたとき、ダニエルはまだ九歳だった。一年間つらい放射線治療と化学療法を続けたにもかかわらず、ガンの進行を食い止めることはできなかった。担当の医師たちもほかの人たちもほとんどさじを投げた。しかし、ダニエルはあきらめなかった。

ダニエルには計画があった。大きくなったら研究者になって、ほかの子どもたちのために、このような病気の治療法を発見するのだと言っていた。体力が弱ってきても、ダニエルの楽観主義は衰えなかった。

ダニエルはユタ州ソルトレイクシティに住んでいた。この子の希望の中心にあったのは〝東海岸の有名な専門医〟だった。この医師はバーキットリンパ腫の権威で、ダニエルの症状に興味を持ち、長距離電話でダニエルの担当医と話し合っていた。あるとき、西海岸の小児科学会に出席するので、ソルトレイクシティにも立ち寄ってダニエルに会い、担当医と話をすることになった。

ダニエルはそのことを何週間も前から楽しみにしていた。専門医に話したいことがいっぱいあった。ダニエルは日記をつけており、日記が治療の何らかのヒントになるのではないかと期待していたのだ。自分も病気の治療に参加しているような気持ちだった。

だが専門医が到着するはずだった日、ソルトレイクシティを霧が覆い、空港が閉鎖になった。

管制塔は専門医の乗った飛行機に隣のコロラド州デンバーへ行くよう指示し、医師はそのままソルトレイクシティには寄らず、サンフランシスコへ直行することにした。その知らせを聞いて、ダニエルは静かに泣いた。

両親や看護師は、ダニエルにサンフランシスコの医師と電話で話せるようにすると約束した。しかし翌朝、ダニエルはもう熱意を失っていた。今まで一度も熱意を失ったことはなかったのにだ。高熱を出し、肺炎を起こし、夕方には昏睡状態に陥った。そして次の日の午後、死んだ。

このように希望が打ち砕かれた直後の死や、希望が叶ったために快方に向かったという話はよく聞く。あまりによく聞くので、希望自体に命を永らえさせる力があり、希望を失って無気力になると死に至るのではないかと信じる気にさえなる。

一九七六年の春、非常に風変わりな願書がうちの大学院に届いた。マデロン・ビジンティナーという名前のソルトレイクシティの看護師がさっきのダニエルの話を伝え、自分は小児ガン病棟や〝ベトナム時代〟にいくつかこのような患者を看護してきたと述べた。ベトナムについてはそれ以上の説明はなかった。ビジンティナーは、無気力状態そのものが本当に患者を死に至らしめることがあり得るのかどうか、もしあるなら、どのようにしてそうなるのか知りたいのだと言った。ペンシルバニア大学に来て、私と一緒に研究がしたい、最初は動物を使ってこれらの疑問を解き、それから人間にもその恩恵を与えたいのだとそこには書いてあった。

ビジンティナーのようなことを言ってきた志願者は今までに一人もなかった。その率直でてらいのない訴えに、入学審査委員の一人は涙を流すほど感動した。そのうえ、ビジンティナーの成績と卒業試験の得点は模範的なものだった。しかし、彼女の願書には空欄がところどころあった。

成人してから、どこで何をしていたか分からない時期が何度かあるのだ。

この謎が解けないまま、私たちはビジンティィナーの入学を許可した。一九七六年九月、彼女は現れなかった。代わりに電話があり、ソルトレイクシティにどうしてももう一年いなければならない仕事ができたので、翌年まで待ってくれないかということだった。

一九七七年九月にやっと姿を現した彼女は、願書と同様に飾らず、率直で、そして謎の多い人物だった。自分の過去については決して語らず、将来何をしたいのかも言わなかった。だが、現在の働きはすばらしいものだった。彼女は最初の年のプロジェクトとして、無気力が死を招き得ることを証明するという大変な仕事に取りかかった。

ビジンティィナーは、当時エール大学の若手研究員だったエレン・ランジャーとジュディ・ロディンの発見に大いに興奮した。二人は老人ホームの人々を対象に、日常生活にどれほどの責任を持たせるかによって、老人たちにどのような変化が起きるかを研究したのだ。

二人は、老人たちを階によって分けて実験することにした。一階に住む老人たちに、園長はこう言った。「ここシェイディー・グローブ老人ホームで、皆さんが自分でしてもよいことは次のとおりです。朝食にはオムレツかスクランブルエッグがありますが、前の晩にどちらが欲しいか決めてください。水曜と木曜の晩には映画がありますが、希望者は前もって申し込まなければなりません。ここに鉢植えの植物があります。一つ選んで自分の部屋へ持っていってください。でも水やりは自分でしてくださいね」

園長は二階の住人にはこう言った。「ここシェイディー・グローブでは、皆さんのために次のようなことをしてあげます。朝食はオムレツかスクランブルエッグで、月水金はオムレツ、そのほかの日はスクランブルエッグを出します。水曜と木曜の晩は映画がありますが、左の廊下の人たちは水曜日、右の廊下の人たちは木曜日に見に行ってください。ここに部屋に飾る鉢植えがありますが、看護師が選んで世話をしてくれます」

こうして一階の人々は、従来なかった待遇を手に入れ、自分たちの裁量でコントロールできることになった。二階の人々も同じだけの待遇を与えられたが、それをコントロールすることはできなかった。

一年半後、ランジャーとロディンが老人ホームを再び訪れて、さまざまな尺度で計った結果、選択とコントロール権を与えられた人々のほうが活動的で幸せに暮らしていることが分かった。またこのグループの人々のほうがもう一方のグループよりも亡くなった人が少なかった。この驚くべき事実は、選択とコントロールが命を救い、無力さが死を招くことを強く示唆していた。

マデロン・ビジンティィナーはこの現象を実験室で調べようとした。実験室ならコンディションを正確にコントロールでき、支配力を持つことと、無力であることがどう健康に影響を与えるかはっきり分かる。まずネズミを三つのグループに分け、第一のグループには逃れることのできる軽いショックを与える。第二のグループには逃れることのできない軽いショックを、そして第三のグループには全然ショックを与えない。この実験の前日、マデロンはすべてのネズミのわき腹に二〜三個の肉腫の細胞を植えつけた。肉腫はもし成長すれば必ず死に至るもので、動物の免疫機能では拒絶されないタイプのものだった。マデロンは通常の状態では五〇パーセントのネズミが腫瘍をはねのけて生き延びるだけの数の肉腫細胞を植えつけた。

ひと月のうちにショックを全然受けなかったネズミの五〇パーセントが死に、五〇パーセントが腫瘍をはねのけていた。バーを押してショックを止めることを学習していたネズミの七〇パーセントが腫瘍を拒絶していた。しかし、ショックを止めることのできなかったネズミは二七パーセントしか腫瘍を撃退することができなかった。

カナダの研究家ラリー・スクラーとハイミー・アニスマンもハツカネズミを使って、腫瘍をはねのける力ではなく、腫瘍の成長の速度を調べる実験をし、無力さが腫瘍の成長の速度を速めるという結果を得た。

マデロンはまた、ネズミの子ども時代（乳離れしたてのころ）の影響についても調べた。そして子どものとき、自分でコントロールすることを経験したネズミは、大人になってからも腫瘍に対する免疫力を持っていることを実験で証明したのだ。

博士課程を修了したマデロンはいくつかの大学の助教授の地位に応募した。何校かは完全な履歴書を送るように言ってきた。そのうちの一つを見て、私は驚愕した。マデロンは大学院で心理学を学ぶ前、すでにエール大看護学校の助教授をしていたことが分かったからだ。さらに、ベトナムでの栄誉をたたえる銀星章《シルバースター》をはじめ、多くの勲章を受けていることも知った。一九七〇年のカンボジア侵攻のときもパロッツビークで病院をとりしきっていたという。

画期的な博士論文を提出するまでに、マデロンは実際に心が病をコントロールし得ることを証明するために大いに貢献していた。それまで冷ややかだった医学界でさえ、信じる者が出始めていた。のちにマデロンはエール大学医学部小児看護学科の主任になった。

楽観主義は健康にどう役立つか

ここ五年の間に、世界中の実験室から楽観主義が良い健康状態を生み出すことを証明する科学的な証拠がどんどんもたらされるようになった。

学習性無力感理論によると、楽観主義が健康に有益であることを示すヒントは四つある。

まず第一に、無力を身につけてしまったネズミは腫瘍を撃退する力が弱かったというマデロン・ビジンティナーの発見だ。まもなく、無力状態のネズミの免疫機能についてもっと詳しい研究がなされ、この事実はさらに強化された。免疫機能にはさまざまな細胞が含まれ、その役目はウイルス、バクテリア、腫瘍細胞など異質の侵入者を見分けて殺すことだ。そのうちの一種であるT細胞はハシカなど特定の侵入者を感知すると大量に増殖して侵入者を殺す。別の種類のナチュラルキラー細胞はたまたま出会った異質なものはなんでもやっつける。

無力状態のネズミの免疫機能を詳しく調べた研究者たちは、逃れられないショックを経験したことによって、免疫機能が弱ることを発見した。無力になったネズミの血液中のT細胞は、破壊すべき特定の侵入者に出会ってももう急激に増殖はしない。無力なネズミの肺臓のナチュラルキラー細胞は異質な侵入者を殺す能力を失う。

これらの発見は無力状態が影響を与えるのは言動だけでなく、細胞レベルにまで及び、免疫機能を不活発にすることを示している。

このことを説明スタイルに置き換えてみるとどうなるだろう？　先に見たように、オプティミストは失敗してもなかなか落ち込まないし、簡単にはあきらめない。一生を通して考えると、オプティミストはペシミストよりも無力状態に陥ることが少ないので、それだけ免疫機能も良い状態にあるはずだ。

第二に、楽観主義が健康に役立つのは、楽観的な人は健康のために摂生し、医者のアドバイスに従うからだ。病気は永続的、普遍的、個人的なものだと見ているペシミストは、自分が何をしても病気を防ぐことはできないと考える。このような人たちは禁煙したり、インフルエンザの予防接種を受けたり、ダイエットしたり、運動したり、病気のときは医者にかかって指導に従ったりすることが少ない。三五年にわたる一〇〇人のハーバード大学卒業生の研究では、実際にペシミストはオプティミストよりもタバコをやめる人が少なく、病気にもかかりやすいというデータが出ている。自分で物事をコントロールしようとするオプティミストは、病気を予防するために行動を起こしたり、いったん病気になったらすぐ治療を受けることが多い。

第三に、楽観主義が健康に関連してくるのは、その人が一生にどれだけ不幸な出来事に遭うかという点だ。一定の期間に多くの不幸に出会えば出会うほど、病気にかかりやすいという統計がある。同じ六カ月間に引っ越しと、解雇と、離婚を経験した者のほうが何もなかった者よりも感染症に――それに心臓発作やガンにさえも――かかる危険性が高い。人生で大きな転機を迎えたときは、普段よりも頻繁に健康診断を受けることが大切なのはそのためだ。転職、別離、退職、愛する人の死を経験したときは、たとえ体調が良くても、特に健康状態に気をつける必要がある。妻を失ってから六カ月以内のやもめは、ほかのどんなときよりも数倍死ぬ率が高い。

人生でより多くの悪い出来事に出会うのは誰か？　ペシミストである。彼らは積極的に悪い出来事を避ける方策を取ろうとせず、悪い出来事が始まってしまうと止めるための手を打とうとすることも少ない。つまり、ペシミストがより多くの不幸な出来事に遭い、それがより多くの病を引き起こすとしたら、ペシミストは病気にかかりやすいことになる。

最後に、オプティミストのほうが良い健康状態でいられるのは、社会的なバックアップを得られるからだ。親密な友情と愛情関係を保つことは、健康維持に重要であると思われる。たとえ夜中でも電話して悩みを聞いてもらえる人が少なくとも一人はいる中年の人は、友達のいない人よりも良い健康状態でいられる。結婚していない者は既婚者よりもうつ病にかかりやすい。病気のとき引きこもりがちの人は、さらに病状が悪化する傾向がある。

私の母は七〇代半ばのとき、手術のあと数週間人工肛門をつけていたことがあった。人工肛門を嫌がる人は多く、母は恥ずかしく思った。母は友達を避け、ブリッジを楽しむこともやめて、私たちにも来ないようにと言った。人工肛門を取りはずすまで、母は一人で家に閉じこもってい た。母はこの孤独な期間、不幸なことに、ハンガリーにいた子ども時代にかかった結核が再発した。母は病気――特に、完治することなく潜んでいるこのような病気――にかかりやすくなるという統計上も証明されている孤独の代償を払ったわけだ。

ペシミストにも同じことが言える。彼らは問題が起きると受け身になりやすく、友人知人などの助けを求めない。この点でも楽観主義的な説明スタイルのほうが良い健康状態をもたらす。

悲観主義、不健康、ガンの関係

悲観主義が病気の原因になるかどうかを初めて系統的に研究したのは、クリス・ピーターソンだった。一九八〇年代半ば、バージニア工科大学で異常心理学を教えていたクリスは、自分のクラスの一五〇人の学生たちにＡＳＱ（特性診断テスト）を受けさせた。学生たちは自分の健康状態と最近何回医者にかかったかも報告した。クリスはそれから一年間学生たちの健康状態を追跡調査した。そして、ペシミストがオプティミストよりも二倍感染症にかかり、二倍医者の診察を受けたことを知った。

これはペシミストが実際に多く病気にかかったわけではなく、調査票にも医者にも身体の不調を大げさに訴えたからだろうか？　そうではない。クリスは、学生たちがＡＳＱを受けたあとだけでなく、受ける前に病気にかかったり医者に行った回数も見た。ペシミストは当初の健康状態を上回る率で病気にかかり、医者を訪れていることが分かった。

乳ガンに関する研究もある。このような調査が行われるようになった初期の英国の研究で、六九人の乳ガン患者を五年間追跡調査した。再発しなかった女性は、ガンと闘う精神の持ち主である傾向があり、死亡、または再発した女性は当初の診断をおとなしくあきらめの気持ちで受け入れた者が多かった。

のちに三四人の女性が乳ガンの再発で国立ガン研究所を訪れた。一人一人が結婚、子ども、仕事、病気に関して詳細なインタビューを受けた。手術、放射線治療、化学療法が始まった。私たちはこれらのインタビューを手に入れ、ＣＡＶＥ（説明スタイルの逐語的内容分析）によって楽観度を計った。

乳ガンの再発で長く生き延びる例はまれで、一年以内にこれらの女性の中に死亡者が出始めた。数カ月を待たずに亡くなった人もいれば、ごく少数ながら今日も生存している女性もいる。いちばん長く生き延びたのは誰か？　生きることに喜びを感じている人々、楽観的説明スタイルの人たちであった。

楽観的だった女性は最初から病状が重くなかっただけなのだろうか？　そうではなかった。国立ガン研究所は病状に関する貴重な詳しい記録――ナチュラルキラー細胞の活動、ガンリンパ節の数、転移の程度――を保存している。生きることへの意欲と説明スタイルが病気の重さ以上に影響を与えたのだ。

むろん反対意見を唱える者はいた。一九八五年、バリー・キャシレスは末期ガンの患者の研究で、心理的な要因は生存の長さにいかなる影響も与えないと大々的に発表した。『ニューイングランド・ジャーナル・オブ・メディスン』誌の論説で編集次長のマーシャ・エンジェルはこの研究を証拠として、精神状態によって病気が起きるというのは俗説にすぎないと決めつけた。

キャシレスの発見と、精神状態が病気に影響を与えるという多くの研究結果をどうしたら両立させられるか？　第一にキャシレスの心理学テストは適正を欠いていた。有効性が確立されているテストを全体的にでなく断片的に用いたからだ。第二にキャシレスの患者たちはすべて末期的状態にあった。大型トラックにはねられれば、楽観度が高かろうが低かろうが変わりはない。だが、自転車にぶつかったのなら、楽観主義が重要な役割を果たすこともある。患者がすでに末期にあるときは、心理的なプロセスの入り込む余地はないと思う。だが、腫瘍がまだ初期の段階にある場合は、楽観主義が生死を分けるかもしれない。

免疫機能

脳と免疫機能は神経ではなく、ホルモンを通して結びついている。ホルモンは血液の中を流れ、精神的状態を身体のある場所から別の場所へ伝達する役目を持つ化学物質である。人がうつ状態のとき、脳に変化をきたすことはすでに証明されている。一つの神経から別の神経にメッセージを伝えるホルモンである神経伝達物質は、枯渇することもあり得る。カテコールアミンと呼ばれる伝達物質は、うつ病の間は枯れてしまう。

免疫機能はどのような肉体的連鎖反応によって、その人が悲観的であるとか、うつ状態にあるとか、悲嘆に暮れているとか感じるのだろうか？　カテコールアミンが枯渇すると、エンドルフィンと呼ばれる化学物質——鎮静作用を持つ自前のモルヒネ——の活動が活発になることが分かった。免疫細胞にはエンドルフィンの量を感じ取るものがあって、うつ病時のようにカテコールアミンの分泌が少ないときはエンドルフィンが増える。免疫系統がこれを感じとって、自らの活動を弱めるわけだ。

一〇年ほど前、オーストラリアの研究グループが、けがや病気で妻を失ったばかりの二六人の男性を集めて調査した。これらの男性を説得して、妻が亡くなってから一週間後と六週間後に血を採らせてもらい、免疫機能を調べた。その結果、悲嘆に暮れている間の免疫機能は働きが弱っていることが分かった。T細胞が普段のように増殖しなかったのだ。時の経過とともに免疫機能は回復してきた。アメリカにおける研究は、以来この画期的な発見を確認し、発展させてきた。うつ病も免疫機能の反応に影響を与えるものと見られる。三七人の女性について、人生の不幸な出来事とうつ病がT細胞とナチュラルキラー細胞にどんな変化をもたらすかという調査が行われた。人生の大きな変動期にあった女性は、平穏な状態の女性よりもナチュラルキラー細胞の働きが鈍かった。重いうつ状態にある女性ほど免疫機能は悪かった。

うつ病や悲しみが一時的に免疫機能を弱らせるとしたら、もっと慢性的な状態である悲観主義は長期的に免疫活動を鈍らせるはずだ。悲観的な人はたびたびうつ状態になりやすい。つまりペシミストは一般的に免疫機能の働きが良くないと言えるのではないか？

これをテストするために、私はペンシルバニア大学大学院生レスリー・ケイメンとともに、エール大学のジュディ・ロディンと合同研究を行った。ジュディはコネチカット州ニューヘブン近郊の多数の老人たちを追跡調査していた。平均年齢七一歳のこれらの人々は年に数回、自分たちの栄養摂取、健康状態、孫たちについて長時間にわたるインタビューに答えていた。また年に一度、免疫機能を調べるための採血に応じていた。私たちはインタビューから楽観度を計り、その次の回の採血の結果を見た。予想どおり、オプティミストのほうが免疫機能が活発だった。さらにインタビューのときのその人の健康状態もうつ度も、免疫反応を予測する材料にはならないことが分かった。健康状態やうつ病よりも、悲観主義自体が免疫活動を弱めるのだと考えられる。

楽観主義と健康的な人生

オプティミストのほうがペシミストよりも長生きするということがあるだろうか？　若いとき楽観的な説明スタイルだった人は、その先もずっと健康的な人生を送れる可能性が高いと言えるだろうか？

この質問に科学的に答えるのは容易ではない。非常に長生きの人々を指して、その大多数がオプティミストだと指摘しても説明にはならない。これらの人々は健康で長生きしたから楽観的になったのであって、その逆ではないかもしれないからだ。

この質問に答える前に、私たちはいくつか別の質問に答えなければならなかった。第一に、説明スタイルは生涯を通して不変のものであるかどうかを知る必要があった。若いときの楽観主義が年を取ってからの健康状態にまで影響を与えるとすれば、その人の楽観度は生涯変わらないものであるはずだ。これを調べるために、私は大学院のメラニー・バーンズの協力を得て、高齢者向けの出版物に、一〇代のころの日記をまだ保管している人を募る広告を出した。三〇人の老人がこれに応じて、日記を貸してくれた。私たちはそれらをCAVEし、一人一人の一〇代のときの説明スタイルを形成した。それに加えて、これらの人々は現在の自分の生活、健康状態、家族、仕事について長い手記を書いてくれた。私たちはこれもCAVEして、老人になってからの説明スタイルを出した。これら二つはどのような関連を示したか?

良い出来事に対する説明スタイルは、五〇年の間に完全に変わり得ることが分かった。同じ人が、人生のある時点では良い出来事はまったくの幸運であると考えることがあると思えば、また別の時点では自分が優秀だったからだと思うこともある。しかし、悪い出来事に対する説明スタイルは五〇年以上にわたって、非常に安定していた。一〇代のとき、自分に魅力がないから、男の子たちが関心を持ってくれないのだと書いていた女性は、五〇年後、孫たちが来てくれないのは自分に魅力がないからだと書いた。悪い出来事に対する見方——悲劇の理論——は一生を通じて変わらない。

この重要な発見によって、私たちは若いころの説明スタイルがずっとのちの健康状態に影響を与えるかどうか、という疑問を発するところまで一歩近づいた。この質問を発するために、ほかに何が必要だろうか？

私たちは次のような特徴を備えた大人数のグループが必要だった。

1　若いころの発言がたくさん残っていて、ＣＡＶＥすることができる。

2　これらの発言をしたとき、健康で人生がうまくいっていた。もし、すでに健康を損なっていたり、人生に失敗していたりすると、そのために悲観的になったり、のちにさらに健康状態が悪くなった可能性があるからだ。

3　定期的に検診を受けていて、一生を通じての健康状態を図に表すことができる。

4　現在かなりの年配に達していて、一生に近い健康状態を見ることができる。

かなり厳しい条件である。こういう人たちをどこで見つけることができるだろうか？

ハーバード大卒業生五〇年後の人生

ジョージ・バイラントは私が非常に尊敬している精神分析学者だ。一九七八年から七九年まで私たちはカリフォルニア州スタンフォード大学の上級行動科学センターのシンクタンクで〝同級生〟だった。ジョージは精神分析から、防衛（人々は悪い出来事にどう対処するか）の概念を抜き出し、自分のライフワークにした。一生を通じて私たちに起きることは、私たちにどれだけ不幸が降りかかるかではなく、私たちが精神的にいかにそれらに対して防衛するかの結果である、とジョージは言った。彼は、不幸に対する説明習慣も防衛の一種であると考え、一〇年以上にわたって自分の理論を非常にユニークな男性グループに試してきた。

一九三〇年代半ばウィリアム・T・グラント財団は、健康な人々の成人してからの人生をずっと追跡して研究することにした。この研究を発案した人々は、特に才能に恵まれた人々のグループを追跡して調べることによって、成功と健康を決定づけるものはなんであるかを突きとめようとした。そこで五年間にわたってハーバード大学の新入生の中から、肉体的・知能的・社会的にもっとも高いレベルにある者を二〇〇人――一九三九年から一九四四年の卒業生の約五パーセントに当たる――を選び出し、追跡調査を続けた。七〇歳近くになった時点でこれらの男性たちは、五〇年間にわたってこの面倒な調査に全面的に協力してきたことになる。彼らは五年に一度、広範囲な健康診断を受け、定期的にインタビューされ、果てしないアンケートに答えており、何が人の健康と成功のカギであるかを知るための貴重な情報をもたらしてくれた。

グラント研究を始めた人々自身が年を取ったので、対象者が亡くなるまで調査を続けられる若い人を捜すことになった。ハーバード大卒業生が二五周年の同窓会を催した年だった。当時三〇代初めでアメリカでもっとも有望な若手精神医学者の一人だったジョージが後継者に選ばれた。

ジョージがグラント研究を引き継いで最初に発見したのは、二〇歳のとき裕福だった人々が必ずしも健康で成功した人生を送れるわけではないということだった。これらの男性には、失敗や病気がかなり高い率で発生した。離婚、破産、若年心臓発作、アルコール依存症、自殺、その他の悲劇が彼らを襲った。なかでもその一人は暗殺されている（訳註：一九四〇年卒のケネディ大統領のことを指していると思われる）。これらの男性は、同じころ都市中心部の貧しい地域（訳

注：アメリカでは都市中心部がスラム化し、裕福な人々は普通、郊外に住む）で生まれた男たちと変わらないくらいの悲しみやショックを経験している。ジョージが試みてきたのは自分の理論によって、研究対象の人々のうち誰が良い人生を送り、誰が挫折するかを予測することだった。

これこそ私たちが求めていたグループだった。彼らは先に挙げた条件にぴったり合ううえに、人柄や暮らしぶりについても多くの情報がある。これらの人々のなかでオプティミストのほうがより健康的な人生を送り、より長生きするだろうか？

ジョージは、クリス・ピーターソンや私と一緒に研究することに気前よく同意してくれた。ジョージはこの貴重でユニークなデータの守護者を自任しており、真面目な意図を持った研究者にだけ、それを貸し出す。

私たちは〝封印された封筒〟方式を取ることにした。ジョージは、私たちがこれらを書いた人が誰であるか、誰が健康な人生を送ってきたかを決して知ることがないように留意した。ジョージはまず無作為に半数の男性（九九人）を選び、これらの人々が第二次世界大戦から帰ってきたときに書いた体験談をくれた。

「提督がばかだから、船が沈んでしまったんだ」

「みんなは僕がハーバードのエリートだということに反感を持っていたから、誰とも親しくなれなかった」

私たちはすべての体験談をＣＡＶＥし、一人一人が青春期を終えるころに持っていた説明スタイルを作成した。

そしてある雪の日、クリスと私はジョージが精神医学の教授をしているニューハンプシャー州のダートマスに飛んだ。例の封印された封筒を開ける――つまり、私たちが説明スタイルを作成した男性たちが、どういう人生を送ってきたかを知るためだ。

私たちに分かったのは、六〇歳のときの健康状態は二五歳のときの楽観度に深い関係があるということだった。悲観的な男性たちは楽観的な男性たちよりも早い時期に、しかも重い生活習慣病にかかり始め、四五歳になったときには健康状態にかなり大きな差ができていた。四五歳に達すると男性は肉体的に下降線をたどり始める。どれほど早く、どれほどひどく衰えるかは、二〇年前の悲観度によって予測できる。

さらに、ほかの要素――その人の防衛方法（悪い出来事への対処の仕方）、二五歳時の肉体的精神的健康状態――をいくつか考慮に入れてみたところ、四五歳からあとの二〇年間の健康を決定する要因として、楽観度がもっとも重要であることが分かった。これらの人々はそろそろ平均寿命を迎えようとしているので、これから一〇年間で楽観主義が健康的な人生だけでなく、長寿をもたらすかどうかも明らかになるだろう。

心理学的予防と治療法

「これは一生に一度のチャンスなんです」ジュディ・ロディンは言った。「安全なことを提案すべきではないと思います。今までずっとやりたいと思ってきたことを提案すべきだわ」ジュディはいらいらしたようすで言った。彼女は私が悲観主義が免疫機能にどんな影響を与えるかというニューヘブンでの研究を一緒にしたことのある学者だ。ここにいるのは少数の著名な世界的心理学者たちで、やっと自分たちの夢が実現するだけの資金が得られそうになっているというのに、大きな夢はどこへ行ったのだ？

ジュディは並はずれた天分に恵まれた女性である。エール大学教授、東部心理学会会長、権威ある国立医学研究所の会員、これらの地位をすべて四〇歳になる前に手に入れていた。今日のジュディは、マッカーサー財団の健康と言動に関するネットワークのリーダーとしての役目を果たしていた。ジュディは冬の寒い朝、私たちをニューヘブンに招集した。マッカーサー財団にまだあまり手のつけられていない精神神経免疫学――心理的な出来事が健康や免疫機能にどんな変化をもたらすかを研究する学問――の分野に出資してくれるよう要請する時期が熟したと思う、というのだ。「マッカーサー財団は進歩的ですから、医学の面目を一新するような、でも国立衛生研究所のような普通の基金が考慮するには少し大胆すぎるプロジェクトを捜しているんです。それなのに、私たちは三年ごとに国立衛生研究所に申請するのと同じような古くさいテーマを掘り起こしているなんて……。本当のところ、あなた方は何をやりたいんですか？　今まで本当はやりたいのだけれど、提案できないで温めていたようなアイデアがあったら出してください」

普段は内気で物静かな、ピッツバーグの心理腫瘍学の若手教授サンドラ・レビーが発言した。「私が本当にやりたいと思っているのは、治療と予防なんです」彼女は思いつめたふうに言った。「悲観的な説明スタイルが免疫機能を弱らせ、健康状態を損ねるというジュディとマーティの説は正しいと私たちも思います。この連鎖反応にはかなりの信ぴょう性があります。そして認知療法によって、説明スタイルを変えることができるという有力な証拠もあります。この連鎖反応の鎖を断ち切りましょう。説明スタイルを変えましょう。そして、これは私、本気なんですけど、ガンを治しましょう」

長い、気まずい沈黙があった。その部屋にいる人以外には、弱った免疫機能の働きを心理学的治療法で高めることができると信じる人はまずいなかっただろう。ましてや心理学的治療法でガンを治せるなどと信じる者などいなかっただろう。ほかの同業者たちには、すでに確立している医療に反抗するいかさまのように見られるだろう。いかさま医師のまねをすることほど、苦労して築き上げた科学者の名声を一瞬にして台無しにするものはなかった。まったく、肉体的な病気を心理療法で治療しようとは！

私は勇気を奮い起こして沈黙を破った。「サンドラに賛成です」これによって、私たちがどんなことになるのかよく分からないまま、私は言った。「もし、ジュディが夢のようなプロジェクトが欲しいと言うのならいいでしょう、心理学的な手段で免疫機能を変えてみようじゃないですか。もし私たちが間違っていれば、二年ばかり自分たちの時間を損することになる。でももし正しければ、もし――あくまで仮定だが――非の打ちどころのないほど説得力のある研究成果を出せれば、医療に革命的な変化をもたらすでしょう」

その朝、ジュディ・ロディンとサンドラ・レビーと私はやってみようと決心した。まず財団に、免疫機能を認知療法によって高める試験的な研究に資金を出してくれるよう申請した。すぐに認可が下り、それから二年間、私たちは黒色腫と結腸ガンに苦しむ四〇人の患者に治療を施した。これらの患者は通常の化学療法と放射線治療を続けながら、ほかに一週間に一度、一二週間にわたって認知療法を受けた。うつ病治療用の認知療法を手直しして、ガン患者が病気に対して新たな考え方で臨めるようにした。それには、自分に何か起きたとき、自動的にどんなことを考えるかに気づく、気持ちをそらす、悲観的説明スタイルに反論する（第12章参照）などの方法を用い、ストレスに対処するリラックス訓練もした。比較対照するために、同じ量の肉体的治療は受けているが、認知療法やリラックス訓練を受けていないガン患者のグループを別に作った。

「すごいわ！」二年後の一一月の朝、サンドラは今まで聞いたこともないほど興奮した声で電話してきた。「認知療法を受けた患者たちのナチュラルキラー細胞がものすごく増えて活動的になっているのよ。比較対照組では全然増えていないの。すごいわ！」

この治療法が病気の進行を食い止めたかどうか、これらガン患者の命を救ったかどうかはまだ分からない。病気は日によって変わり得る免疫活動よりもずっと遅い速度で動いている。時が答えを出してくれるだろう。しかし、この試験的研究はマッカーサー財団を喜ばせるに十分で、長期プロジェクトに資金を出してくれることになった。一九九〇年から、私たちはより大人数のガン患者に認知療法を施し、彼らの免疫機能を高めて病気の進行を妨げ、もしかしたら延命も可能かどうかの試みを開始する。

同時に始める予防法の成果にも、私たちは大いに期待している。最近離婚、別居をした人や極寒の試練にさらされる新兵など、病気にかかる危険性の高い人々に、第12章で示すような練習をさせるのだ。悲観主義的説明スタイルを変えることで免疫機能が高まり、病気を防げるだろうか？

私たちは希望を高く持っている。

第11章

選挙も楽観度で予測できる

一九八三年春のある朝、私は若い活力にあふれた二〇歳の学生ハロルド・ズローと話していた。ハロルドのアイデア、エネルギー、創造性は目を見張るものがあった。私はCAVE（説明スタイルの逐語的内容分析）とこの方式がもたらしてくれるかもしれない未来への展望について説明した。ハロルドをペンシルバニア大学に勧誘する下心があったのだ。

「先生はこれを政治の分野に応用しようと考えられたことはありますか？　ひょっとしたら選挙の予測ができるかもしれませんね。アメリカ国民はきっと、問題は解決できると言ってくれるオプティミストを指導者に選ぶと思います。調査対象もアメリカの有権者が相手なら、数に不足はないでしょう。有権者一人一人が誰に投票するかを予測することはできますが、選挙民が全体として誰を当選させるかを予測することもできるかもしれません。候補者の発言から楽観度を計って、誰が勝つか予測してみたらどうでしょうか」

本当にペンシルバニア大学にやってきたハロルドは、それから五年間で独創的な研究をやってのけた。私から多少の助けを借りながら、ハロルドは心理学者として初めて、歴史上の大きな出来事を予言したのだ。

アメリカ大統領選挙——一九四八年～一九八四年

アメリカの人々はどんな大統領を望んでいるのだろう？　選挙のとき、候補者の楽観度は勝敗に影響を与えるだろうか？

政治学はハロルド・ズローの趣味で、彼は大学院の研究テーマにこの趣味を存分に生かすことにした。ハロルドは近年大敗、または大勝した大統領候補者の指名受諾演説を読み直した。楽観度に関する相違ははっきりと現れていた。

対立候補よりも悲観的で反芻の多い演説スタイルの候補者はどうなるだろうか？　その影響は三つの分野におよび、すべて否定的な結果を招く。

第一に、暗い演説スタイルの候補者は活力に劣り、選挙演説に立ち寄る箇所も少なく、チャレンジ精神にも乏しい。

第二に、この候補者は有権者に好かれる可能性が低い。実験によると、うつ状態にある人は、そうでない人よりも好かれず、うとまれることが多い。むろん大統領候補者がうつ状態にあると言っているのではなく、有権者はすべての面で楽観度に関して非常に敏感で、二人の候補の小さな違いにも気づくということだ。

第三に、悲観的な候補者は有権者に希望を持たせないことが多い。ペシミストは悪い出来事について永続的で普遍的な説明をするため、相手に希望のない印象を与える。候補者がこれを繰り返し述べるほど、人々は希望のなさを感じ取る。有権者が国の問題を解決してくれる大統領を望んでいるのなら、彼らはオプティミストを選ぶだろう。

これら三つの点を総合して考えると、二人の候補者のうち、悲観的な反芻をする候補のほうが負けるという予測が立つ。

候補者の楽観度が実際に選挙の結果に影響を与えたかどうかをテストするためには、両候補、および前任者たちの演説を同じ基準で比較することができるような状況が必要だった。この条件にぴったりなものがあった。民主・共和両党それぞれの大統領候補に指名された者が、国の将来の展望を語る指名受諾演説である。一九四四年まで、このスピーチは会場に集まった忠実な党の支持者たちだけが聞くもので、大多数の家庭には届かなかった。しかし、一九四八年の選挙以来、テレビを通して多くの視聴者に伝わるようになった。そこで私たちは、一九四八年以降一〇回の選挙について、すべての指名受諾演説から原因説明の発言を抜き出し、ばらばらに混ぜて、その出所を知らない採点者たちにCAVE方式を使って楽観度を採点してもらった。それに加えて、悪い出来事を評価または分析していながら対応策を打ち出していないセンテンスが何パーセントあるかを調べ、〝反芻度〟を計った。またその候補者がすでにしたこと、またはこれからすることについて述べているセンテンスが何パーセントあるかを調べ、〝行動度〟を出した。私たちは説明スタイルの得点と反芻度を足して、〝悲観反芻度〟と呼ぶ合計点を出した。悲観反芻度の得点が高ければ高いほど、候補者のスタイルは好ましくないことになる。

一九四八年から一九八四年までの各選挙の両党候補を比較して最初に分かったのは、得点の低いほうの候補――より楽観的な候補――が一〇回のうち九回まで勝っていることだった。私たちは演説の内容を見ただけで、世論調査よりも正確な予想をしたのだ。

私たちは一つだけ間違えた。一九六八年のニクソン対ハンフリーの選挙だ。ヒューバート・ハンフリーは指名受諾演説でリチャード・ニクソンよりもほんの少し楽観的だったので、私たちはハンフリーを選んだ。しかし、投票に至るまでに何か手違いが起こったらしい。ハンフリーがシカゴの民主党大会で受諾演説をしているとき、シカゴで暴動が起き、警察官がヒッピーたちを殴るという事件があって、ハンフリーの人気は急落した。それにハンフリーは選挙運動の開始が近代の大統領選ではもっとも遅かったうえに、世論調査によるとその時点で一五パーセント水をあけられていた。しかし、ハンフリーはしだいに勢いを増し、結果的には一般投票でわずか一パーセント弱の差で負けた。世論調査機関によれば、運動期間があと三日あれば、楽観度に勝るハンフリーが勝っていただろうという。

どのくらいの差で勝ったかは、候補者の悲観反芻度に非常に大きな関連があった。相手候補よりもずっと楽観的だった候補者は、地滑り的な大勝利を収めた。アイゼンハワー対スティーブンソン（二度）、ジョンソン対ゴールドウォーター、ニクソン対マクガバン、レーガン対カーター（いずれも前者が勝利）がその例である。相手よりも少しだけ楽観的だった候補者は僅差で勝った。ニクソン対ハンフリー、カーター対フォード（同）がそうだ。

ここで考えなければならないのは、勝った候補は楽観的であったために有権者の票を得たのか、またはすでにリードしていたために楽観的になったのかということだ。

これを知るには、選挙運動開始当時劣勢にあって勝ち目が薄いと思われながら、結局当選を果たした人々を調べてみるのがよい。一九四八年、トルーマンは当初デューイに一三パーセントリードされていたが、彼の悲観反芻度はデューイよりもずっと低かった。トルーマンはすべての世論調査機関の予想を覆して四・六パーセントの差で勝った。一九六〇年ケネディはニクソンに六・四パーセントリードされていた。ケネディの悲観反芻度はニクソンよりもかなり低くて、近代選挙では最小レベルの〇・二パーセントの僅差で辛勝した。一九八〇年、レーガンは現職のカーターに一・二パーセントの差をつけられていた。レーガンの悲観反芻度はカーターよりも低く、結果的には一〇パーセントの差で勝った。

早くから世論調査でリードしている候補や、現職の候補が楽観的になるのは当然だが、これらの要素は統計的に補正することができる。これらを調整しても、楽観主義は勝利の規模――どのくらいの差で勝つか――にもっとも大きな影響力を持っている。悲観反芻度はそのほかのいかなる要素よりも得票差を正確に予測できるのだ。

楽観主義が有権者に対して良い方向に作用する理由は三つ考えられる。（一）オプティミストのほうがエネルギッシュな選挙運動を展開する。（二）ペシミストを嫌う有権者が多い。（三）オプティミストのほうが有権者に希望を持たせる。（二）（三）については計る手段を持たないが、（一）については一〇回の選挙のうち七回において、各候補者が毎日何カ所で選挙活動をしたか調べがついた。これはどれほどエネルギッシュな運動をしたかを計る尺度になる。予想どおり、楽観的な候補者のほうが多くの会場を回っていた。

指名受諾演説は通常ゴーストライターの手によるものだったり、書き直されたりしていることが多い。スピーチに表れているのは候補者の本当の楽観度なのか、実際に書いた人のものなのか、それとも候補者が考えるところの有権者の好みに合わせたものなのだろうか？　どれであってもかまわないというのも一つの見方だ。私たちの楽観度分析は、有権者が候補者に対してどういう印象を持つか――その印象が正しいものであれ、操作されたものであれ――そしてそれに基づいて誰に投票するかを予測するものだからだ。しかし、候補者が本当はどういう人なのかを知るのも大切だという見方もある。これに対応する一つの方法は、あらかじめ用意された演説と、即座に返答しなければならない記者会見や討論を比べることだ。私たちは、両候補者の討論が行われた四回の選挙についてこれを調べた。どの選挙でも指名受諾演説で悲観反芻度が低かった候補者のほうが、討論でも良い結果を収めていることが分かった。

次に、私は六、七人の世界の指導者たちについて、名前は知らされないまま、演説と記者会見の内容から説明スタイルを分析した。そして同一人物の演説と記者会見での発言との間にはっきりした共通点を見つけ出した。永続性と普遍性については、どの指導者にも用意された演説であろうと即興の発言であろうと同一の際立った特徴があった（人質になっている人から手紙が来た場合など、この方法を使って、それが本当にその人の意志で書いたものか、それとも犯人グループが書かせたものかを判断できるのではないかと思う）。個人度の得点はその時々の演説、記者会見によってたえず変化した。これはつまり、責任を負うなどの個人度の高い説明は正式の演説では除かれていることが多いが、即席の発言ではもっと頻繁に出てくることが多いということだろう。

ゴーストライターの書いたものであろうとなかろうと、演説はそれをする人の潜在的な楽観度を反映するものだというのが私の結論だ。演説者がスピーチを書き直すことによってその人自身の楽観度に落ち着くのか、それとも自分と同じ楽観度のゴーストライターを選ぶのだろう。しかし、少なくとも一つ例外があった――マイケル・デュカキスである。

一九〇〇年〜一九四四年

私たちが、戦後行われた一〇回の選挙のうち九回まで予測できたのは、まぐれだった可能性もある。あるいは楽観的な候補に投票する傾向は、テレビ時代の現象かもしれない。そう思った私たちは、一九〇〇年のマッキンリー対ブライアンの選挙にまでさかのぼって、すべての指名受諾演説を読んだ。そして演説者名は伏せて説明スタイルと反芻度を分析した。私たちの資料にはこれでさらに一二回の選挙が加わったことになる。

結果は同じだった。一二回のうち九回まで、悲観反芻度の低い候補が勝った。得票差も悲観反芻度の差に大きく関連していた。三度の例外があったが、これはニクソン対ハンフリーの戦いのときと同様に興味深いものだった。私たちはフランクリン・D・ルーズベルトの選挙については初回を除いて、どれも当てることができなかった（訳註：アメリカ大統領は二期八年までが原則だが、ルーズベルトの場合第二次世界大戦中の非常時ということで一九四〇年に三選、一九四四年に四選された。四五年四月在職中に急死）。二、三、四選ともルーズベルトはそれぞれ相手候補のアルフレッド・M・ランドン、ウェンデル・L・ウィルキー、トーマス・E・デューイよりも悲観反芻度が高かったにもかかわらず、大きく差をつけて当選した。これらの選挙では、有権者は対立候補の演説がもたらす希望よりも、すでに実績のあるルーズベルトの危機における手腕を買ったのだろうと思われる。

一九〇〇年から一九八四年までの二二回の選挙中一八回まで、アメリカ国民はより楽観的な候補者を選んだ。当初の劣勢を覆して当選したのは、すべて相手よりも楽観的な候補者だった。

過去の予想がうまくいったので、ハロルドと私は未来を予想することにした。

一九八八年の選挙

ハロルドは二年の歳月をかけて、一九八七年末までに、一九〇〇年～一九八四年の選挙分析を完成させた。

やっと一九八八年の予測をする準備が整ったわけだ。今までに重要な歴史的出来事を予想した社会科学者はいなかった。経済学者は常に景気の動向を予言しているが、予想と反対の展開になっても誰も弁明したためしがない。過去についての予想があまりに当たったので、私たちはあえて名乗りを上げることにした。

私たちは三つの分野で予測をすることにした。第一に大統領予備選挙で、誰が各党の候補になるか、第二に誰が大統領選挙自体に勝利を収めるか、第三に同時に行われる上院議員選挙三三議席の当選者は誰か、を予測するのだ。私たちはただちにこの仕事に取りかかり、できるだけ多くの候補者のスピーチを集めることにした。

一九八八年の大統領予備選挙　ドールとハートの脱落

一九八八年の一月、ニューハンプシャー州、アイオワ州そのほかでは一三人が予備選を戦っていた。共和党では六人の候補が競い合い、世論調査ではロバート・ドールとジョージ・ブッシュ

（父）が互角であった。情報通と呼ばれる人々はブッシュが負けると予想した。ドールはタフで、ブッシュは弱虫だと考えたからだ。伝道師パット・ロバートソン、保守派ジャック・ケンプ、軍人出身のアレクサンダー・ヘイグの可能性も除外することはできなかった。

民主党の指名獲得は誰にでもチャンスがあった。女性問題から立ち直ったゲーリー・ハートが再び先頭を走っていた。ポール・サイモン上院議員、マイケル・デュカキス知事、アル・ゴア上院議員、ラリー・ゲッパート下院議員の全員に可能性があり、ジェシー・ジャクソン師は黒人票しか取れないと考えられていた。

ニューヨークタイムズ紙は各候補の遊説用スピーチ――毎日遊説の先々で少しずつバラエティーを持たせるものの、基本的な部分は同じ――を発表した。私たちは一三人全員の悲観反芻度をCAVEし、予測を立てた。二月のアイオワ州の党支部幹部会直前の週末、ハロルドは私たちの予測を封印をした封筒に入れて、ニューヨークタイムズ紙とペンシルバニア大学心理学科の理事に送るべきだと言い張った。もし、私たちの予想が当たっても誰も信じてくれないのではないかと心配したのだ。

予想は実にはっきりしていた。悲観反芻度からすると、民主党の中ではまだあまり目立たなかったマサチューセッツ州知事マイケル・デュカキスがずばぬけていた。コロラド州選出の上院議員ゲーリー・ハートは、悲観反芻度では最下位で、実際うつ病患者のようなスピーチだった。ジェシー・ジャクソンはかなり良いスコアを出し、ダークホース的な力を感じさせた。

結果は知ってのとおりデュカキスの勝利で、ハートは一人の代議員も獲得できぬまま、指名競争から脱落した。ジャクソンは健闘して世界を驚かせた。

共和党の中でも勝者ははっきりしていた。ジョージ・ブッシュの悲観反芻度はデュカキスさえしのぎ、群を抜いて良かった。ロバート・ドールの順位はずっと下で、ブッシュとの差は、デュカキスとハート以上に開いていた。私たちの予想ではドールは早々に脱落すると思われた。さらに下位だったのはロバートソンで、ヘイグは最下位だった。ロバートソンは望みがなく、ヘイグは完全に敗退すると私たちは読んだ。

結果的にブッシュは大方の予想よりもはるかに簡単にドールを負かし、そのほかも私たちの予想どおりになった。

五月初め、私はハロルドが二月初めに封印して送った予想を改めて見直して、信じられない気持ちになった。ほぼ完璧に当たったたからだ。

一九八八年の大統領選挙　デュカキスはなぜ敗れたか

予備選がまだ半分しか終わっていないときに、ニューヨークタイムズ紙から電話がかかってきた。私たちが予想を送った記者（私たちに遊説用スピーチをCAVEするよう提案したのはそもそも彼だった）が、その成功を見て記事を書いた。「一面に出しますよ」そう言って彼は、誰が大統領選に勝つと思うか、と聞いた。私たちは即答を避けた。遊説用スピーチではブッシュのほうがデュカキスよりかなり楽観的なのが目立ち、六パーセントの差をつけて当選すると思われた。しかし、遊説用スピーチだけで判断するのは気が進まなかった。ブッシュのスピーチに出来事の説明があまりなかったこともあるが、何よりも私たちがこれまでにした大統領選挙の予想は、予備選のスピーチではなく指名受諾演説に基づいたものだったからだ。

ハロルドは別の理由で心配していた。民主・共和両党選挙陣営はすぐに私たちに連絡してきて、採点方法を発表してほしいと言った。もし、彼らが私たちの理論を使って、選挙民受けするようにスピーチを書き直したらどうなるだろう？　私たちは今度の選挙を正しく予測できなくなってしまう。

私も少し不安はあったが、ハロルドに心配するなと言った。アメリカの政治家はまだ私たちの研究をまじめに取り入れるほど素直ではない。私自身これほど予測がぴしゃりと当たったことを信じられないでいるのだから、選挙運動のスタッフがこれをもとにスピーチを書き直すことはないだろう。両党に資料を進呈しよう。私たちの研究成果は国民全体のものである。選挙運動員もほかの人たち同様にそれを知る権利があるはずだ。

七月のある蒸し暑い晩、ハロルドと私はうちの居間でデュカキス知事の指名受諾演説を聞いた。デュカキスはこのスピーチに非常に大きなウェートを置き、ケネディ大統領の名スピーチライターだったセオドア・ソレンセンを引っ張り出して草稿を依頼したといううわさが流れていた。私たちは手分けして説明スタイルと反芻を記録した。演説の最中に私は小声で言った。「すごいぞ！　この調子でいったら、誰もデュカキスには勝てないよ」

〝今こそアメリカ人の発明と勇気の精神を再び燃え上がらせ、衰退した経済を意欲的な経済に立て直し、アメリカ人のすべての能力を結集して、最高のアメリカを構築するときが来たのだ〟

すばらしい出来だった。近代の指名受諾演説のなかでは、一九五二年のアイゼンハワー、一九六八年のハンフリーに次ぐもっとも楽観的なスピーチで、デュカキスの予備選の遊説用スピーチの悲観反芻度よりもはるかに良かった。

国民にも受けて、民主党大会終了時の世論調査ではデュカキスがかなりリードした。ブッシュはこれを上回ることができるだろうか？

私たちは八月末のニューオーリンズの共和党大会が待ち遠しかった。ブッシュのスピーチもまたすばらしいものだった。ブッシュはアメリカの抱えている問題は非常に特定で、一時的なものであると説明した。

〝市役所には汚職が、ウォール街には金欲が、ワシントンには私利のための地位の乱用が、野心を満たすための腐敗がある〟

ブッシュの演説は、近代のほとんどの選挙戦で相手候補を打ち負かしていただろう。しかし、七月のデュカキスの演説にはかなわなかった。ブッシュの演説はやや反芻が多く、楽観度で劣っていた。指名受諾演説から判断して、私たちはデュカキスが三パーセントの小差で勝つと予測した。

私は今までスポーツにも何にも賭けたことはなかったが、今回はほとんど間違いないと思えたので、ラスベガスの賭博場に電話した。アメリカでは大統領選に賭けることは法律で禁止されているという答えで、「英国を試してみられては」とアドバイスされた。

たまたま私は九月初めにスコットランドで講演をする予定になっていた。いくらか英国ポンドを貯めてあったので、全部デュカキスに賭けることにした。友人があちこちの賭博事務所に連れていってくれた。ブッシュは共和党大会の演説以来、世論調査でデュカキスを追い越していたので、私は六対五の有利な比率で賭けることができた。

フィラデルフィアに帰った私は、ハロルドにこのことを話し、賭けに参加しないかと誘った。ハロルドは確信が持てなくなったと言い、私を不安にさせた。七月の演説は本当のデュカキスではなかったのではないか、とハロルドは言うのだ。彼は九月初めのレイバーデイ（労働者の日）以来デュカキスのスピーチを読んできたが、党大会の演説とは感じが違っていた。予備選のスピーチも指名受諾演説と違う。ひょっとしたら指名受諾演説はデュカキスのものというよりもソレンセンのものだったのか、または楽観的に見せるために故意に操作したものだったのではないか。ハロルドは大学院の奨学金を賭けるのは、一回目のテレビ討論を聞いてからにしたいと言った。

両候補のテレビ討論が行われたほかの四回の選挙では、指名受諾演説で悲観反芻度にまさっていた候補がテレビ討論でも優勢だった。しかし、今度は違っていた。ハロルドの心配は当たっていたようだ。デュカキスの楽観度は党大会演説当時から急落して、遊説演説レベルに戻っていた。ブッシュは安定していて、再びデュカキスよりも楽観的なスタイルを見せていた。世論調査もこれを反映したかのように、一回目のテレビ討論後、ブッシュのリードが広がった。ハロルドの不安な予感はしだいに強くなっていた。

二回目の討論はデュカキスにとってさんたんたるものだった。なぜ財政赤字解消を約束できないのかと聞かれて、デュカキスは「私たちのうちのどちらにもできないだろうと思う。本当のところ何が起こるか予測はできない」と言った。この返答は問題が永続的で手に負えないことをほのめかすもので、デュカキスの七月の演説どころか九月の時点と比べてみてもはるかに悲観的だった。この悲観的調子がデュカキスの特徴になってきたのに対し、ブッシュはずっと安定して楽観的だった。

一〇月末、ハロルドと私は二回の討論と秋の遊説スピーチを私たちの方程式に入れて、最終的な推測をした。九・二パーセント差でブッシュの勝利と読んだ。

一一月、ブッシュは八・二パーセント差でデュカキスを破った。

一九八八年の上院議員選挙　番狂わせ、接戦も的中

上院の三三議席が改選となり、そのうち二九議席について、私たちは両党候補が春と夏に行った大部分のスピーチを手に入れることができた。選挙の前日、ハロルドは最終的な分析をして、封印した封筒に納め、信頼できる証人たちに送った。

選挙後の開票で大統領選の結果は早い時間に分かったが、上院選の判明には一晩中かかった。私たちは二九の議席のうち二五まで正確に予想しただけでなく、最終結果が明らかになってみると、番狂わせと接戦も一議席をのぞいてすべて当てたことが分かった。

こうして私たちは、予備選は完璧に当て、大統領選に関しては私は賭け金を失ったが、指名受諾演説はデュカキス自身のものではなかったというのがハロルドの意見だ。秋以降のスピーチからはブッシュの勝利を予測したが、それは誰しも同じだ。上院選については八六パーセントの的

中率だった。これほどの勝率を上げた者はほかにはいなかった。

社会学者が重要な歴史的出来事を事前に予測したのは、私が知っているかぎりでは初めてのことだった。

東西ベルリン市民の〝説明スタイル〟はどう違うか

一九八三年、私は行動発達研究国際学会の大会に出席するためにミュンヘンへ行った。二日目に非常に熱心なドイツ人大学院生と出会い、話をした。人目を引く金髪美人で、自分の名をエル、とだけ言った。「今朝先生のCAVE方式についてのお話を伺って思いついたことがあるのですけれど。でもその前に質問させてください。楽観主義が有益で、悲観主義や無力状態や無気力が危険であるというのは、人類にとって普遍的な原則なのでしょうか、それとも私たちのような社会――つまりアメリカや西ドイツのような西洋文化でだけなのでしょうか?」

良い質問だった。非西洋文化の国々では、うつ病の発生率は、流行病といえるほど多い私たちの社会よりもずっと低いようだ。何かを達成することにそれほど取りつかれていない文化では、無力さや悲観主義がそれほど悪い影響を及ぼさないのかもしれない。

もしかしたら、動物からも学ぶことが多いのではないか、と私は言った。自然界でも実験室でも、動物たちは驚くほど西洋文化のなかの人間と同じような反応を示す。仲間を亡くしたチンパンジーや逃れられないショックを受けたネズミの反応もそうだし、金魚、犬、ゴキブリでさえ失敗したときは私たちとそっくりの反応をする。大切な人を失っても、自分の無力を知ってもうつ状態にならない人間がいるとすれば、それは長い間貧困に悩まされ、子ども三人のうち二人までが幼いうちに亡くなるなどの苛酷な環境によって、その文化から人間の自然な反応が消えてしまったためなのではないだろうか、と私は言った。

楽観主義の効用が世界中に通用するとは言えないかもしれない。例えば職場や政界での成功について考えてみよう。楽観主義はアメリカの生命保険外交員やアメリカ大統領候補には有効だ。しかし、控えめを好むイギリス人に絶対にあきらめないセールスマンが好かれるとは思えないし、陰気なスウェーデン人が底抜けの明るさが売り物のアイゼンハワーに投票するとは考えられない。また、日本人がいつも失敗を人のせいにする人に好意を持つとは想像できない。

これらの文化においても、楽観主義を身につけることは人々をうつの苦しみから救う手助けになるだろうと思う、と私は言った。しかし、職場や政治の世界では、その文化に合ったスタイルに修正して応用しなければならないだろう。問題は楽観主義の効用が文化によってどう違うかの研究が、まだあまりなされていないことだった。

「でも、私がCAVE方式について講演していたとき、君はどんなアイデアを思いついたのだね？」私は聞いた。

「私、文化や歴史によって、希望や絶望の感じ方に違いがあるかどうかを発見する方法を思いついたんです。例えば、国単位での説明スタイルのようなものはあるでしょうか、危機に直面したとき、国や国民がどういう行動を取るか予測することができるような？　ある形態の政府のほうがほかの政府よりも国民に希望を持たせることがあるでしょうか？　例えば東西ベルリンはどうでしょう？　東西ベルリンは場所も気候も言語も人々の感情表現方法も同じで、一九四五年までは同じ歴史を持っていました。違うのはその後の政治体制だけで、別々に育てられた一卵性双生児のようなものです。政治体制の違いによって希望や絶望の仕方が違うかどうかを調べるには、うってつけだと思いますが」

大会の翌日、私はチューリッヒから来た教授にこの創造力豊かな大学院生について話した。教授はエルと名乗るその学生が、以前は王国であった西ドイツ南部バイエルン州のガブリエル王女で、将来を嘱望されている新進の科学者なのだと教えてくれた。

翌日、私はお茶を飲みながらガブリエルとの話を続けた。もし、東西ベルリンに説明スタイルの差が見つかれば、それは共産主義と資本主義の違いにのみ根ざすものだと解釈できるだろう、と私は言った。だが、比較の材料をどうやって手に入れるのだ？　ベルリンの壁を越えて、楽観主義のアンケートを東ベルリン市民に配ることはできない。

「今の政治状況では無理ですね」当時はアンドロポフがソ連の書記長だった。「でも、東西ベルリンから何か書いたものさえ手に入れば十分です。同じ時に起きた同じ出来事について書いたものので、政治や経済や精神衛生には関係のないことでなければいけません。私、その条件にぴったりなものを思いついたんです。あと四カ月ほどでユーゴスラビアで冬のオリンピックが開かれます。西ベルリンでも東ベルリンでも、新聞で毎日このことがたくさん報道されるでしょう。スポーツについての報道には、いつも勝敗についての選手や記者の原因説明文がいっぱい載りますから、それをＣＡＶＥして、どちらの文化のほうが悲観的か見ようと思います。これによって、異なった文化間で希望の量にどれほどの違いがあるか分かるはずです」

私がガブリエルの予想をきくと、彼女は少なくともスポーツ面では東のほうが楽観的説明スタイルだろうと思うと言った。東ドイツはいつもオリンピックではめざましい活躍をするし、新聞も国威発揚機関として大々的な報道をする。

私はそう思わなかったが、黙っていた。

それから三カ月、私はガブリエルと国際電話や手紙で連絡を取り合った。壁の向こう側から印刷物を持ち出すのは難しいことが多かったから、ガブリエルは東ベルリンから新聞を取り寄せる手段として、機械工をしている東ベルリンの友人からがらくたの台所用品を新聞紙で包んで送ってもらう手はずを整えていた。しかし、これは必要なかった。ガブリエルはオリンピック期間中は、壁を通って東側に行ってとがめられずに好きなだけ新聞を持って帰ることができたからだ。

それからオリンピックの全期間中、東西ベルリンの三紙ずつの新聞から出来事を説明する発言を抜きだして採点する大作業が待っていた。ガブリエルは三八一の発言を見つけた。次に選手と記者の楽観的説明の例を挙げる。

スピードスケート選手「今朝は太陽が出ていなかったので、氷の表面が解けず、滑りにくくてペースが遅れてしまった」悪い出来事（4）

スキー選手「近くの木の枝から雪がどさっと落ちてきてヘルメットの顔面を覆ったので、転倒してしまった」悪い出来事（4）

選手たち「自分たちのほうが相手よりも強いと知っていたから、心配しなかった」良い出来事（16）

次に悲観的な説明スタイルの例を挙げる。

「ものすごく調子が悪かったので、ひどい結果になってしまった」悪い出来事（17）
「必死で涙をこらえた。メダルの希望はなくなってしまった」悪い出来事（17）
「相手がゆうべ一晩中飲んでいたので、こちらが勝てた」良い出来事（3）

誰が楽観的発言をし、誰が悲観的発言をしたかは、まったくガブリエルの予想外だった。東ドイツ選手の発言は西ドイツ選手よりもずっと悲観的だったからだ。東ドイツが二四個のメダルを獲得したのに対し、西ドイツはわずか四個であったことを考え合わせると、さらに意外な感じがする。東ベルリンの新聞はたくさん良い出来事を報道できたはずだ。事実、東の説明のうち六一パーセントは良い出来事についてだったのに、西は四七パーセントしか良い出来事がなかった。にもかかわらず、東ベルリンの報道は西よりもずっと暗い調子だった。

ガブリエルは言った。「驚きました。結果ははっきり出ていますけれど、でも何か別の方法で東ベルリン市民のほうが西ベルリン市民よりも悲観的だということが証明されなければ、とても信じられません。東ベルリンの正確な自殺者の統計を手に入れて、西と比べようとしたんですけど、もちろん手に入りませんでした」

ガブリエルの博士課程の専攻は心理学ではなく、行動生物学だった。ガブリエルが教室の子どもたちを詳しく観察したことがあるのは知っていたが、彼女が東西ベルリンのバーでやろうとしていることを聞いて、私は心配になった。

「こうなったら東ベルリンへ出かけていって、人々が絶望を感じさせるようなそぶりをいくつ見せるか厳密に数え上げて、西側の同じ状況でのようすと比べるしかありませんね。警察に怪しまれないようにするには、バーでやるのがいいと思います」

一九八五年の冬、ガブリエルは西ベルリンで一四軒、東ベルリンで一七軒のバーへ行った。労働者たちが仕事のあとに立ち寄るクナイペンと呼ばれるこのような飲み屋は、ベルリンの壁を隔てているだけで、それぞれ互いにごく近い場所にあった。ガブリエルは平日の五日間、観察を行った。

彼女は奥の隅の目立たない場所に座り、常連の各グループのそれぞれ五分間の動作――笑い、姿勢、手の動き、つめをかむなど心理状態を表していると思われるもの――を見守った。

このようにして測定した東ベルリンの人々は、西ベルリンの人々よりもやはりずっと落ち込んでいた。西ベルリン市民の六九パーセントが笑顔を見せたが、東ベルリン市民は二三パーセントしか笑わなかった。西の人々の五〇パーセントがまっすぐに背筋を伸ばして座り、あるいは立っていたが、東では四パーセント（！）だった。西ベルリンの労働者の八〇パーセントが身体を相手に向けていたが、東ベルリンでは七パーセント（！）だけだった。西ベルリン市民は東ベルリン市民の二倍半よく笑った。

これらの現象は、東ベルリン市民が言葉でも身振りでも西ベルリン市民よりもずっと大きな絶望を示していることを表す。この調査ではしかし、何がその原因なのかは分からない。これら二つの文化は一九四五年までは一つであったのだから、二つの異なった政治体制がなんらかの関連を持っていることは確かだと思われる。しかし両体制のどの部分がその原因であるのかは分からない。生活水準や、言論や旅行の自由度の違いかもしれないし、本や音楽や食べ物のせいでさえあるかもしれない。

またこの研究結果では、共産主義の到来と壁の構築によって東ベルリンの人々が希望を失ったのか、一九四五年以来東ベルリンはそのままで西ベルリンの人々が相対的により希望を持つようになったのかは分からない。私たちは今第二次世界大戦以後のすべての冬季オリンピックの新聞報道をCAVEする作業を進めている。これによって東西ベルリンにおける楽観度の変遷が明らかになると思う。

私がこの原稿に手を入れている一九九〇年四月現在、前年の壁の崩壊以来の歴史的な数カ月間に、東ドイツ国民の説明スタイルがどれくらい変化しただろうかと思う。これからの再建と繁栄の行方は、説明スタイルによるところがかなり大きいはずだ。もし、楽観的スタイルになっていれば東ドイツの将来は明るい。もし一九八四年当時のように暗いままだったら経済的精神的復興は大方の予想よりもずっと遅れるだろう。私の予測では、東欧諸国の説明スタイルの変化が、新たに手に入れた自由をいかに有効に使うかを占うカギとなると思う。

ユダヤ教はロシア正教よりも楽観的？

宗教は一般に人々に希望を与え、この世の試練に立ち向かう力を与えてくれるものと考えられている。うつ病の主婦たちへのインタビューをライフワークにしているロンドンの社会学者ジョージ・ブラウンは、スコットランドのヘブリディーズ諸島での調査で、きちんと教会に通っている人々は通わない人々よりもうつ病にかかりにくいことを発見した。

しかし、宗教によって人々に与えられる希望の量に違いはあるだろうか？　一九八六年、ガブリエルがマッカーサー財団とドイツ国立科学財団の奨学生としてペンシルバニア大学へ来たとき、このことが問題になった。二つの宗教を比べることは、実質的には二つの文化間の希望と絶望の違いを比較するのと同じようなものだ、とガブリエルは主張した。問題は東西ベルリンのように時間的・場所的に深いつながりのある二つの宗教をどうやって見つけるかだった。

問題がここから進展せずにいたとき、熱心な若い歴史社会学者エバ・モラウスカに出会ったのだった。私はエバに大学院のセミナーで、一九世紀のユダヤ系ロシア人とスラブ系ロシア人が経験した無力感について講演するよう頼んだ。エバは、同じ迫害に遭ってもユダヤ人はスラブ人よりもずっと積極的な対応をしたという事実を述べた。エバは、迫害に耐え切れなくなったときユダヤ人は国を去ったのに、スラブ人はなぜそうしなかったのだろう、という疑問を提起した。

「両民族ともひどい弾圧を受けていました。スラブ人の農民はアメリカでは想像もつかないほどの救いのない極貧のなかで暮らし、ユダヤ人も貧困と宗教的迫害、虐殺の脅威にさらされていました。でも、ユダヤ人は外国へ移民したのに、スラブ人は残りました。

もしかしたら、ロシア正教徒のスラブ人はユダヤ人よりも無力感が大きく、希望を持っていなかったのかもしれません。ひょっとしたら二つの宗教の教えは、楽観度が違うのかもしれません。ロシア正教はユダヤ教よりも悲観的な宗教である可能性が考えられなくはありません」

これらの二つの文化は多くのロシアの村々でとなり合って存在していたから、両者の祈りの言葉、おとぎ話、民話の説明スタイルを直接比べることが可能だった。

ガブリエルとエバは協力して、ロシア正教の司祭の助けを借り、祈祷書、宗教読み物、民話、歌、ことわざなど両文化の宗教的資料および宗教に関係のない資料を集めた。これらは各文化で日常語られ、歌われ、つぶやかれたわけで、説明スタイルを形成する大きな要素となったはずだ。そしてガブリエルはこれらの資料をすべてCAVEした。非宗教的資料には差がなかったが、宗教関係の資料には違いが見られた。ユダヤ教の資料はロシア正教の資料よりも、特に永続性の分野においてかなり楽観的だった。ユダヤ教では良い出来事は長く続き、悪い出来事はそれほど続かないと見られていた。

エバとガブリエルは、物語や祈祷においてロシアにおけるユダヤ教はロシア正教よりも楽観的であることを示した。ユダヤ人が他国へ移住し、スラブ人貧農がロシアに居続けた理由が、両民族が日常耳にして身につけた宗教的なメッセージの楽観度の違いによるものかどうかは推測の域を出ない。人々がよその国へ移住する理由は非常に複雑である。しかし、ユダヤ教が比較的楽観的な宗教であるということも、今まで誰も取り上げたことのない可能性の一つだ。この理論を証明するには独創的な歴史的、心理学的調査が必要となる。しかし、エバとガブリエルは少なくとも二つの宗教が人々に与える希望度を比較する新たな方法を作り上げたと言えるだろう。

第三部　変身——ペシミストからオプティミストへ

第12章

楽観的な人生を送るには

人生はオプティミストにもペシミストにも等しく挫折や試練を与えるが、オプティミストのほうが上手に切り抜けて生きていく。オプティミストは職場でも学校でもスポーツでも良い成績を上げる。健康状態も良く、長生きするという説さえある。アメリカ人はオプティミストを大統領に選ぶ。ペシミストは順調にいっているときでさえ暗い予感におびえる。

ペシミストにとっては困った事態だが、心配しなくてもいい。ペシミストもオプティミストになる方法を学ぶことによって、もっと良い人生を送ることができるからだ。すでにオプティミストである人も、ときには悲観的になることがあるのだから、この方法を身につけておけばやはり役に立つ。

悲観主義を捨ててオプティミストになんかなりたくないと思う人もいるかもしれない。オプティミストというのはひどく自信過剰で、悪いことはなんでもほかの人のせいにし、責任を取ろうとしないヤツだというイメージを持っているのかもしれない。しかし、この章を読めば分かるように、オプティミストになるのはわがままになることでもうぬぼれ屋になることでもない。挫折を味わったときに、もっと元気が出るようなものの考え方で自分自身に語りかけるにはどうしたらいいか、という方法を身につけることなのだ。

オプティミストになることをためらう理由はもう一つあるかもしれない。第6章で述べたように、悲観主義には一つ長所がある。現実をより正確に把握するのに役立つことだ。ではオプティミストになると現実がよく見えなくなってしまうのだろうか？

第12章以降の〝変身術〟の目標は、どんな状況にでもやみくもに楽観主義を適用しようというものではない。柔軟なオプティミストへの変身をはかろうというものだ。困ったことに出会ったとき、それをどう考えるか自分でコントロールする力をつけるのが目的なのだ。

楽観主義を使うときのガイドライン

自分が変身術を身につける必要があるかどうかは、第3章のテストの結果で分かる。G－Bの得点（総合点）が8点以下だった人は、12章以下から得ることが多いはずだ。点数が低かった人ほどメリットは大きい。9点以上だった人でも次のような質問を自分にしてみて、どれか一つがイエスだったら、やはり12章以下が役に立つはずだ。

●自分はすぐがっくりするたちだろうか？
●自分は必要以上に落ち込んでしまうだろうか？
●自分はこんなに失敗しなくてもいいはずだと思っているか？

次に、変身術はどのような状況に使ったらいいか判断するには、まず自分が何を成し遂げようとしているのかを考える。

●何かを達成しようとしているとき（昇進、製品販売、難しい報告書の作成、試合）。
●自分の気持ちを高めよう、落ち込まないようにしようとしているとき。
●困難な状況が長引きそうで、自分の健康状態が問題になっている場合。
●指導的役割を演じたいとき、ほかの人々を啓発したいとき、自分に投票してもらいたいとき。
以上の場合は楽観主義が有効だ。しかし、楽観主義を使わないほうがいい場合もある。
●リスクの大きいことを計画する場合、将来の見通しが不確かなときは楽観主義は避ける。
●将来の見込みがはっきりしない人にカウンセリングするとき、最初は楽観主義を用いないほうがいい。
●ほかの人たちの困りごとに同情的であることを示したい場合は、最初は楽観主義を用いず、信頼関係ができあがってから、楽観主義を使ったほうがいいかもしれない。

楽観主義でいくかどうかの基本的なガイドラインは、その状況で失敗した場合どうなるかを考えることだ。もし失敗が高くつくようであれば、楽観主義は勧められない。パイロットがもう一度翼の氷を取り除く作業をしたほうがいいかどうか迷うとき、パーティーで飲んだあと、車で帰宅しようかどうか考えるとき、配偶者との不仲から、不倫しようかと思うとき……失敗した場合にはそれぞれ死、交通事故、離婚の危険性がある。

一方、もし失敗しても大した被害はない場合は、楽観主義で行くべきだ。もう一回売り込みの電話をしようかどうか迷っているセールスマンは、失敗したとしても時間を損するだけだし、新しいスポーツを習おうとしているティーンエイジャーは、たとえうまくいかなくても落胆するだけだ。なかなか昇進の知らせがない役員は、新しい役職が得られそうかどうか探りを入れてみれば、最悪の場合でも断られるだけだ。

この章では、日常生活におけるペシミストからオプティミストへの基本的な変身方法を教える。たいていの自己改革法は臨床的な知識ばかりで研究がほとんどなされていないのが常だが、私の述べる変身方法は徹底的な研究を経たもので、すでに数千人の成人がこの方法で説明スタイルを永久に変えることに成功している。

第三部の変身術は三つの章からなっている。12章は成人の生活のうち、職場以外のあらゆる分野をカバーする。13章は子ども、14章は職場を扱っている。どれも基本的には楽観主義を身につけるという方法を取っているので、三つの章には多少重複する部分がある。

AとBとC

キャシーは二週間厳しいダイエットをしてきた。今夜仕事のあとで友達と飲みに行ったキャシーは、仲間が注文したトルティーヤとチキンを少し食べてしまう。そしてせっかくのダイエットをめちゃめちゃにしてしまったと後悔する。

キャシーは自分に言う。「あーあ、ダイエットがめちゃめちゃだわ。私は本当に意志が弱いんだから。友達とバーへ行っただけでこの始末。みんな私をすごく軽蔑したに違いない。どうせ二週間のダイエットもむだになってしまったんだから、冷凍庫のケーキをブタみたいに食べてやろう」

キャシーはケーキの包みを破って、何人分ものチョコレートケーキを全部食べてしまう。今夜まできちんと守ってきたダイエットがガタガタにくずれ始める。

キャシーがトルティーヤとチキンを食べたことと、そのあといよいよ大食いを始めたこととは必ずしも一連の現象ではない。問題は、キャシーがトルティーヤを食べたあと自分にどう説明したかなのだ。彼女の説明は非常に悲観的だった。「私は意志が弱い。だからダイエットを台無しにしてしまった」。だが実際のところ、キャシーが永続的、普遍的、個人的な説明をするまでは、ダイエットはめちゃめちゃになってはいなかったのだ。

トルティーヤを食べたことに対して、もしキャシーが最初に頭に浮かんだ自分の考えに反論していたなら、ずっと違った結果を生んでいたはずである。

「そんなにカッカすることはないわ。第一、私はそこまで大食いをしたわけじゃない。ライトビールを二本とチキンとトルティーヤを二〜三個つまんだだけで夕食も食べていないんだから、ダイエットで許されているのより数カロリー多く摂っただけよ。一晩くらいちょっとダイエットからはずれたからといって、意志が弱いわけじゃない。二週間きちんと守ってきたのは意志が強いからだわ。それに誰も私をばかになんかしていないわ。誰も私が何をどれだけ食べたか数えてなんかいないし、事実、ほっそりしたね、と言ってくれた人もいた。もっと大事なのは、制限していたものを少しばかり食べてしまったからといって、やけになって無茶食いしてはいけないということよ。いちばんいいのは、小さな間違いで自分を責めないで、これまでの二週間のようにできるだけきちんとダイエットを続けることだわ」

問題はABC次第（このABC方式は心理学のパイオニア、アルバート・エリスが開発）

私たちは困った状況（Adversity）に直面すると、それについて考えをめぐらす。考えはすぐに思い込み（Belief）となって固まる。この思い込みはあまりに習慣的になっていて自分では気づかないことも多い。思い込みは結果（Consequence）を生む。どのような思い込みをするかで、落胆してあきらめるか、または満足して建設的な行動が取れるかが決まる。

この本ではずっと、どういう思い込みがあきらめを生むかを示してきた。これからはどうしたらこの悪循環が断ち切れるかを学ぶ。最初のステップは、困った状況と思い込みと結果の因果関係を知ることだ。第二のステップは自分の日常生活で、これらA（困った状況）B（思い込み）C（結果）がどのような作用をしているかを知ることだ。これらの方法は、二人の世界的認知療法セラピスト――バンダービルト大学心理学教授スティーブ・ホロン博士とニュージャージー州立医科歯科大精神科教授アーサー・フリーマン博士――と私が協力して開発した、正常な人々のための説明スタイル改革講座の一部である。

次に挙げるABCのうち、BかCが欠けている。それを埋めることによって、これらがどんな関連を持って作用しあっているのか考えてほしい。

【ABCはどう作用するか】

①
A　目をつけていた駐車スペースをほかの誰かに横取りされる。
B　あなたは（　　　　　　）と思う。
C　あなたは腹を立て、窓を下ろしてそのドライバーにどなる。

②
A　子どもたちが宿題をやらないので大声でしかる。
B　あなたは自分が悪い母親だと思う。
C　あなたは（　　　　　　）と感じる。または（　　　　　　）する。

③
A　親友に電話してくれるように伝言を入れておいたのに、電話がかかってこない。
B　あなたは（　　　　　　）と思う。
C　あなたは一日中、ふさぎこむ。

④
A　親友に電話してくれるように伝言を入れておいたのに、電話がかかってこない。

B　あなたは（　　　　　　　　　　）と思う。
C　あなたは別に気を悪くしないで、一日を普通に過ごす。

⑤
A　配偶者とけんかする。
B　あなたは「私は何をやってもだめなんだ」と思う。
C　あなたは（　　　　　　　　　　）と感じる。または（　　　　　　　　　　）する。

⑥
A　配偶者とけんかする。
B　あなたは「あの人は機嫌が悪かったんだ」と思う。
C　あなたは（　　　　　　　　　　）と感じる。または（　　　　　　　　　　）する。

⑦
A　配偶者とけんかする。
B　あなたは「誤解はいつでも解くことができる」と思う。
C　あなたは（　　　　　　　　　　）と感じる。または（　　　　　　　　　　）する。

次にこれらの七つの状況を見て、それぞれの要素がどう作用し合っているか検討してみよう。

① あなたは邪魔されたという思いでかっとくる。「あのドライバーは私の場所を盗った」「失礼で自分勝手なやつだ」

② 子どもにどなってしまった自分を悪い母親だと説明したあなたは悲しくなり、宿題をやらせようとするのをためらう。悪い出来事を、悪い母親だというような永続的、普遍的、個人的な特徴の結果だと説明すると、落胆とあきらめが続くことになる。その特徴が永続的であればあるほど、落胆は長く続く。

③と④ 親友が折り返し電話してくれない場合を見ると、このことがよく分かる。③のように何か永続的で普遍的な――「私がいつも自分勝手で思いやりがないから、電話してくれなくても仕方がない」のような――ことを考えると気持ちが落ち込んでしまう。しかし④のように一時的、特定、外的な説明であれば、気にはならないだろう。「あの人は今週は残業だと言っていたから「あの人はきっと今気分がふさいでいるんだ」

⑤と⑥と⑦ 夫婦げんかの場合はどうだろう？ ⑤のように「私は何をやってもだめなんだ」（永続的、普遍的、個人的）と考えれば、落ち込んでしまい、仲直りする努力をする気にはならない。⑥のように「あの人は機嫌が悪かったんだ」（一時的、外的）と考えれば、少しは腹が立ち、落胆もするが、気持ちが収まればおそらく仲直りするために何か行動するだろう。⑦のように「誤

解はいつでも解くことができる」と思えば、すぐに仲直りの行動を起こし、じき気分も良くなり、活力がみなぎってくるだろう。

ＡＢＣの記録を取ろう

日常これらのＡＢＣがどのように起きるのかを知るために、自分の生活の中でＡＢＣを五例見つけるまで、ＡＢＣ日記を一日、二日つけてみよう。

そのためには、普段気づかない自分の心の中での対話に注意することだ。非常にささいなことでもいいから、何か困った事態が起きたとき、どんな気持ちになるか気をつけて見てみるといい。例えば、友達と電話で話しているとする。友達は早く電話を切りたがっているようす（ちょっと不愉快な状況）で、あなたは悲しくなる（結果としての感情）。

記録することは三項目ある。

最初の項目〝困った状況〟は、水道の蛇口がしまらないとか、友達に嫌な顔をされたとか、赤ん坊が泣きやまないとか、高額の請求書が来たとか、配偶者が話を聞いてくれないなど、どんなことでもいい。起こったことを自分の評価をまじえずに記録する。もし妻と口論した場合は、妻は私が言ったことに気を悪くした、と書く。〝困った状況〟の項に「妻はフェアではない」と記録してはいけない。それは推論だから、二項目の〝思い込み〟の項に書く。

思い込みとは、困った状況をどう解釈するかということである。感情と一緒にしないように気をつける（感情は結果の項に入れる）。「ダイエットを台無しにしてしまった」「私は無能だ」は思い込みだ。それらがどれくらい正確な事実か計ることができるからだ。しかし「私は悲しい」というのは感情であって、その精度を問うのは無意味だ。

〝結果〟の項には、自分の感情と行動を書き込む。悲しかったか、心配だったか、うれしかったか、気がとがめたか？　一つ以上のことを感じることも多いが、感情でも行動でも気づいたことはすべて記録する。あなたはそれから何をしたか？「もうエネルギーが残っていなかった」「あの人を謝らせる計画を練った」「ベッドに戻った」などはすべて結果としての行動である。

参考までによくある例を挙げておく。

困った状況：夫は子どもたちをお風呂に入れて寝かしつけてくれるはずだったのに、私が会議を終えて帰宅すると、みんなテレビに張りついていた。
思い込み：なぜ主人は頼んだことをやってくれないの？　お風呂に入れて寝かしつけるのはそんなに大変なことなの？　これでは私が悪役になって、みんなをテレビの前から引きはがさなければならないじゃないの。
結果：私は夫に腹を立てて、弁明のチャンスも与えずにどなり始めた。ずかずかと部屋に入って「ただいま」も言わずにテレビを手荒に消した。私は本物の悪玉に見えた。

困った状況：私は興味のあった男性に電話してショーに誘った。彼は会議の準備をしなければならないので「また別の機会に」と言った。

思い込み：下手な言い訳だわ。私の気持ちを傷つけないようにそう言っただけで、本当は私となんかかかわりあいになりたくないのよ。きっと押しつけがましい人間と思われたに違いない。もう絶対に誰も誘ったりしないわ。

結果：私は恥ずかしくて、自分がばかに思えた。誰か別の人を誘おうとはしないで、チケットを友人たちにあげてしまった。

困った状況：私はスポーツクラブに入ることにした。クラブに行ってみると、周りはみんな引き締まったすばらしいスタイルの人ばかりだった。

思い込み：私はいったいここで何をしているんだ？　自分が浜に打ち揚げられたクジラのような気がした。早くここを出なければ、みじめになってしまう。

結果：私は恥ずかしくて、一五分でその場を離れてしまった。

この要領で、日常生活から五例のＡＢＣを記録しよう。

困った状況：

思い込み：

結果：

困った状況：
思い込み：
結果：

困った状況：
思い込み：
結果：

困った状況：
思い込み：
結果：

困った状況：

思い込み：

結果：

五例記録したら、注意深く読み返し、思い込みと結果の関連をよく見る。悲観的な説明は落胆を招き、気力を失わせ、楽観的な説明は活力を与えることが分かるだろう。

つまり、困った状況に直面したとき、習慣的に頭に浮かぶ考えを変えれば、困った状況に対する反応もそれにならって変わるはずだ。これは非常に確実な変身法である。

反論することと気をそらすこと

自分が悲観的な思い込みをしていることに気づいたら、対処の仕方は大きく分けて二つある。その第一は、このような考え方をしそうになったら、気をそらすこと――何か別のことを考えることだ。第二はその考え方に反論することだ。自分の考え方をうまく否定することができれば、同じような状況が再び起こっても、このような思い込みにとらわれることが少ない。だから長い目で見れば第二の方法のほうが有効だと言える。

気をそらす方法と反論する方法の違いを見てみよう。

気をそらすこと

例えば、バニラアイスクリームを載せたアップルパイがあるとしよう。パイは温めてあり、冷たいアイスクリームと一緒に食べたらすごくおいしそうだ。だが、パイのことはしばらく考えないようにしてほしい。

そんなことはとても無理だと言うかもしれない。しかし、誰にでも関心を別のものへ移す能力はあるのだ。

もう一度パイのことを考えてみよう。よだれが出そうになるだろう。今度は立ち上がっててのひらを壁に打ちつけて「ストップ！」と叫んでみよう。パイのイメージが頭から消えたはずだ。

これは簡単だが非常に効果的な手法で、たくさんの人がこの方法で習慣的な思考パターンを断ち切っている。大きな鈴を鳴らす人もいるし、はがき大の紙に〝ストップ〟と赤で大きく書いて持ち歩いている人もいる。手首にゴムバンドを巻いておいて、反芻が起きそうになったときはパチンとはじくといい、という人もいる。

これらの肉体的手法を関心の移転という方法と併用すると、効果はもっと長く続く。ゴムバンドをはじくなどして反芻を一時的に中断したあと、また否定的思考に戻ってしまうのを防ぐためには、関心を別のところに移すのがよい。俳優は急に気分を変える必要があるとき、この方法を用いる。例えば、何か小さなものを取り上げて数秒間一心に観察する。握りしめ、口の中に入れて味をみて、においをかぎ、音がするかどうかたたいてみる。このようにある一つのものに神経を集中すると、関心を移行させることができる。

最後に、反芻の本質を逆手に取る方法がある。反芻は頭の中に繰り返し何度も現れることだ。何か困った状況が起きたら時間を決めて——例えば午後六時に、などと——あとで考えることにするのだ。気にかかることが起きて、そのことが頭から離れないときは「ストップ。このことはいついつ考えよう」と自分に言えばいい。

また、困ったことが起きたときはすぐに書きとめるのもよい。書くことによって問題をはっきりさせ、処理した気分にする。そしてあとで考える時間を決めるとうまくいく。その問題を忘れないように、という潜在意識が反芻を起こすのだから、書いて、考える時間を決めてしまうと反芻する必要がなくなる。必要がなくなると心配事もその影響力が弱まるわけだ。

反論すること

自分の習慣的な考え方から気をそらしたり、ごまかしたりするのは応急措置としては役に立つが、もっと根本的な解決法はそれに反論することだ。困難に出会ったときに反射的に頭に浮かぶ考え方に反論することによって、いつもの落胆とあきらめの反応をエネルギッシュな行動へと変えることができる。

困った状況：ジュディは最近修士号を取るために、勤めのあと夜学に通いだした。最初のテストが何枚か返ってきたが、思っていたのとはほど遠い結果だった。

思い込み：ひどい点数だわ。クラスで最低に違いない。それに私はこんな若い人たちと一緒にやっていくには年を取りすぎているのよ。たとえ、頑張ってやりとおしたとしても、二三歳の女性を雇えるときに、誰が四〇女を雇うかしら？　自分はいったいどういうつもりでこのクラスに入ったんだろう？　もう私には遅すぎるわ。

結果：私は落胆し、無力感に陥る。やってみようと思ったことさえ恥ずかしくなり、夜学をやめて、今の仕事で満足しようと決心した。

反論：私は大げさに騒ぎすぎている。全部Aを取りたいと思っていたけれど、B^{+}とBとB^{-}だった。でもそんなにひどい点数じゃない。クラスで一番ではないけれど、ビリでもないわ。隣に座っていた男性はCが二つとD^{+}だったのを見たんだから。期待していたほど成績が良くなかったのは年のせいではない。ほかにもすることがたくさんあって、勉強の時間があまり取れなかったせいだわ。フルタイムで働いているし、家庭もある。それを考えれば良い成績だったと思う。これで将来もっと良い点を取るにはどれくらい勉強に力を入れなければならないかが分かった。雇ってくれる人がいるかどうかを今心配しても仕方がない。この修士課程を卒業した人はほとんど全員が立派な仕事を得ているのだから、今は勉強して学位を取ることだけを考えて、卒業したら、いい仕事を見つけることに集中すればいいんだわ。

元気づけ：テストの結果と自分自身について自信が持てるようになった。夜学はこれからも続けるし、年だからといって欲しいものをあきらめたりはしないつもりだ。年齢的に不利になるのではないかという心配はぬぐいきれないが、それはそのときが来たら考えればいい。

ジュディは成績についての自分の思い込みに反論することができた。そうすることによって絶望から希望へ、退学から前進へと変身をとげた。

距離をおくこと

いちばん大事なのは、自分の信念は思い込みであって、事実ではないかもしれないと気づくことだ。もし、家庭も仕事も上手にこなしているあなたに嫉妬した競争相手が「あんたってひどい母親だわ。自分勝手で、思いやりがなくて」と叫んだとしたら、あなたはどう反応するだろう？非難されたことについて、深刻には考えないだろう。もし、うるさく言われれば、面と向かってでも心の中ででも反論するだろう。「子どもたちは私を愛しているわ。私は子どもたちに代数やフットボールや、厳しい世の中の渡り方を教えてやって、できるだけ一緒の時間を作っている。あの人は自分の子どもの出来が悪いものだから嫉妬しているんだわ」

私たちは、他人からのいわれのない非難には、比較的楽に距離をおいて立ち向かうことができる。しかし、自分が日常自分自身に対してする非難についてはそうはいかない。自分がそう思うのだから、そうに違いないと思うせいだろう。

とんでもない！

私たちは挫折したとき、嫉妬したライバルが言うのと同じくらい根拠のないことを自分自身に言うことが多い。反射的に自分にする説明は普通、事実をゆがめたものだ。これらは過去の不快な経験――子ども時代の葛藤、厳格な両親、批判ばかりするリトルリーグのコーチ、姉の嫉妬

――によってできあがった悪い説明習慣にすぎない。しかし、これらの説明は一見自分の意見のように見えるので、私たちは絶対的な真実だと思ってしまうのだ。

しかし、誰も自分を雇ってくれない、愛してくれない、自分には能力がない、と思い込んでいるからといって、それが真実だということにはならない。一歩後ろに下がってこの思い込みを一時保留し、自分の考えが正しいかどうか確かめる間だけでも、悲観的な説明から少し距離をおいてみることが大切だ。

これが反論の第一歩で、次のステップはその反論を実際にやってみることだ。

自分と議論するには

幸いにして誰でもほかの人たちと口論した経験が豊富にあるはずだ。この手なれた方法を使って、自分自身に対する根拠のない批判に反論していこう。

納得のいく反論をするためには、四つの重要なポイントがある。

●証拠はあるか？
●別の考え方はできるか？
●思い込みが本当だった場合、それはどんな意味を持つか？
●その考え方は有効か？

証拠はあるか

否定的な思い込みに反論するのにもっとも効果的な方法は、それが正しくないことを事実をもって証明することだ。何か問題が起きたときは過剰に悲観的な反応をすることが多いが、事実はそれほどひどくないことが多いものだ。探偵になったつもりで「この思い込みの根拠となっている証拠は何か？」と問うてみる。

ジュディもそれをしてみた。ジュディは自分はクラスで最低の成績だ、と思い込んだ。証拠を捜してみると、隣に座っている人はもっとずっと悪い点だということが分かった。

ダイエットを台無しにしてしまったはずのキャシーは、トルティーヤとトリの手羽とライトビールのカロリーを計算してみると、友達と飲みに行ったので食べなかった夕食のカロリーよりも少し多いだけだったことを知った。

楽観主義を身につけるということは、世の中をむやみに明るく見ることではなく、否定的でない考え方を学ぶことだ。

別の考え方はできるか

何事も原因が一つだけということはめったになく、たいていの出来事にはたくさんの原因がある。テストが悪かったとすれば、次のようないろいろな要因があったことが考えられる。テストがどれほど難しかったか、自分がどれくらい勉強したか、どれくらい頭がいいか、どれくらい疲れていたか、教授がどれくらい公平であるか、ほかの学生たちがどんな成績だったか……。ペシミストは中でももっとも永続的で、普遍的で個人的な理由に執着するくせがある。ジュディは「私はもう年だから、こんな若い人たちとは競争できない」という理由を選んだ。

ここでも事実は自分に味方してくれていることが多い。原因はいくつもあるのだから、何もいちばん厳しいものに執着することはない。「もっと希望の持てる見方はないだろうか？」と自問してみることだ。ジュディはすぐにこう考えた。「私はフルタイムの仕事を持っているし、家庭もある」。自分に反論する方法を身につけたキャシーも「私は丸二週間もきちんとダイエットの決まりを守ることができたんだから、すごいわ」と考えられるようになった。

自分の思い込みに反論するには、あらゆる原因を探り、変えることのできる（勉強時間が十分でなかった）、特定の（このテストが特別難しかった）、自分の責任ではない（教授の採点が不公平だった）理由に焦点を当てることだ。今までの信念に代わる考え方を見つけ、十分には納得できない原因を信じようとするのはなかなか大変かもしれない。だが、ほとんどの悲観的な考え方は、最悪の思い込みに固執しているから起きるのだということを思い出してほしい。この自滅的な習慣を捨て、別の考え方を見つける方法を身につけることだ。

思い込みが本当だった場合の持つ意味

しかし、世の習いとして事実がいつも自分に味方してくれるとはかぎらない。自分に対して抱いている否定的な考えが、本当であることもあるかもしれない。こういう場合は〝破滅を取り除く〟という手法を用いる。

たとえ私の思い込みが本当であるとしても、それがどういう意味があるというのだ、と自分に問うてみることだ。ジュディはほかの学生たちよりも年上だった。でもだからといってジュディがみんなよりも能力が劣っているということにはならないし、誰も雇いたがらないだろうということにもならない。キャシーがダイエットを破ったからといって、彼女がすごい大食漢だということにはならないし、ばかだということでもないし、ましてやそのためにすっかりダイエットをあきらめてしまう理由にはならない。

このことがどれほどのひどい意味を持っているだろうか？　Bを三つ取ったことで誰もジュディを雇ってくれない可能性がどれくらいあるだろうか？　トリの手羽を食べたことで本当にキャシーが大食漢だということになるだろうか？　キャシーはここで、自分が丸二週間きちんとダイエットを守ったことを思い出し、自分は大食漢ではないという証拠を見つける。ジュディはこのコースで修士課程を卒業した人はほとんど全員良い職についたことを思い出す。

その考え方は有効か

何かをかたくなに信じていることのほうが、それが事実かどうかよりも大きな影響力を持つことがある。キャシーは自分が大食漢だと信じ込んでいたために、ダイエットを完全にあきらめてしまった。

世の中が不公正に思えることが起きると、非常に心を乱される人がいる。その気持ちには同情できるが、世の中は公正であるべきだと思っていると必要以上に悲しい目に遭うこともある。そんなことをくよくよ考えていて何になる？　ときには自分の思い込みが正しいかどうかを調べて反論するよりも、そのまま一日の仕事を続けたほうが有効な場合もある。例えば、爆弾解体処理の技術者はふと、これが爆発して、自分は死ぬかもしれない、と思うことがあるだろう。そのために手が震えだす。こういう場合は反論よりも気をそらす方法がいいと思う。こういうとき自分に問うべきことは、「自分の思い込みは正しいだろうか？」ではなく「今考えることが自分にとって役に立つだろうか？」なのだ。もし答えがノーだったら、気をそらす方法を使うのがよい（ストップ！　あとで考える時間を決める。思ったことを書いておく）。

もう一つの戦術は、将来状況を変えるための方法を列挙することだ。自分の思い込みが今は正しいとしても、状況は変えることができるだろうか？　どうしたら変えられるだろう？

反論の記録をつけよう

ＡＢＣＤＥモデルを使って反論の記録をつけよう。ＡＢＣはすでに説明したが、Ｄは反論（disputation）、Ｅは元気づけ（energization）だ。

実際に経験した五件の困った状況について、自分の思い込みに注意深く耳を傾け、その結果をよく見定め、思い込みに対して激しく反論し、否定的な思い込みに対してどのような元気づけを使ったらうまくいったか、それらすべてを記録する。これらの困った状況は、郵便が届かないとか、伝言を入れておいたのに電話がかかってこないとか、ガソリンスタンドでフロントガラスをふいてくれないとか、ささいな事柄でよい。各例ごとに前記の四つの方法を使って自分に反論を試みる。始める前に例をいくつか勉強しておこう。

困った状況：友達から借りた高価なイヤリングをダンスしている間に片方なくしてしまった。

思い込み：私って本当に無責任。ケイのお気に入りのイヤリングだったのに。きっとすごく怒るだろうな。それも当然だわ。私がケイだったらやっぱり怒るだろう。私はなんてぬけているのかしら。もう絶交だと言われるかもしれない。

結果：がっくりして、ケイに電話してことの次第を説明する勇気も出ないまま、座り込んでいた。

反論：本当に運が悪かったわ。ケイのお気に入りのイヤリングだった（証拠事実）から、きっとがっかりするだろう（この状況の持つ意味）。でも、ケイだって事故だったことは分かってくれるはずだ（別の考え方）し、このために私を嫌いになることはないだろう（この状況の持つ意味）。イヤリングをなくしたからといって、自分がひどく無責任な人間だと考えるのは間違っている（この状況の持つ意味）。

元気づけ：イヤリングをなくしたことはやはり申し訳ないけれど、これで友情が終わってしまうとは思わない。そう思い直すと、もっと気持ちを楽にしてケイに電話することができた。

困った状況：友達を何人か招いてディナーパーティーを催したが、この機会にぜひ親しくなりたいと願っていた女性はほとんど食べ物に手をつけなかった。

思い込み：料理がひどい味だったんだわ。私は料理下手だから。あの人ともっと親しくなりたいなんて考えはあきらめたほうがよさそうだ。夕食の最中に席を立って出ていかれなかっただけましだと思わなければ。

結果：私は自分に失望し、腹を立てた。自分の料理下手が恥ずかしくて、一晩中その人を避けたくなった。当然ながらパーティーは思いどおりには運ばなかった。

反論：ばかげているわ。料理はそんなにひどくはなかった（証拠事実）。あの人は少ししか食べなかったけど、ほかの人たちはみんなたくさん食べたんだもの（証拠事実）。あの人がたくさん食べなかった理由は山ほど考えられる（別の考え方）。ダイエット中かもしれないし、あまり気分が良くなかったのかもしれないし、またはもともと小食なのかもしれない（別の考え方）。たくさんは食べなかったけれど、夕食は楽しんだようだった（証拠事実）。おもしろい話をして皆を笑わせたし、リラックスしているようすだった（証拠事実）。皿洗いを手伝おうかとまで言ってくれた（証拠事実）。私が嫌いだったら、そんなことはしなかったはずだ（別の考え方）。

元気づけ：恥ずかしさや腹立たしさがずいぶん薄らいだ。もしあの人を避けたりしたら、それこそ親しくなるチャンスをつぶすことになると気づいた。こう考えることでリラックスでき、パーティーを台無しにせずにすんだ。

さあ今度は自分でやってみよう。これから一週間、特に困った状況を探さなくてもいいが、そういう事態になったときは、自分の心の中の対話に耳を傾け、否定的な思い込みが聞こえたら、徹底的に反論する。そしてＡＢＣＤＥを記録する。

困った状況：
思い込み：
結果：
反論：
元気づけ：

困った状況：
思い込み：
結果：

反論：
元気づけ：

困った状況：
思い込み：
結果：
反論：
元気づけ：

困った状況：
思い込み：

結果：

反論：

元気づけ：

困った状況：

思い込み：

結果：

反論：

元気づけ：

声に出して言う練習

何か困ったことが起きるのを待たなくても反論の練習はできる。友達に否定的な考えを声に出して言ってもらい、あなたもその批判に対して声に出して反論するのだ。友達（配偶者でもいい）にパートナーになってもらい、二〇分さいてもらう。パートナーの役目はあなたを批判すること なので、人選は慎重に行わなければならない。この人になら批判されても気にならないというような、信頼できる人を選ぶべきだ。

パートナーに、これは自分が自分自身を批判した場合に反論する力をつけるための練習なのだから、いくら批判されても気を悪くはしないことをよく説明する。自分のＡＢＣ記録を見せて、自分が繰り返し悩まされている否定的な思い込みを示し、どのような批判をしたらいいかヒントを与える。このような理解が得られていれば、パートナーの批判の言葉も気にならないし、実際この練習によって二人の信頼関係が増すことになるだろう。

あなたの仕事は、あらゆる手段を使って批判に対して大声で反論することだ。ありったけの反証を並べ、別の観点からの説明をしてみせ、パートナーが非難するほどの重大な意味はないのだから、大騒ぎすることはないと主張する。もし、現在のところは非難が当たっていると思えば、状況を変えるためにどのようなことができるか、列挙してみせる。パートナーには反論に対する反論をしてもらう。あなたはさらにそれに応じる。

始める前にパートナーと一緒に次の例を読んでほしい。この例で分かるようにパートナーはかなり厳しい批判をしなければならない（あなた自身も自分にずいぶん厳しい説明をしてきたのだから)。

状況：一五歳の娘の寝室で服を片づけていたキャロルは、服の下に隠してあった避妊ピルの箱を見つけた。

批判（パートナーによる）：こんなことになっているのを母親が知らなかったなんてどういうことなの？　あの子はまだ一五よ。あなたが一五のときはまだデートさえしてなかったでしょ。自分の娘のことにどうしてそう無知でいられるのよ？　スーザンが誰かとセックスしていることにも気づかなかったなんて、よっぽど母娘関係がうまくいっていないのね。それでよくあの子の母親と言えるわね。

反論：私が一〇代だったころとスーザンを比べてみてもなんにもならないわ（この考え方の有効性）。時代が変わったんだから。今は世の中が違うのよ（別の考え方）。確かに私はスーザンがこんなことになっているなんて気づかなかったけれど（証拠事実）、母娘関係が完全に壊れているとは言えないわ（この状況の持つ意味）。避妊の大切さを話し合ったのが役に立って、あの子はピルを飲んでいるんだから（証拠事実）。少なくともそれはいい兆候だと思う。

パートナーがさえぎる：あなたは自分の生活に手一杯で仕事が忙しいものだから、自分の娘に何が起きているのか、まるで知らないのよ。ひどい母親ね。

反論が続く：最近自分の仕事に気を取られていて、思うように娘にかまってやれなかったかもしれない（別の考え方）。でもそれは変えることができるわ（有効な手段）。このことでかっとなったり、自分を責めたりする代わりに、今度のことを娘とのコミュニケーションを復活させるきっかけにして、セックスやほかにも心配事があるのかどうか話し合うことにするわ（有効な手段）。初めは大変だと思う。娘も反抗的になるでしょうね。でもなんとか解決できると思うの。

状況：今度のペシミストはダッグという男性だ。ダッグとガールフレンドのバーバラは友人のディナーパーティーに出かけた。その晩バーバラは、ダッグが会ったことのないニックという男とかなり長い間話し込んだ。帰りの車の中で、ダッグは皮肉っぽく言わずにはいられない。「君とあの男はずいぶん話が合うようだね。彼の電話番号は聞いたのかい？　このまま友情が途絶えてしまうのは残念だからな」バーバラはダッグの反応に驚くが、心配することはない、ニックはただの職場の友達だから、と笑いながら言う。

批判（パートナーによる）：一晩中、別の男性としゃべったり笑ったりするなんて、バーバラはずいぶん失礼じゃないか。これはバーバラの知り合いのパーティーで、君が部外者であることはよく知っているはずなのに。

反論：僕も少しおおげさに騒ぎすぎたかもしれない。バーバラは一晩中ニックとしゃべっていたわけじゃないんだ（証拠事実）。僕たちはパーティーに四時間ほどいたけれど、バーバラはニックと四五分くらい話していたかな（証拠事実）。僕があそこにいた人たちと知り合いではなかったからといって、バーバラに僕のお守りをする責任があるというわけではない（別の考え方）。バーバラは最初の一時間はちゃんと僕を自分の友人たちに紹介するためにあてたし、ニックと二人きりで話し込んだのは夕食が終わってからだった（証拠事実）。バーバラは僕たちの関係に安心しているからこそ、いつも僕にくっついていなくてもいいと思っているのだろう（別の考え方）。バーバラは僕が一人でもほかの人たちに交わっていけることを知っているんだ（証拠事実）。

パートナーがさえぎる：もし、バーバラが君のことを本当に大切に思っているのなら、あの男といちゃいちゃしたりはしなかったはずだ。君は、バーバラが君を思っている以上に彼女のことを思っているんだよ。バーバラがそういうつもりなら、別れたほうがいい。

反論が続く：バーバラが僕を愛していることは知っている（証拠事実）。僕たちはもう長い間付き合っているが、バーバラは一度も別れたいとか、ほかの人とデートしたいなどと口にしたことはないんだ（証拠事実）。バーバラの言うとおりだよ。あまりいっぺんにたくさんの知らない人に会ったので、僕は少し神経質になっていたんだろう（別の考え方）。バーバラにはつらくあたってしまったことを謝って、なんでそういう態度を取ってしまったのか説明しなければならないな（有効な手段）。

状況：アンドリューの妻ロリーはアルコール依存症だ。ロリーは三年間アルコールに触れなかったが、最近また飲み始めた。アンドリューはなだめたりすかしたり道理を説いたりして、なんとかやめさせようとしたが、毎晩彼が帰宅すると、ロリーは酔っている。

批判（パートナーによる）：ひどい話じゃないか。君はロリーが酒を飲むのをやめさせることができるはずだ。事態がこれほどひどくなるまで、ロリーが何か悩んでいることを知らなかったなんて。どうしてそんなことが分からなかったんだ？　ロリーに自分がしていることをどうして気づかせることができないんだ？

反論：ロリーの飲酒をやめさせることができればいちばんいいが、それは現実的じゃあない（証拠事実）。この前、ロリーとじっくり話し合ったとき、やめさせるために僕ができることは何もないことが分かったんだ（証拠事実）。ロリー自身が気づいてやめる気にならなければどうしようもないんだよ（別の考え方）。だが僕も精神的にしっかりしていなければならないと思うんだ（この状況の持つ意味）。また自分を責めるという間違いを犯すことのないように、僕はアルコール依存症家族の会に通い始めようと思う（有効な手段）。

パートナーがさえぎる：君たちはうまくいっていると思っていたんだが。君はきっとこの三年間自分をだまし続けてきたんだよ。ロリーにとって結婚生活は何の意味もなかったに違いない。

反論が続く：ロリーがまた飲み始めたからといって、今まで三年間の結婚生活がすべて無意味になってしまったわけじゃあない（別の考え方）。僕たちはうまくやっていたし（証拠事実）、これからもまたうまくいくようになるよ。これはロリーの問題だ（別の考え方）ということを、僕は繰り返し自分に言い聞かせなければならない（有効な手段）。ロリーが飲むのは僕のせいではないんだ（別の考え方）。今僕にできるのは、自分の心配を誰かに聞いてもらうことだ（有効な手段）。楽ではないことは分かっているが、やってみる気は十分にある。

状況：ブレンダと姉のアンドリアはとても仲が良かった。学校も同じだったし、同じサークルで旅行をし、家庭も近所に構えた。アンドリアの息子はダートマス大学の一年生で、アンドリアもブレンダもブレンダの息子ジョーイが大学選びを始める手助けをしようと張り切っていた。高校最終学年になったとき、ジョーイは大学へは行かないで、家の修理や建設関係の仕事につきたいと両親に言う。アンドリアになぜジョーイは大学へ行きたくないと言っているのかと聞かれたブレンダは、かっとなってきつい言葉をはいてしまう。「姉さんの知ったことではないでしょう。みんながおたくの坊っちゃんのまねをしなければならないわけではないのよ」

批判（パートナーによる）：ブレンダ、あなたは人生の何もかもアンドリアに知られてしまうことがほとほと嫌になったんでしょう？　アンドリアにはアンドリアの家庭があるのだから、いつもあなたの人生に口を出すことはないわ。

反論：ちょっとそれはオーバーだと思うわ。姉は、ジョーイはなぜ大学に行かないことにしたのかと聞いただけよ（証拠事実）。これはフェアな質問よ（別の考え方）。もし、立場が逆でそれが姉の息子だったら、私もそう聞いただろうと思うわ（証拠事実）。

パートナーがさえぎる：アンドリアは、自分の息子がダートマス大へ行って、ジョーイが行かないから優越感を持っているのよ。自分の姉にそんな態度を取られるのはたまらないから、ほっといてよ、と言うべきだわ。

反論が続く：姉は別に偉ぶっているわけではないわ。姉もジョーイのことを心配して言ってくれたのよ（別の考え方）。私もジョーイのことではちょっとむきになっていたし、やっぱり姉の息子がうらやましかったの（別の考え方）。本当は私、姉ととても親しくしているのを誇りに思っているのよ。もちろん、ときどきはお互いに競争することもあるけれど、姉とはずっと仲良くやっていきたいわ（有効な手段）。

状況：ドナルドは大学四年生だ。ドナルドの父は長く患ったのち、四年前に亡くなった。クリスマス休暇で帰省したドナルドに、母はここ数カ月つきあっていたジェフと再婚すると告げる。ドナルドも母がジェフと交際していたことは知っていたが、結婚話は寝耳に水だった。ドナルドが何も反応を示さないので、母はどう思うかときく。ドナルドは「あんなやつと結婚しようなんてむかつくよ」と叫んで家を飛び出す。

批判（パートナーによる）：君のお母さんがあの男と結婚するなんて信じられないよ。お母さんはジェフのことをほとんど知らないし、あいつとは年が離れすぎているし、全然似合わないよ。そんなことしたら、君がかわいそうじゃないか。

反論：ちょっと待ってくれ。考えてみるとそんなにひどい話かな？　第一、僕は母がジェフをどれくらい知っているのか知らないんだ（証拠事実）。ずっと大学に行っていて、家にはいないからね（証拠事実）。あの二人は知り合ってからは数カ月かもしれないが、片時も離れずにいるのかもしれない（別の考え方）。それにジェフが年上すぎるというのはおかしいよ（証拠事実）。一〇歳年上なだけだ。父は母より一三歳年上だった（証拠事実）。

パートナーがさえぎる：お母さんはお父さんに悪いとは思わないのかい？　お父さんが亡くなって間もないのに、もう誰か代わりの人を見つけたなんてひどいじゃないか。そんな女は許せないよ。

反論が続く：こんなに幸せそうにしている母は久しぶりなんだ（証拠事実）。僕はまだ父のことが忘れられないので、母が父を亡くした痛手を乗り越えて、また誰かを好きになったなんて理解できなかったんだろう（別の考え方）。母にも、そのことを話してみようと思う。実際に父が亡くなってもう四年になる（証拠事実）んだから、僕がどう思おうと、母は新しい人生を歩み始めなければならないんだ（別の考え方）。僕も母が一人ぼっちでいるのは望んでいない。ある意味では僕もほっとしているよ（この状況の持つ意味）。もう母がさびしいのではないかと心配しなくてもすむんだから。母は父の代わりを見つけたんじゃなくて、自分を幸せにしてくれる誰か別の人を見つけただけなんだ（別の考え方）。きっと父だって喜んでくれるだろう（証拠事実）。父だって母がもう二度と愛を感じずに生きていくのを望んではいないはずだ（証拠事実）。あまりにも突然だったので、僕も驚いただけなんだ（別の考え方）。僕もジェフともっと知り合いになれば、きっともう少し安心できると思う（有効な手段）。ジェフがいい人だといいな。

さあ、今度はあなたがやってみる番だ。

復習

読者は今この章で学んだことをもとに、反論の仕方を練習中だろうと思う。これは毎日の生活で楽観主義を身につけるにはいちばん効き目がある方法だ。ここでは最初にＡＢＣの因果関係

――ある特定の思い込みが落胆とあきらめを生むこと――を示した。困ったことが起きたとき、普通はそのことが直接感情や行動を引き起こすわけではない。むしろその困った出来事に対する自分の思い込みが落胆やあきらめを生むのだ。つまり困ったことに対する自分の反応を変えれば、挫折にももっと上手に対処できることになる。

困った状況に対する解釈を変えるには、反論がもっとも有効な手段である。これからは自分の習慣的な解釈に常に反論する練習をしよう。落ち込んだり、心配したり、腹を立てているときはいつも、自分は自分に対してどんな説明をしているか問うてみよう。ときには思い込みが本当である場合もある。そういうときはどうやったら状況を変えられるかに力を集中し、困った状況が大きな災難に発展しないように努めることだ。しかし、たいていの場合、否定的な思い込みは事実をゆがめたものだ。思い込みに負けてはならない。

ダイエットなどと違って、楽観主義は一度覚えれば、簡単に守ることができる。否定的考えに反論する習慣を身につければ、日常生活もスムーズに運ぶようになり、もっとずっと幸せな気持ちで毎日を過ごせるのだ。

第13章

子どもを悲観主義から守るには

まだ大人のような責任のない子ども時代は、温室のように心地よい安全な時期であるべきだ。しかし、これまでに述べたように、子どもも悲観主義やうつ病と無縁ではない。多くの子どもが悲観主義のために楽しいはずの学校生活や子ども時代を台無しにしてしまう。学齢期の子どもたちも大人と同じ率でうつ病にかかる。いちばんいけないのは、悲観主義がものの見方という形で子どもの中に深くとどまり、成人してからの悲観主義のもとになることだ。

前にも述べたように、子どもたちは悲観主義の多くを母親から学ぶことが研究によって明らかになっている。また子どもは大人に言われた批判からも悲観主義を学ぶ。しかし、習得したものは捨てることもできるはずだ。子どもも大人と同じように、挫折をもっと楽観的に自分に説明する方法を身につけることによって、より楽しい生活を送ることができるようになる。ABC方式は大人に関しては数多くの実績があり、子どもについてもまだそれほど多くの研究はなされていないが、すでにその有効性は知られている。

子どもの自然な情緒発達に干渉することをちゅうちょする親もいるだろう。自分の子どもがこれらの方法を学ぶ必要があるかどうかを判断するためのガイドラインは三つある。

まず第一に第7章のCASQ（子どもの特性診断テスト）の得点は何点だったか？　女の子で7点、男の子で5点以下だった子どもは、もっと楽観度の高かった子どもたちよりもうつ病にかかる率が二倍なので、この方法を学ぶことで得るところが多いだろう。得点が低かった子どもほど有益だと思われる。

第二に第8章のうつ病度テストでの得点は何点だったか？　10点以上だったら、この方法が役に立つだろう。16点以上だった子はぜひこの方式を学んでほしい。

最後に、あなたがた夫婦はけんかをよくするだろうか？　あるいはすでに別居や離婚にいたっているだろうか？　もしそうだとしたら、大至急子どもにこの方法を身につけさせる必要がある。このような場合、子どもたちはしばしば非常に落ち込み、何年も立ち直れないことがあるからだ。学校の成績も振るわず、説明スタイルも半永久的に悲観的なものに変わってしまう。今なんらかの手を打つことが絶対に必要となる。

この章では12章で学んだ方式を子どもに応用する。

子どものABC

困った状況（Adversity）、思い込み（Belief）、結果（Consequence）の因果関係を知ることは、子どもが楽観主義を学ぶための第一歩だ。これから示す練習問題はこの関係を教えるためのもので八歳から一四歳の子どもを対象に考案されたものである。知的発達の早い子ならばていねいに説明してやれば七歳児にも使える。一五歳以上の子どもには大人用の問題をやらせる。

12章を読み、大人用の練習問題を復習してから子どもに教える。三〇分を予定する。まず子どもにＡＢＣモデルを説明する。何かがうまくいかないときにどう考えるかで、自分の気持ちがいろいろに変化するのだということをはっきり理解させるのが重要だ。つまり突然悲しくなったり、腹が立ったり、恥ずかしくなったりするのは、自分の考え方のせいなのだから、自分がどんな考え方をしているのかを学ぶ方法を見つけられれば、それを変えることができるのだと説明する。

子どもがだいたいの趣旨を理解したら、次に挙げる五つの例を一緒にやってみる。一つ終えるごとに、思い込みと結果に重点を置いて、子どもに自分の言葉で説明させる。それから各例のあとにある質問をする。

困った状況：担任の先生にクラス全員の前でどなられて、みんなに笑われた。
思い込み：先生は僕が嫌いなんだ。これでクラスの人みんなが僕をばかだと思っただろう。
結果：僕はとても悲しくて、机の下に隠れてしまいたかった。
子どもへの質問：なぜこの男の子は悲しかったのだろう？　なぜ隠れてしまいたかったのだろう？　もしこの子が先生について違う考え――例えば「先生が公平ではないことはみんなが知っている」――を持っていたとしたら、結果はどう違っていただろう？　クラスのみんなはこの子がばかだと思っただろうか？

困った状況：親友のスーザンに「ジョーニーが新しい親友になったので、これからは学校の食堂ではあなたじゃなくジョーニーと一緒にお昼を食べることにした」と言われた。
思い込み：スーザンは私のことがもう好きじゃないんだ。ジョーニーがおもしろいことを言うとみんなが笑うけど、私が言っても誰も笑ってくれないし、ジョーニーはかっこいい服を持っているけれど、私はダサいんだもの。私がもっと人気者だったら、スーザンだってきっとまだ親友でいたいと思っただろうな。もう誰も一緒にお昼を食べてはくれないわ。そしてジョーニーがスーザンの新しい親友になったことはみんなに知れてしまう。

結果：みんなに笑われたり、一人ぼっちで食べなければならなくなるのがこわくて、お昼に食堂へ行きたくなかった。そこでおなかが痛いふりをして保健室へ行かせてほしいと先生に頼んだ。自分が嫌になって、転校したいと思った。

子どもへの質問：この女の子はなぜ転校したかったのだろう？　スーザンがジョーニーと一緒に座ると言ったから？　それとももう誰も一緒に座ってくれる人がいないだろうと思ったから？　なぜ自分が嫌になったのだろう？　自分のかっこうがダサいと思い込んでいることもこれと関係あるだろうか？　もし、この子がスーザンはあきっぽい子だと思ったとしたら、結果はどう変わっていただろう？

困った状況：バス停で友達と一緒にバスを待っていたら、上級生の子たちがやってきて、友達みんなの前で僕のことを〝デブ〟と呼び始めた。

思い込み：言い返すことはできない。実際、僕はデブだからだ。友達みんなが僕をデブと呼ぶようになって、誰もバスで一緒に座ってくれなくなるだろう。いじめられるようになるだろう。でも、我慢するしかないんだ。

結果：僕は恥ずかしくて死にたかった。友達のそばから逃げ出したかったけど、これが最後のバスだから、乗らないわけにはいかなかった。じっとうつむいて、運転手の隣のいちばん前の席に一人で座ることにした。

子どもへの質問：この男の子はなぜ友達のそばから逃げ出したかったのだろう？　デブだと言われたから？　それとも友達に嫌われると思い込んだから？　ほかにもっと元気の出る考え方——例えば「友達は僕の味方だ」とか「友達はみんな、上級生は嫌なやつらだと思っている」——はなかっただろうか？　もしそう考えていたとしたら、どうなっていただろう？

子どもがＡＢＣ方式を把握したと思われたところで、その日のレッスンはやめにする。翌日は子どもが自分の生活にＡＢＣを当てはめる練習をする。約三〇分を予定しておく。

第二回目は、初めに困った状況、思い込み、結果の因果関係を復習してから、子どもに自分の生活の中から例を一つ考えて書くように言う。ヒントが必要な場合は、親自身のＡＢＣ記録から一つ、二つ示してあげよう。

次に、これから数日間は毎日ＡＢＣの例を一つ見つけて、帰宅後それを記録し、それについて親子で話し合うのが宿題だと言う。悲しみ、怒り、恐れ、あきらめなどはすべて思い込みによって起こるのだということを強調し、これらの思い込みは決して避けられないものでも、変えられないものでもないことをほのめかしておく。五例そろったところで、次の段階である反論に入る。

子どものＡＢＣ記録

困った状況：

思い込み：
結果：

困った状況：
思い込み：
結果：

困った状況：
思い込み：
結果：

困った状況：

思い込み：

結果：

困った状況：

思い込み：

結果：

子どものABCDE

反論方法は子どもも大人と同じだ。子どもがA（困った状況）B（思い込み）C（結果）の因果関係を把握したところで、D（反論）とE（元気づけ）の関連を説明する。これには四〇分を予定する。最初に子ども自身の例から一つ引いてABCの因果関係の復習をする。自分がそう考えているからといって、その考えが本当であるとは限らないのだと子どもに説明する。仲の悪い子に悪口を言われたときと同じように、これらの考えには反論することができるのだと教える。

子ども自身の例を一つ引いて、大嫌いな子に自分のことをこう言われたのだと想像してごらん、と言う。子どもはどう応えるだろう? 子どもが一つでも良い答えを示したら、さらにできるだけたくさんの例を挙げるように促す。もう例が浮かばなくなったらこう説明する。ほかの人の批判に反論するのと同じように、自分の否定的な考えにも反論することができ、ほかの人に反論するのよりももっと良い効果を上げることができる。自分の否定的考えに反論できれば、もうそれを信じることはなくなり、もっと楽しく、たくさんのことができるようになるのだ。

ここで四つの例――前述の二つと新しいもの二つ――を使って、子どもと一緒に徹底的に考えてみる。

困った状況：担任の先生にクラス全員の前でどなられて、みんなに笑われた。
思い込み：先生は僕が嫌いなんだ。これでクラスの人みんなが僕をばかだと思っただろう。
結果：僕はとても悲しくて、机の下に隠れてしまいたかった。
反論：先生にどなられたからといって、先生に嫌われているとはかぎらない。先生はクラスのほとんど全員にどなるし、先生はこのクラスが好きだと言っていた。僕は少しふざけていたから、先生に怒られても仕方がないんだ。クラスの誰もが――リンダは違うけど、あの子は優等生だから――一回はどなられているんだから、誰も僕をばかだとは思わないだろう。
元気づけ：どなられたのはやっぱりちょっと悲しいけれど、さっきほどじゃあないし、机の下に隠れてしまいたいとは思わなくなった。

思い込みの項をもう一度声に出して読み、子どもに今度は自分の言葉で反論させる。子どもの反論の各論点がどのような効果を上げるかを説明させる。例えば、先生は自分だけでなく、みんなをどなることに気づいたことで、先生に嫌われていると思い込んでいた子どもの気持ちがどう変わったか、など。

困った状況：私の親友のスーザンは、ジョーニーが新しい親友になったので、これからは学校の食堂ではジョーニーと一緒にお昼を食べることにしたと言った。

思い込み：スーザンは私のことがもう好きじゃないんだ。ジョーニーがおもしろいことを言うとみんなが笑うけど、私が言っても誰も笑ってくれないし、ジョーニーはかっこいい服を持っているけれど、私はダサいんだもの。私がもっと人気者だったら、スーザンだってきっとまだ親友でいたいと思っただろうに。もう誰も一緒にお昼を食べてはくれないわ。そしてジョーニーがスーザンの新しい親友になったことはみんなに知れてしまう。

結果：みんなに笑われたり、一人ぼっちで食べなければならなくなるのがこわくて、お昼に食堂へ行きたくなかった。そこでおなかが痛いふりをして保健室へ行かせてほしいと先生に頼んだ。自分が嫌になって、学校を替わりたいと思った。

反論：スーザンはいい子だけど、新しい親友ができたと私に言ったのはこれが初めてではない。この間はコニーを親友にするんだと言ったし、その前はジャクリーンだった。私のジョークが受けるかどうかも大したことじゃないと思う。それにこの前ショッピングセンターへ一緒に行ったとき、スーザンは私とすっかり同じ服を一揃い買ったのだから、私の服装がかっこ悪いわけじゃあない。スーザンは親友をいつも取り替えるのが好きなだけだわ。いいわ。友達はスーザンだけじゃないんだから。お昼はジェシカやラターニャと一緒に食べることにしよう。

元気づけ：誰と一緒に食べるか心配でなくなった。自分が嫌ではなくなった。

思い込みと結果の項をもう一度声に出して読み、今度は子どもに自分の言葉で反論させる。必要なら手助けする。子どもに反論が思い込みを覆すのにどんな効果を上げるかを説明させる。例えば、スーザンが何週間かに一度は親友を替えることに気づいたために「スーザンはもう私のことを好きじゃないんだ」というのは本当でないことが分かった。「私の服はダサい」というのが本当ではないことはどうして分かったか？

困った状況：今日体育の授業で、先生がフットボールのキャプテンになる子を二人選んだ。ほかの子たちは一列に並んで、キャプテンがそれぞれよさそうな子を選んで自分のチームに入れるのを待った。僕は最後から三人目になってやっと選んでもらえた。

思い込み：クリシーとセスは僕が嫌いだから、自分のチームに入れたくないんだ。クラスのみんなが僕を運動神経ゼロだと思うだろう。誰も自分のチームに入れてくれなくなる。僕は本当にノロマなんだ。誰も一緒に遊んでくれないのも当たり前だ。

結果：自分がすごくばかに思えて泣きそうになったが、泣いたら、もっとみんなに笑われるから、なるべく離れたところに立って、ボールが来ませんように、と祈った。

反論：僕がスポーツが得意でないのは本当だけど、自分をノロマと呼んだら、もっとみじめになるだけだ。でも僕には得意なものがほかにある。例えば先生が勉強グループに分かれるように言うと、みんなが僕のグループに入りたがるじゃないか。それに僕がアメリカ独立戦争について書いた作文は一等賞になった。クリシーもセスも僕を嫌ってなんかいないだろう。上手な子を自分のチームに取りたかっただけさ。僕に意地悪したわけではないんだ。体育が得意な子もいるし、ほかのことが得意な子もいる。僕はたまたま数学や朗読や社会科のほうが得意なだけだ。

元気づけ：自分にこう言ったら、ずいぶんすっきりした。やっぱりなんでもよくできたらいいなとは思うし、スポーツのとき最後まで選んでもらえないのは嫌だけど、ほかのことでは一番先に選ばれることもあるんだ。それにクリシーもセスも僕を嫌っているわけじゃない。

子どもに自分の言葉で反論し、「クリシーとセスが僕を嫌っている」のではないという証拠をこれも自分の言葉で説明するように言う。この思い込みを覆すような証拠はほかにもあるか、と聞く。

困った状況：昨日は弟の誕生日で、母と継父はたくさんのおもちゃと大きなケーキを買ってやった。でも僕のほうには目もくれなかった。

思い込み：テンプルはいつだって母と継父のお気に入りなんだ。なんでも欲しいものは買ってもらえる。なぜ弟のほうをかわいがるか知っているよ。テンプルは僕より成績が良くて、通信簿には〝非常に優秀〟だって先生が書いていた。僕の通信簿には〝もっとていねいな字を書くように〟って注意書きがあった。

結果：僕はとても悲しくてさびしかった。母が「こんな子はもういらない」って言うんじゃないかと心配だった。

反論：ママや継父のトロイがテンプルにたくさんおもちゃをやるのは当たり前だ――弟の誕生日なんだから。僕も誕生日にはいっぱいプレゼントをもらった。今日は弟ばかりちやほやされているけれど、弟のほうをかわいいと思っていることにはならない。僕の先生も優秀だと言ってくれたらなあと思うけれど、クラス活動への参加と科学の欄にはいいことを書いてくれた。とにかく、ママもトロイも僕とテンプルの成績を比べたりはしないと言っている。自分なりに一生懸命やればいいって言ってくれたんだ。

元気づけ：母に追い出されるのではないかという心配はなくなった。テンプルばかりが両親の関心を集めているのが嫌ではなくなった。だって僕の誕生日が来れば、弟だって同じ気持ちになるんだから。

子どもが例題の趣旨を理解したら、今日のレッスンは終わりにして、翌晩また四五分間レッスンをする。最初に前日の例題の中から反論と元気づけの関係を復習する。

今度は子どもが自分でやってみる番だ。子ども自身のＡＢＣ記録にまで戻って、五例それぞれについて、思い込みに対して反論させる。12章で学んだ四つの反論方法（証拠事実、この状況の持つ意味、別の考え方、有効な手段）を用いて子どもに助言する。だが子どもにこの四つの方法を分類して教える必要はない。子どもに指導するときの手掛かりにすればよい。

次にこれから五日間、毎日一回暮らしのなかで起こった否定的な思い込みに実際に反論する宿題を出す。毎晩子どもと一緒にそれを記録し、検討する。また、翌日子どもが遭遇する可能性のある困った状況を予想し、どんなふうに反論したらいいか準備させる。

子どものABCDE記録

困った状況：

思い込み：

結果：

反論：

元気づけ：

困った状況：
思い込み：
結果：
反論：
元気づけ：

困った状況：
思い込み：
結果：
反論：

元気づけ：

困った状況：

思い込み：

結果：

反論：

元気づけ：

困った状況：

思い込み：

結果：

反論：

元気づけ：

子どもに声に出して反論させる

子どもと一緒にする訓練の仕上げは、声に出して反論することだ。親が批判する役になり、子どもがそれに応える。どんな批判をしたらよいかを子どもに相談する。子どものＡＢＣ記録を一緒に見直して、子どもが自分に対して頻繁にする批判を抜き出すといい。この練習をすると反論するのがとてもうまくなるのだと子どもに説明する。親は批判する役目をするが、本気で言っているわけではないとたびたび念を押す。子ども自身が心の中でよく考えていることを代わりに言っているだけだと説明する。ここで気をつけなければならないのは、親として子どもをよく知っているがために、あまりに的確な批判をしてしまう可能性があることだ。シリアスな批判をして、子どもの心を傷つけることだけはしたくない。

まだ幼い子であれば、指人形を使って厳しい批判は指人形に言わせるのも良い方法である。次のように話を始める。

「ほかの子の悪口を言う子がよくいるよね。ほかの子に意地悪されて本当じゃないことを言われたら、君は言い返すだろう？　当たり前だよね。でも今までＡＢＣ記録で一緒に見てきたように、自分自身のことを悪く言う人もいるんだ。それどころか、自分について本当じゃないことを言うことだってあることが分かったよね。だから自分が自分自身について正しくないことを言った場合、どう言い返したらいいか勉強しなければいけないだろう？　じゃあ、指人形さんを使って自分に言い返す方法を練習しよう。指人形さんは君のＡＢＣ記録を読んだから、君が自分にどんなことを言うか知っている。でも指人形さんは意地悪ないじめっ子でもあるんだ。だから君は指人形さんに言い返して、指人形さんの言うことは間違っているよ、って教えてあげなければならないんだ」

始める前に次の例を声に出して読み、子どもがどんな思い込みにどのように反論しなければならないのか、ヒントを与える。指人形にいくつか批判を言わせる。

状況：ケンは中一で、中流層の住宅地にあるとてもいい学校へバスで通っている。ケンは成績が良く、学校が好きでたくさんの友達がいる。毎日放課後、ケンは仲間たちと誰の家で遊ぶか決める。ケンはできたらみんなを自分の家に呼びたいのだが、自分の両親や住んでいる場所を恥ずかしく思っている。ある日、誰かがケンの家に行こうと言う。ケンは困って、「僕のお父さんは医者で自宅にオフィスがあるから、みんなをうちに呼べないんだ」と言う。うそをついたケンは悲しく恥ずかしくて、気分が良くないからと言って一人で家に帰る。

批判（母親がする。ただし特に厳しい批判は指人形を使って言う）：君はうそつきだ（指人形に言わせる）。お父さんが医者だなんてよく言うよ。絶対にみんなを家には呼べないくせに。そのうち誰かが、誰も君の家に行ったり、両親に会ったりしたことがないのに気づくさ。

反論：僕の両親もリッキーの両親のようだったらどんなにいいだろう。両親や家のことを恥ずかしく思いたくはないけれど、どうしようもないんだ。でも、誰も行ったことがないのは僕の家だけじゃない。実際はみんなでヘンリーの家に行くことが多いんだ。いちばん近いからね。

母親（ときどき指人形にしゃべらせる）がさえぎる：あなたがひどいところに住んでいて、父親が飲んだくれで、母親が家政婦をしていることはそのうちばれるわ。ばれてしまったら、もうみんなはあなたとは付き合ってくれなくなるわ。きっと学校中の笑いものになるよ（指人形）。

反論が続く：父が大酒飲みなのが知れたらすごく恥ずかしいけど、そのためにみんなにのけものにされるとは思わない。みんなは僕が金持ちの子だと思って付き合っているわけじゃないんだ。だって、もしスティービーのお父さんが失業しているって分かったとしても、僕はそのために友達をやめたりはしないからね。そういえば、僕はほかの子たちの親が何をしているのか、どこに住んでいるのか知らないや。うちの親のように悪い状態の人たちだっているかもしれない。みんなをすぐうちに呼ぶつもりはないけれど、もううそはつかないよ。

批判の項を声に出してもう一度読み、今度は子どもに自分の言葉で反論させる。さらに親がさえぎって批判し、子どもにもさらに反論させる。

状況：リンはかっこいいと思ってあこがれていた女の子にパジャマパーティーに誘われる。

母親の車から降りたリンは、ベッツィの両親が留守で、女の子たちがアルコールを飲もうとしていることを知る。リンは居心地が悪くなり、気分が悪くなったふりをして母親に迎えに来てくれるように電話する。

批判（親たちによる）：もし飲みたくないのなら、病気のふりなんかしないで、本当のことを言うべきだったわ。なのに、あなたはいちばん楽な方法をとって、逃げ出したのね。まったく根性なしだよ（指人形）。

反論：根性はあるわ。いちばん楽なのはみんなに調子を合わせて一緒に飲むことだもの。仮病を使うのは賢かったわよ。みんなに悪口を言われたり、強制されたりせずに抜け出せたんだから。

親（指人形を使って）がさえぎる：まったく幼稚だね。初めてベッツィの家に呼ばれたというのに、自分だけいい子になって、せっかくの楽しみを台無しにするなんて。

反論が続く：パーティーを台無しになんかしなかったわ。私はずっといたってきっと楽しめなかったわよ、ベッツィの両親が帰ってきて見つかるんじゃないかと心配で。考えてみるとベッツィとはそれほどいい友達にはなれないかもしれない。

反論を声に出して読み、子どもに自分の言葉で反論させる。必要に応じて親が口をはさむ。もっと説得力のある反論はできるかと子どもに促す。

状況：アニータは両親に頼み込んでやっと念願の子犬を買ってもらった。ところが、アニータはたった数週間であきてしまい、ホーガンと名付けた子犬の食事や散歩の世話をさぼるようになった。とうとう両親はアニータがもっと責任を持たなければ、犬をよそにあげてしまうと言う。アニータは怒る。「二人ともすっごい意地悪！　もともと犬を飼いたくなかったからって、私からホーガンを取り上げる口実を捜しているんだわ！」

批判（親による）：まったくひどい親たちね。最低だわ！

反論：まあ、最低ってほどでもないかな。だって最初は犬を買ってくれたし、私の誕生日にはパパが私とデーブをニューヨークへ日帰りで連れていってくれたもの。

親（指人形を使って）がさえぎる：ホーガンは君の犬だろ。君のために買った犬なのに、お父さんやお母さんはよそへあげてしまおうとしているんだよ。君に楽しい思いをさせたくないんだ。

反論は続く：パパやママが怒っているのは、私が約束どおりにホーガンの散歩や食事の世話をしてやらなかったからかもしれないわ。子犬を買ってくれれば、全部責任を持つってたしかに約束したんだけれど、これほど大変だとは思わなかったの。もし、私が毎日一生懸命世話をすれば、パパやママも少しは手伝ってくれるかもしれない。そう話してみるわ。

反論を声に出してもう一度読み、子どもに自分の言葉で反論させる。

次に指人形を使って子どものABC記録から、子どもに自分自身の批判を二、三やらせる。子どもをほめてやってから、まだ子どもがあきていないようだったら、次に示した最後の例をやる。この例では、三人の人々がそれぞれ自分を批判し、また自分の批判に反論しているという少し複雑な状況なので、一〇歳以上でないと無理かもしれない。もし、自分の子どもには難しすぎると思ったら、とばしてもよい。

状況：ホープとミーガンは一四歳と一五歳の姉妹だ。数カ月前に、二人の両親は別居した。ホープとミーガンは母と一緒に暮らしているが、毎週日曜日の一日中と、木曜日の夕食に父に会うことになっている。日曜日にはいつも同じパターンが繰り返される。父親が二人を家まで迎えに来る。ホープは助手席に座り、ミーガンは後ろの座席に座る。ホープはラジオをつける。父親が音を低くする。父親が尋ねる。「どう、うまくいってるかい？」ホープは小声で「ええ」と言い、ラジオのボリュームを上げる。ホープの態度が嫌でならないミーガンは、なんとか会話を続けようとする。とうとう我慢できなくなった父親がラジオを手荒に消す。ホープは小声で捨てぜりふを吐き、ミーガンは黙り込む。

ホープの批判：やれやれ、またまた楽しい行事がいっぱいの日曜日か。パパは週一日と一回の夕食のときだけ、私たちの生活に気楽に入り込んできて、何もかもうまくいくと思っているんだから。「うまくいってるかい？」なんてよく言えるわね。うまくいっているわけないでしょ。パパとママは別居しているし、本来は毎日一緒にいるべき人に会うために毎週日曜日がつぶれてしまうし。もし、パパが本当に私がどうしているか知りたければ、決められた日に会いに来るだけじゃなく、もっと電話してくれるはずじゃない。

ホープの反論：日曜日は本当に嫌。楽しくないのは私たちがみんな緊張しているせいかもしれない。私ももっとリラックスしてもいいはずだわ。ラジオのボリュームをあんなに上げたり、ぶっきらぼうな返事をして、パパに嫌がらせをしなくてもいいはずよね。パパだって友達が言うような軽い気持ちで「どう、うまくいってるかい？」って聞いているのかもしれない。まあ理想的な環境とは言えないけれど、パパが近くに住んでいて、会えるだけでも幸せよね。親たちが別居している友達のなかには、全然お父さんに会えない人たちだっているんだから。でも私、毎週日曜日パパに会うのは嫌なんだ。たまには友達と出かけたいし。できれば、毎週何曜日が都合がいいか、相談して決めるほうがいいんだけど。そうすれば義務だという感じもなくなるし。パパに言ってみようかな。なぜパパがもっと頻繁に電話してくれないのか分からないけれど、私たちのことを気にかけていないからだと決めつけちゃいけない。話したいときは私からかければいいんだ。今日、そのことも話してみようか。

ミーガンの批判：まただ。車に乗って五分もたたないのに、もうパパとホープがやりあっている。私がうまくとりなすべきなのに、上手に話が弾むように持っていくことさえできないなんて。こんな簡単なことさえできないんじゃ、うまくいくわけないじゃない。私がすっかりぶちこわしてしまったんだ。

ミーガンの反論：もしかしたら、私は自分に少し厳しすぎるかもしれない。だって二人が協力しなければ会話は成り立たないんだから。私一人がいくら頑張って話したって、二人とも応えてくれなければどうしようもない。私はもう一度みんなが穏やかにやっていけるようになりたいと思うあまりに、自分の力の及ばないことをしようとしている。まあ、少なくとも二人がいがみあっているのは私のせいじゃないもの。

父親の批判：いったいどうしたっていうんだ？　日曜日はいつもこれだ。車に乗ったとたんホープはラジオをつけて、何を言ってもろくに返事をしない。あの子のことは分からないよ。父親に会いたくないのか？　娘たちが両親に一緒に暮らしてほしいと思っているのは分かっているが、それはできない相談だ。現実を受け入れて、そのなかでいちばん良い方法を考える以外ないんだ。ミーガンはちゃんとやっている。ホープはなぜぶちこわすようなことをするんだ？　おそらく二人とも別居はすべて私のせいだと思っているんだろう。二人とも毎日ずっと母親と一緒にいるのに、私と一緒のときは赤の他人のような顔をする。もっとましな扱いを受けてもよさそうなものだ。

父親の反論：今がいちばんつらいときだ。落ち着いてゆっくり考えなければいけない。ホープが私に会いたくないと言ったことは一度もない。あの子があんなに反抗的なのは、まだ別居後の気持ちの整理がついていないからだ。私は二人がまだ子どもで、両親の別居で大ショックを受けたことを忘れてしまいがちだ。ホープとミーガンの態度の違いを比較してもなんにもならない。ミーガンは年上だし、いつもおとなしいほうだった。実際のところ、ミーガンが反抗的ではないからといって今の状態に満足していると思ってはいけないのかもしれない。私がすぐにかっとなるのは、この状況に不満を感じているせいもあるかもしれない。なんとかこの状況を改善したいのだが、二人に別居について話すのは難しい。でもほうっておくわけにはいかないな。二人はまだ子どもだし、どんなにつらくてもこの問題を話し合うのが父親としての私の責任だ。

自分の否定的な考えに反論する方法はどんな子どもでも覚えることができ、一度身につければ一生忘れない。どんな方法も最初は少しぎこちなく感じるものだ。テニスのバックハンドグリップだって、初めはずいぶん不自然に思えただろう。自分自身の意見に反論するのも同じようなものだ。練習次第でバックハンドも反論も自然にできるようになる。幼いうちにこの方法を覚えれば覚えるほど、悲しい目に遭わずにすむわけだ。

楽観主義は早く身につけるほど、基本的な習慣になる。清潔に保つことや人に親切にすることと同じように、この習慣は重荷ではなく、ごく当たり前のことになるのだ。うつ病度テストやCASQの点が良くなかった子や、両親の仲が悪い子はうつ病の危険が高く、成績も落ちることが多い。だが、これらの方法をマスターすることによって、長期にわたる無力感や希望のない状態に陥らずにすむようになる。

第14章

楽観的な会社はうまくいく

仕事上の壁に突き当たったとき、あなたはどうするか?

スティーブ・プロスパーは生命保険のセールスマンで、毎晩五時半から九時半まで勧誘電話をかける。スティーブはこの作業が嫌でならない。最近子どもが生まれたシカゴの夫婦のリストを見て電話していく。夜はたいてい次のように過ぎる。

最初に電話した人は一五秒で電話を切ってしまう。二人目の女性はもう必要な保険には入っていると言う。三人目は孤独な男で、スティーブにしゃべらせ、自分もゆうべのシカゴ・カブスの野球の試合の批評を長々とする。三〇分後、スティーブはこの男が生活保護を受けていて保険に入る気などないことを知る。四人目は「うるさい、あほう」と言って切ってしまう。この時点でスティーブは壁に突き当たる。彼は憂うつそうに電話を見て、リストに目を移し、また電話を見る。新聞をめくる。もう一度電話を見てから、クアーズ・ビールを注ぎ、テレビをつける。

スティーブにとって不運だったのは、彼がナオミ・サージェントと直接競合関係にあることだ。ナオミも同じ電話リストを持っており、別の会社で働いている。だがナオミは壁に突き当たってもくじけない。どんどん五人目、六人目、一〇人目に電話を続け、一二人目に予約を取り付ける。スティーブが三晩のちにやっとこの顧客に連絡したときには「もう保険に入ったから」と断られてしまう。

ナオミは、この商売では平均して一〇回に一回しか直接面談する予約を取れないし、面談三回のうち一回契約にこぎつければいいほうだということを知っている。ナオミには勧誘電話の壁をつきやぶる心構えがあり、この心構えをくずさないための楽観主義維持法を身につけているのだ。スティーブにはそれがない。

楽観主義は仕事を助ける。競争の激しい仕事だけではない。どんな仕事でも、つらいときの支えになってくれる。良い仕事をするか、粗末な仕事をするか、全然仕事ができないかの分かれ目にさえなる。競争相手のいない著作業――例えばこの章を書くこと――について考えてみよう。

ナオミ・サージェントとは違い、私は生まれつきのオプティミストではないので、壁を乗り越えるための方法を学んだり、ときには発明しなければならなかった。私にとっていちばん難しいのは例を書くことだ。原則を書くのはいつも楽だった――二五年間も原則を研究してきたのだから。私は長年の間、例を挙げなければならない箇所に来ると、いつも壁に突き当たっていた。私はいらいらし、電話をかけたり、データシートを分析したり、書くこと以外ならなんでもした。壁が本当に高いときは、出掛けてブリッジをした。このパターンが何時間もときには何日も続くと、原稿ができあがらないだけでなく、後ろめたい気持ちになり、うつ状態に陥ったものだ。

この状態はすっかり変わった。やはり、しばしば壁には突き当たるけれど、良い解決法を見つけたのだ。この章では、このうち職場で役に立つ二つの方法を伝授しよう。ここでもやはり自分の心の中の対話に耳を傾けること、そして否定的な対話に反論することだ。

誰でももうこれ以上は前に進めないという地点――壁――がある。この壁にぶつかったときどうするかで、成功か失敗かが決まることもある。壁を乗り越えられないのは怠惰のせいにされることが多いが、これは間違いだ。才能がないからでも、想像力が欠けているせいでもない。それは方法を知らないからだ。この方法はどんな学校でも教えてくれない。

仕事のうえで、あなたはいつ壁に突き当たるだろうか？　仕事上で、意気消沈してしまうような状況を思い出してみよう。顧客に電話すること、対話を書くこと、顧客と請求書について口論すること、学生たちの無気力な目つきを見ること、同僚がもたもた仕事をしているのを我慢すること、やる気のない従業員を奮い立たせようとすること……。自分の場合を念頭においてこの章を読んでいただきたい。壁を乗り越えるのにきっと役に立つはずだ。

その人の楽観度に合った職場に就ける

楽観主義を身につければ、壁を乗り越えることができる。それも個人としてだけではない。第9章で見たように、チーム全体の説明スタイルも勝利や敗北を生む。そして組織もその大小にかかわらず、楽観主義を必要としている。才能も意欲もあって、しかもオプティミストである人々がたくさんいる会社は強い。組織は三通りの方法で楽観主義を有効に使うことができる。

まず第一に、第6章で述べたメトロポリタン生命の例のように、オプティミストは特にプレッシャーのかかった場面ではペシミストよりも高い売上を上げる。今では五〇社以上の会社が採用試験に楽観度アンケートを取り入れて、才能と意欲だけでなく楽観主義も選考の基準に取り入れている。オプティミストを選ぶことは、採用と研修のコストが高く、辞める率の高い職種では特に大切だ。しかし、楽観主義の利用価値はそれだけではない。

第二に、楽観主義は職場の配置にも役に立つ。イニシアティブや粘り強さや大胆な夢を要求され、敗北感を味わうことの多いストレスの大きい職種では、楽観主義が価値を発揮することは明らかだ。極端な悲観主義が誰にとっても好ましくないことも明らかである。しかし、悲観主義がかなり役に立つ仕事もある。第6章で述べたように、ペシミストはオプティミストよりも現実を正確に把握していることが証明されている。成功している会社は、成功している人生と同様に、現実の正確な評価と夢を見る能力の両方を必要とする。必ずしも一人の人がこの両方を備えているとはかぎらない。この章で示すような楽観主義と悲観主義の使い分けを知っている人もほとんどいない。大きな会社ではどこもさまざまな人々がさまざまな仕事を担当している。どうすれば適材適所の配置が可能になるだろう？

楽観的説明スタイルが必須条件である分野は次のとおりだ。

●セールス
●仲買業
●広報
●俳優など人前に出る仕事
●寄付金を募る仕事
●創造的な仕事
●競争の激しい仕事
●燃えつきる《バーンアウト》率の高い仕事

以上のような分野と両極をなすのは、一際鋭い現実感覚を要求される仕事だ。これらの部門は通常競争もそれほど激しくなく、辞める率も低くて、プレッシャーの少ない状況での専門的な技術が必要となる。攻撃をしかけるべきでない時を知り、慎重を期する適度の悲観主義が長所となるのは次のような分野だ。

●設計・安全工学
●技術・コスト見積もり
●契約交渉
●財政統制・会計
●法律（訴訟を除く）
●経営管理
●統計
●テクニカルライティング
●品質管理
●人事・渉外管理

というように、極端な悲観主義を除き、楽観的な組織にはあらゆる楽観度に適した仕事がある。応募者の楽観度を知り、その人がいちばん能力を発揮できる部署に配置することが大切だ。

しかし、どんな組織にも、現在就いている仕事には悲観的すぎる人が必ずいるものだ。これらの人々は現在の仕事に適した才能と意欲を持っている場合が多いので、配置転換するのはコストもかかるうえに非人道的ですらある。幸い、彼らも楽観主義を習得することができるのだ。

楽観主義の習得

楽観主義が組織に与える利点の第三番目が、この章のテーマである。楽観主義は職場で身につけることができる。

職場で楽観主義を身につける必要がないのは、生まれついてのオプティミストである幸運な人々と、先に挙げた競争の少ない仕事に就いている人たちだけだ。ほかの人たちは楽観主義を学ぶことで大なり小なり得をするはずだ。

スティーブ・プロスパーを例にとってみよう。スティーブは勤務時間など自分で決められる部分が大きい保険の外交員の仕事が気に入っていた。適性も意欲も十分だったのだから、壁を乗り越える術《すべ》さえ身につければ優秀な成績が上げられるはずだった。

スティーブは楽観主義を学ぶため四日間の講習を受けた。第12章で述べたように、私は二人の認知療法学者スティーブ・ホロン、アーサー・フリーマン両博士とともに、オプティミストになるための講座を設けた。外交員の研修と言えば、お客になんと言うかを教えるのが普通だが、この講座はお客に断られたとき、自分になんと言うかに焦点を当てているのが大きな違いだ。

スティーブ・プロスパーはこの講座のおかげですっかり変身した。この章は、あらゆる仕事に応用できるような、もっとも基礎的なテクニックを教えようというものである。

職場でのＡＢＣＤＥモデル

第12章でも説明したアルバート・エリスのＡＢＣＤＥモデルを使って、職場で自分の心の中の対話をどうやって変えるか考えてみよう。次の例ではＡ（困った状況）とＢ（思い込み）とＣ（結果）を示してあるので、欠けている部分にこの状況によく当てはまると思う事柄を書き入れてみる。

①

Ａ　運転中、誰かが前に割り込む。

Ｂ　あなたは（　　　　　　　　　　）と思う。

Ｃ　あなたは頭にきて、クラクションを鳴らす。

②

Ａ　簡単に売り込めそうな相手だったのに失敗する。

Ｂ　あなたは「私はだめなセールスマンだ」と思う。

Ｃ　あなたは（　　　　　　　　　　）と感じる。または（　　　　　　　　　　）する。

③

Ａ　上司に批判される。

Ｂ　あなたは（　　　　　　　　　　）と思う。

C　あなたは一日中落ち込んでいる。

④
A　上司に注意される。
B　あなたは（　　　　　　　　　）と思う。
C　あなたは上司に注意されてよかったと思う。

⑤
A　配偶者に毎晩家にいてほしいと言われる。
B　あなたは（　　　　　　　　　）と思う。
C　あなたは腹を立て、不満を感じる。

⑥
A　配偶者に夜は家にいてほしいと言われる。
B　あなたは（　　　　　　　　　）と思う。
C　あなたは悲しく感じる。

次の三例では、セールスマンになったつもりで考えてほしい。

⑦
A　この一週間全然予約が取れなかった。
B　あなたは「私は何をやってもだめだ」と思う。

C　あなたは（　　　　　　　　　）と感じる。または（　　　　　　　　　）する。

⑧

A　この一週間全然予約が取れなかった。

B　あなたは「先週はうまくいったんだから」と思う。

C　あなたは（　　　　　　　　　）と感じる。または（　　　　　　　　　）する。

⑨

A　この一週間全然予約が取れなかった。

B　あなたは「今週は上司の指導が悪かったんだ」と思う。

C　あなたは（　　　　　　　　　）と感じる。または（　　　　　　　　　）する。

この練習のポイントは、困った状況をどう考えるかによってそのときあなたがどう感じるか、どうするかが変わるということである。

①ではおそらく「なんてやつだ」「なんでそんなに急いでいるんだ?」「なんて人のことを考えない人間なんだ」などと書き入れただろう。⑤では「女房は僕のしたいことを分かってくれない」と書いたかもしれない。困った状況の原因が外的なものであると感じるとき、私たちは自分の領域を侵害されたような気がして、腹を立てる。

②では打ちひしがれた、悲しい気分になったはずだ。「私はだめなセールスマンだ」という説明は、個人的、永続的、普遍的で気分が落ち込む原因となる要素を備えている。同様に⑥も、妻に夜は家にいてくれるように言われて、悲しく感じたのは、「私には思いやりがない」とか「私

は悪い夫だ」と考えたからだろう。

③で上司に注意されたとき、一日中落ち込んだのは、「私は文章を書くのが下手だ」とか「私はいつもへまをする」など永続的、普遍的、個人的な説明をしたためだ。④で上司に注意されてよかったと感じたのは、どのような説明スタイルに変えたからだろうか？　第一に注意された原因を、「文章の書き方の上達法を教えてくれるところがあるのを知っている」とか「よく読み直してから提出するべきだった」のように、変えることのできる一時的なものと考えることだ。第二に考え方を「下手だったのはこのレポートだけだ」のように特定のものにする。第三に「上司はひどく不機嫌だったのだ」「急いで書かされたせいだ」というふうに責任を自分以外のところへもっていく。思い込みの時点で以上の三点を習慣にできれば、苦しい状況も成功へのステップになるだろう。

最後の三例では、⑦のように「私は何をやってもだめだ」――永続的、普遍的、個人的――と考えると、悲しくなり、何もする気にならない。もし⑧のように「先週はうまくいったんだから」と考えれば悲しくなることもなく仕事に打ち込める。⑨のように「上司の指導が悪かったんだ」――一時的、部分的、外的――と考えれば、上司に不満は持つものの、やはり翌週に望みを持つことができる。

壁を跳び越えるゲーム

このゲームのポイントは自分自身の壁――仕事をしていてすべてをあきらめてしまいたくなる

部分――は何かを見きわめることだ。生命保険の外交員を対象にした研究では、これが勧誘電話であることが明らかになっている。電話はくじけずに粘り強く続けなければならない。がっかりしやすい外交員、断られてもすばやく立ち直れない外交員は脱落してしまう。毎晩二〇件の勧誘電話をかけられる者だけが成功するのだ。

私たちは講習会で、外交員が自分のＡＢＣを知る手掛かりとして勧誘電話を用いる。外交員たちは宿題として最初の晩に一〇回の電話をかけ、一回かけるごとに自分のＡＢＣを書きとめる。次に外交員たちが心の中で何を言っているか、例を挙げよう。

困った状況：勧誘電話をかけ始めること。
思い込み：嫌だな。こんなことしなくてもよければいいのに。
結果：腹立たしさと緊張で、なかなか受話器が取れない。

困った状況：今夜最初に電話した相手にガシャンと切られてしまった。
思い込み：失礼なやつだ。話をするチャンスさえ与えてくれなかった。何もあんな扱いをしなくたっていいのに。
結果：苦々しい気持ちになり、二番目の人にかける前にひと息入れなければならなかった。

困った状況：今夜最初に電話した相手にガシャンと切られてしまった。
思い込み：これで一人断られたから、確率から言って、イエスと言ってくれる人に一歩近づいたわけだ。
結果：私はリラックスし、元気がみなぎってきた。

困った状況：相手の女性は一〇分近く話させてくれたのに面談の予約をしてくれなかった。
思い込み：せっかくのチャンスをふいにしてしまった。こんなに有望な客を逃してしまうなんて私は本当にだめなんだ。
結果：私はがっかりし、次の電話をするのが心配になった。

以上の例からも分かるように、困難な状況に出会ったとき、永続的、普遍的、個人的な説明（私は本当にだめなんだ）をすると、がっかりしてあきらめてしまう。これとは反対の説明（これでイエスと言ってくれる人に一歩近づいた）をすると、元気が出る。
今度はあなたが壁を乗り越えるゲームをする番だ。仕事で壁に突き当たったとき、自分の心の中の対話に耳を傾け、これらの思い込みが自分のそのときの気分と次にする行動をどう決定するかを考える。ゲームには三つのバリエーションがあるので、自分の仕事に合ったものを一つ選ぶ。

1　仕事で知らない人に電話をしなければならない人は、リストから五人に電話して、一回ごとに、困ったこと、感じたこと、その結果どういう行動をしたかを記録する。
2　仕事で電話をかける必要のない人は、毎日職場で突き当たる壁が何であるかを突きとめて、ＡＢＣを記録する。参考までにいくつか例を挙げる。

教師として突き当たる壁の一つは生徒の無気力だ。教師が何をしようと、いかにクリエイティブに教えることを試みようと、決して学ぼうとしない生徒が何人かいるものだ。知識をむりやり詰め込むことは避けたいし、これらの生徒に近づく方法はないと思うと、ますますクリエイティブにはなれなくなる。心のどこかで「そんなことをして何になる？」という声が聞こえるからだ。

看護師が燃えつき症候群にかかる主な理由の一つは、上下双方から受ける扱いである。患者たちは要求が多く、非友好的で気難しいことが多い。医者たちも要求が多く、非友好的で気難しいことが多い。看護師は過剰労働になるが、正当には評価されない。看護師はこう思う。「勤務時間が来ると、プレッシャーには負けないぞ、と自分に言い聞かせるの。患者が要求が多くて気難しいのは当たり前よね。病気で入院しているのだもの。でもなぜ医者からこんな扱いを受けなければいけないの？　チームメイトとして扱ってくれる代わりに、私の仕事はそれほど大事ではないみたいに振る舞うのだもの。何度もそういうことがあると、どんなに自分を元気づけようとしてもだんだんこたえてきて、次の勤務時間が来なければいいのに、と思い始めるの」

さあ、今度はあなたが自分の壁を見つけてほしい。そして自分のノートにＡＢＣを記録する。

3　三つ目のバリエーションは〝壁には突き当たるが、毎日というわけではない〟という人のためのものだ。大きなレポートやプロジェクトになかなか取り掛かれないというような問題は年に何回かしか起こらない。ほかの人々を監督する仕事も、それほど頻繁には壁に当たらない仕事である。

管理職が直面する壁は、監督している人々の意欲をいつも高いレベルに保つことだ。ある管理職はこう言っている。「人を管理するというのは骨の折れることで、周期的に欲求不満に陥る。いちばん大変なのは、みんなの生産意欲を常に保つことだ。努めて積極的に、模範を示しているつもりだが、みんながいったい何を考えているのか分からなくなることがあるね。かまいすぎればうるさがられる。甘すぎるのも厳しすぎるのもいけない。気をもんでいる自分が無力に思えてくる。まったく欲求不満になるよ」

この三番目の範疇《はんちゅう》に属している人は、今夜二〇分間、自宅の静かな部屋にこもり、自分の壁になっているものをできるだけ、はっきりと頭に描いてみる。あれば小道具を使う。もし、壁がレポートを書くことであれば、空白の紙の前に座り、明日が締め切りで必死になっている自分を想像する。管理職についている人は、いちばん扱いにくい従業員の顔を思い浮かべる。そして困った状況、思い込み、結果を次の欄に書きとめる。毎回違う状況を想定して、これを五回繰り返す。

困った状況：

思い込み：

結果：

困った状況：

思い込み：

結果：

困った状況：

思い込み：

結果：

困った状況：

思い込み：

結果：

困った状況：

思い込み：

結果：

ＡＢＣを五つずつ記録し終わったら、思い込みの項を注意深く見る。悲観的な説明があきらめを生み、楽観的な説明が行動を生むことが分かるはずだ。だから次のステップは、習慣になっている悲観的な説明を変えることだ。そのためには、このゲームの第二ラウンドである反論の方法を学ぶ必要がある。

反論

今回は前回と同じ要領で、困った状況に出会ったときの否定的な考えに反論してみよう。ABCのあとに、D（反論）とE（元気づけ）を書く。参考までに例を挙げる。

【勧誘電話】

困った状況：長い間こっちにしゃべらせたあげく、相手が電話を切ってしまった。
思い込み：あそこまで言わせたのだから、最後まで聞いてくれればいいのに。詰めのところで台無しにしてしまうなんて、自分はどこかいけないところがあるに違いない。
結果：私は腹を立て、自分に失望した。もう今夜はあきらめてしまいたくなった。
反論：相手は何かしている最中で、早く切り上げたかったのかもしれない。忙しい人をあれだけ長く引き付けておけたのだから、私はなかなかのものだ。相手が何をしているかまでコントロールできないからね。私はできるだけ上手に説明して、向こうが聞いてくれる気持ちと時間があるのを願うだけだ。聞かない人は損をするだけさ。
元気づけ：電話を続ける元気が出た。長い目で見ればきっと報われると自信を持った。

困った状況：相手は興味を示してくれたが、私が奥さんを説得してからでなければ、会う約束はできないと言う。
思い込み：なんたる時間のむだだ。この夫婦に売り込むために、ほかに契約してくれるかもしれない人たちに電話する時間を取られてしまうじゃないか。なぜ、この男は自分で決められないんだ？
結果：いらいらし、少し腹が立った。
反論：少なくともノーとは言われなかったんだ。予約を取れる可能性は高いんだから、時間のむだではない。ご主人のほうに売り込めたのだから、奥さんにも売り込めるはずだ。だから、半分勝ったも同然だ。
元気づけ：もう少しで契約を取れると自信を持った。

困った状況：二〇回電話したのに、六件しか家にいなかった。
思い込み：こんなのは時間のむだだ。私にはもう売り込む元気なんかない。
結果：私は疲れてがっくり落ち込み、これ以上やっていられないと思った。
反論：一時間で六人と話せれば悪くはない。まだ七時半だから、あと一時間半は電話できる。ここで一〇分間休憩して態勢を立て直して、これから一時間は今までの一時間よりもたくさん電話できるようにしよう。
元気づけ：これからの行動方針を立てたので、さっきほど疲れを感じなくなり、元気が出た。

困った状況：私が勧誘電話をかけている最中に、夫が電話してきた。
思い込み：なんで今電話してくるのよ。ペースが乱れてしまうし、時間がむだになるじゃない。
結果：私はいらいらし、電話で夫にそっけない応対をした。
反論：夫にそんなにつらくあたるものじゃないわ。邪魔になるとは思わずに電話してきたのだから。気分転換になると思ってかけてくれたのかもしれない。離れているときに私のことを考えてくれるなんて優しいわ。あんないい夫がいて幸せ。
元気づけ：私は気持ちが安らぎ、自分たちの結婚生活がうまくいっていると感じた。私は夫に電話をかけ直して、なぜそっけない返事をしたか説明した。

困った状況：四〇回電話したのに、まだ一件も予約が取れない。
思い込み：こんなことでうまくいくはずがない。ばかげている。時間と労力のむだだ。
結果：勧誘電話にむだに時間をかけてしまったことに腹を立てた。
反論：一晩だけ、四〇回の電話だけの結果じゃないか。誰にとっても勧誘電話は楽ではないのだから、こういうことはときどき起こるんだ。とにかくいい練習になった。明日の晩はもっと上手にできるだろう。
元気づけ：やはりがっかりはしているが、さっきほどではないし、もう腹は立たない。明日の晩は良い結果が出るだろう。

【教師の場合】

困った状況：無気力・無感動の生徒が何人かいて、心を開かせることができないでいる。
思い込み：なぜこの生徒たちを動かすことができないのだろう？　私がもっとダイナミックでクリエイティブで頭が良ければ、彼らに学ぶ喜びを教えてやれるのに。いちばん助けを必要としている生徒たちを助けることができないのなら、私は職務を果たしていないことになる。私は教師に向いていないんだ。

結果：自分がクリエイティブだとは思えず、気力も失せて、がっくり落ち込む。

反論：教師としての自分の評価を、少数の生徒で判断するのはおかしい。私は大部分の生徒の学習意欲をかきたてているし、授業の準備にも長い時間をかけて、生徒の個性を最大限に尊重した教え方をしている。今学期が終わってもう少し暇ができたら、同じ問題を抱えているほかの先生たちにミーティングを呼び掛けよう。グループで話し合えば、もっといい考えが浮かぶかもしれない。

元気づけ：教師としての自分の仕事にもっと自信が持てた。ほかの先生たちとの話し合いによって新しい考えが出るのを期待するようになった。

【看護師の場合】

困った状況：勤務時間が終わるまでにまだ六時間ある。手が足りないし、医者から仕事が遅いと言われた。

思い込み：先生に言われたとおりだわ。私は手が遅いのよ。すべてぬかりなく、仕事をこなさなければならないのに、それができない。ほかの看護師ならできるはずだわ。私はこの仕事に向いていないのよ。

結果：自分に失望し、自分が期待されているだけの働きをしていないことをうしろめたく思う。勤務時間中に病院から逃げ出したい気持ちになる。
反論：いつもすべて順調にいけば理想的だけれど、特に病院ではそんなことはあり得ないわ。とにかく、すべてが私だけの責任というわけではないし、私もほかの看護師たちと同じくらいよくやっている。いつもよりは仕事がはかどっていないかもしれないけれど、今日は手が足りなくて、普段よりも余計に仕事を受け持っているのだから仕方がない。先生に少々不便をかけることを申し訳なく思うよりも、余分な仕事も片付けていることに誇りを持つべきよ。
元気づけ：少し自分に自信ができたし、医師に申し訳なく思う気持ちもずっと薄らいだ。勤務時間があと六時間あるのもそれほど苦にならなくなった。

【管理職の場合】

困った状況：うちの課は予定よりも生産が遅れているので、上司が文句を言い始めた。
思い込み：なぜうちの課の連中はやるべきことをやれないんだ？　知る必要のあることは全部教えたのに、へまばっかりしている。なぜ私は部下をもっとうまく働かせることができないんだろう？　自分はそのために雇われているのに。上司が文句を言い始めている。上司はみんな私の責任だと思っている。私は管理職には向いていないんだ。
結果：私は課の全員に腹を立て、いらいらし、どなりつけてやりたくなる。自分にも自信をなくし、遅れを取り戻すまで上司と顔を合わせたくないと思う。
反論：生産が遅れていることは確かだが、新規採用者が何人かいて、仕事に慣れるまで時間がかかる。前にもこういうことはあったが、これほど大人数だったことはない。ちゃんと指導はしたし、飲み込みの早い者もいて、特にそのうちの一人はずいぶん役に立つようになった。私は基本的には間違ったことはしていない。それにベテランの従業員はよくやってくれているので、あとは気長に待つだけだ。上司にこのことはよく説明したし、上司も別の方法でやってみろとは言っていない。上司も生産部長からせっつかれているのだろうから、みんな圧力をゆるめてくれそうにはないな。もう一度上司に話して、私が見過ごしていることはないか、聞いてみることにする。そして、新人たちのことは励まして、ベテランには助けてもらう方法を考えよう。

元気づけ：もう部下たちをどなりつけたいとは思わなくなり、問題をみんなとおだやかに話し合うことができる気持ちになった。私には実績があるのだから、自分の仕事にもっと自信を持とうと思った。そして上司を避けたりせず、会って進行状況を報告し、何か質問があれば答えるつもりだ。

今度は自分の反論を五つずつ記録する。

困った状況：

思い込み：

結果：

反論：

元気づけ：

困った状況：

思い込み：

結果：

反論：

元気づけ：

困った状況：

思い込み：

結果：

反論：

元気づけ：

困った状況：

思い込み：

結果：

反論：

元気づけ：

困った状況：
思い込み：
結果：
反論：
元気づけ：

自分の否定的な思い込みに反論し始めると、その結果として、あきらめと無気力が、やる気と自信に変わってくることが分かったと思う。

そこで、悲観的な考えに反論するための練習が必要になる。

どうしたら心配事に反論できるか

第12章で説明した四つの方法――証拠事実はあるか？　別の考え方はできるか？　この状況の持つ意味は何か？　有効な手段はあるか？――を使って、声に出して反論する練習をしよう。

これは多くの楽観主義セミナーで成功した方法だ。練習相手に信頼できる同僚を選ぶ。職場で適当なパートナーが見つからない場合は、配偶者か友人でもよい。パートナーの役目は、あなたがいつも自分にしている悲観的な非難を浴びせかけることだ。パートナーと一緒に自分のABCDE記録を見直して、あなたが自分を習慣的にどのように批判しているかを知ってもらう。

あなたは証人席に座ったつもりで、非難に対して知るかぎりの論法を使って反論する。始める前に、例をいくつか挙げておこう。

同僚（あなたが自分を攻撃するときと同じように攻撃する）：部長はあなたが話しているとき、目を合わせようとしなかった。あなたの言うことが大事だとは思っていない証拠だわ。

あなたの反論：私が話をしている間、部長がほとんど私のほうを見ようとしなかったのは事実だわ。私のアイデアにあまり注意を払っていないみたいだった（証拠事実）。でも、だからといって私のアイデアが大事でないということにも、部長もそれを大事ではないと思っていることにもならないわ（この状況の持つ意味）。今はほかのことで頭がいっぱいなのかもしれない（別の考え方）。以前、部長は私のアイデアに耳を傾けてくれたことがあったし、二度ほど私の意見を求めたこともあった（証拠事実）。

同僚（さえぎる）：あなたっておめでたいわね。

あなたは反論を続ける：部長が私のアイデアを気に入ってくれなかったにしても、私がばかだということにはならないわ（この状況の持つ意味）。私はちゃんとした考えを持っているし、たいてい良い案を出すのよ（証拠事実）。今度からは部長にアイデアを出すときは、まず今話していいかどうか聞いてからにする（この状況の持つ意味）。そうすれば、部長が熱心でないのは私のアイデアに関心がないせいか、別のことで忙しいせいかはっきりするでしょ（別の考え方）。

同僚の教師（あなたが普段自分にしているような批判をする）：君の熱意は、生徒たちには全然伝わっていないじゃないか。みんな無関心もいいところだ。

あなたの反論：一部の生徒が授業に無関心なのは確かだ（証拠事実）。でもだからといって僕が良い先生ではないということにはならない（この状況の持つ意味）。大多数の生徒は僕の授業に興味を持っているし、僕は授業のやり方に誇りを持っている（証拠事実）。生徒全員が興味を持ってくれればいいんだが、それは無理だろう（別の考え方）。僕は引き続きこれらの生徒を授業に引き込もうと努力しているし、活動にも参加するよう励ましている（証拠事実）。

同僚の教師（さえぎる）：五〇分間、子どもたちの注意を引きつけておけないのでは、君はあまり良い先生とは言えないね。

あなたは反論を続ける：ごく少数の生徒たちをうまく指導できずにいるからといって、大多数の生徒をうまく指導しているという事実に変わりはない（この状況の持つ意味）。

同僚：上司にさんざん好きなことを言わせておくなんて、あなたは臆病者よ。

あなたの反論：上司と問題を話し合うのは難しいものだ（別の考え方）。同僚と話すときはどはっきりとは主張できなかったけれど、自分が心配していることはきちんと感情的にならずに伝えた（証拠事実）。慎重なのは臆病とは違う。上司は僕に対して権限を持っているんだから、慎重なのは当然だ（別の考え方）。デリケートな状況だから、上司が気を悪くしないよう注意したんだ。そんなことになったら、話を聞いてもらえなくなるからね（この状況の持つ意味）。注意深く話を進めていけば、自分の言いたいことをはっきりと、でもけんか腰ではなく言う練習にもなるだろう（有効な手段）。

同僚：電話の相手に切られてしまったのは、きみの話し方が下手だからだ。

あなたの反論：超一流の説得ではなかったかもしれないけれど、上手に、はっきりと話したつもりだわ（証拠事実）。今日かけたほかの電話でも同じように話したけれど、二〇回以上かけたうちで、いきなり切られたのはこれが初めてよ（証拠事実）。
向こうが切ったのは、私の話し方とは関係ないと思うわ。何か大事なことをしている最中だったのかもしれないし、電話での勧誘は聞かないことにしているのかもしれない（別の考え方）。切られてしまったのは残念だけれど、それは私の能力がいたらなかったせいではないわ（この状況の持つ意味）。

電話のかけ方で何かいいアイデアがあるのなら、あとで休憩時間に聞かせてもらえるとうれしいわ（有効な手段）。

同僚の看護師：あなたはいつも半端な仕事しかしないわね。患者の世話も行き届かないし、先生たちもみんないつもあなたを非難している。優秀な看護師なら、患者も医師も両方満足させられるはずよ。

あなたの反論：そのとおりだわ。いくら頑張っても、どこか手の届かないところが出てしまうの（証拠事実）。そういう仕事なんだもの。だからといって、私が良い看護師ではないということにはならないわ（この状況の持つ意味）。

同僚の看護師（さえぎる）：これはプレッシャーの大きい仕事よ。あなたにはそれだけのガッツがないわ。

あなたの応答：患者にしろ、医師にしろ、私一人で満足させることはとてもできないわ。患者さんをできるだけ心地良くさせてあげること、医師が仕事量をこなすための手助けをすることはできるけれど、あの人たちを幸福にすることまでは請け合えないわ（別の考え方）。

看護はプレッシャーの大きい職業だから、どうやってそれを切り抜けるかを今度先輩看護師たちにきいてみよう（有効な手段）。

今度はあなたの番だ。二〇分間証人席に座り、パートナーが浴びせる批判に対して、持てる知恵をすべてしぼって反論しよう。自分自身とパートナーを説得したと思われたら、次の批判へと移る。二〇分たったら、役目を交替する。

これは、楽観的人生への第一歩にすぎない。これから先はあなたしだいだ。困った状況に出会うたびに、自分の説明に耳を傾け、悲観的であることが分かったら、先の四つの方法を手掛かりに反論する。気持ちをそらす方法も必要かもしれない。この新しい習慣を今までの悲観的説明に代わって取り入れてほしい。

第15章 柔軟な楽観主義の勧め

午前四時にふと目覚めたときにいつも感じていたあの不安感が、ここ二カ月の間に変わった。実のところ、私の生活全体が変わったのだ。私に新しい娘ララ・カトリーナ・セリグマンが生まれた。美人だ。今タイプを打っている私のそばで、ララは母親の乳房を吸っている。そして数分ごとに休んでは、こちらをじっと見つめる。驚くほど空色がかった白目に濃い青の瞳、そしてこぼれるような笑みを浮かべる。まだ覚えたての笑みが顔いっぱいに広がる。私は去年の冬、ハワイのビッグ島コナ海岸沖で見たザトウクジラの赤ん坊のことを思い出す。赤ん坊は母親に守られながら、生きていることを心から楽しむように何度も何度も海面に躍り上がっていた。ララの笑顔はなにものにも代えがたい。午前四時に目覚めたとき、私は娘の笑顔を思い出すのだ。

この子にはどんな未来が待っているのだろう？　またベビーブームが起きつつある。ニューヨークタイムズ紙によると、一九九〇年代に入ってアメリカの既婚女性は突然子どもを持ちたがるようになり、出産を計画している人は一〇年前の二倍近いという。新たな世代の誕生は私たちが将来を肯定的に見ていることを証明するものだ。しかし、この世代を待ち受けているのは、核兵器や政治や環境問題だけでなく、精神的・心理的危機の時代だ。

しかし、この危機を解決する方法はきっとあると思う。そして楽観主義を身につけることもその解決法の一つになるかもしれない。

うつ病再び

第4章で見たように、うつ病は第二次世界大戦以来、増加の一途をたどっている。今日の若い人々は祖父母の世代よりも一〇倍の確率で重症のうつ病にかかり、特に女性や若い世代に患者が多い。うつ病のまん延がおさまってきているという兆しはなく、ララの世代にとってこれは深刻な問題となりそうだ。

なぜ、うつ病が先進国でこれほどありふれた病気になったのかと考えるとき、私はまず二つの警戒すべき風潮を見てみたいと思う。それは自己評価の増大と、社会共通の認識――国、神、家庭や私たちの人生を超えた大きな存在に対する信頼のような――の衰退だ。

自己評価の増大

私たちの住んでいる社会は自己を高く評価し、個人の喜び、苦しみ、成功、挫折をかつてなかったほど真剣に考慮する。この国の経済は、移り気な個人の好みに合わせることによってますます繁栄している。私たちの社会は今までになかったほどの力を個人に与え、自己を変えることも、自己の考え方を変えることさえ可能にした。現代は自己コントロールの時代なのだ。自己の力の拡大によって、個人の無力さは運命として受け入れられるのではなく、治すことのできるものと考えられるようになった。

二〇世紀初頭、組み立てラインによる流れ作業が始まったばかりのころには、自己コントロールの問題はなかった。冷蔵庫は全部白のほうが都合が良く、利益も大きかったから、私たちは白い冷蔵庫しか買うことができなかったからだ。ところが一九五〇年代に入ると、トランジスタの登場によって製品が多様化し、私たちは選択を迫られるようになった。需要さえあれば、一〇〇台目ごとにラインストーンをちりばめた冷蔵庫を作ってももうかるようになったからだ。今ではブルージーンズはすべてブルーではなく、何十通りの色、何百通りのデザインがある。何千万台もの新型車に何種類ものオプションを組み合わせることもできる。何百種類ものアスピリン、何千種類ものビールがある。

個人に判断、選択を迫ることで、大きな利益が生じた。個人がたくさんの金を使うことができるようになると、利益を生む強い個人主義的な生き方が一般的になった。

これと時を同じくして、アメリカは大変な金持ち国になった。この繁栄から取り残されている人が何百万人もいるのは事実だが、平均的に見ると、現在のアメリカ人は歴史上のいかなる国民よりも購買力を持っている。私たちの回りにはかつてないほどの多くの食べ物、衣類、教育、コンサート、本、知識があふれ、そのなかから愛情さえ選んで手に入れることができるという人もいる。

物質的な欲求のエスカレートに伴って、仕事や愛情に対する欲求もエスカレートしてきた。食べるだけの給料さえもらえればよしとされていた仕事も、今日では、やりがいがあって、昇進のチャンスがあって、退職後の生活を保証するものでなければ満足できない。同僚は気の合う人でなければいけないし、企業努力は環境保護に合致したものでなければならない。

結婚生活にも以前よりもずっと多くのことが要求されるようになった。家庭は子どもを育てるだけの場所ではなくなった。配偶者は永遠にセクシーでほっそりしていて、話がおもしろく、テニスがうまくなければいけない。このように期待が過度にふくらむのは、選択の幅が広がったことにその原因がある。

選ぶのは誰かというと、個人だ。現代の個人は、将来を運命づけられていた昔の小作農とは違う。現代人は男も女も株式の立会場さながらに、ヒステリックに次々と選択を下さなければならない。その結果、新しい自己、つまり〝最大限〟の自己が生まれた。

自己の範囲は時代と文化によって異なる。中世からルネッサンス後期までは、自己は最小限の重要性しかなかった。ルネッサンス末期になって自己は拡大し始め、現代にいたるまで増大し続けてきた。

良くも悪くも、私たちは最大限の自己の文化を生きている。豊富な品物やサービスを自由に選ぶことができる。この拡大された自己がもたらす自由には危険が伴う。そのなかのおもなものに、大規模なうつ病の発生がある。私はうつ病のまん延を自己が拡大された結果だと見ている。

もし、単独に起こったのであれば、自己重視の傾向はさらに充実した生活という肯定的な効果を生んでいたかもしれない。しかし、そうはいかなかった。現代における自己の拡大は、地域社会の観念や、より崇高な存在に対する信念の衰退と時を同じくして起こったからだ。これら両者があいまって、うつ病の土壌が築かれたのである。

共通の認識の衰退

自分以外にコミットするもののない人生は実にむなしいものだ。人間は生きがいと希望がなければ生きていけない。私たちはかつては挫折したとき心を休め、自分を取り戻すための精神的支えを存分に持っていた。私たちを取り巻くこのような大きな存在を私は共通の認識と呼ぶ。これは国、神、家族、そして私たちの生命を超えた大きな目標への信頼感だ。

ここ四半世紀の間に起こった暗殺、ベトナム戦争、ウォーターゲート事件によって、大多数のアメリカ人が自国に対して抱いていた信頼が失われた。一九六〇年代初めに成長期を過ごした私と同世代の人々は、一九六三年一一月二二日のケネディ大統領暗殺によって、将来への展望がかき消されるのを感じたに違いない。私たちは、社会が人間の悪を矯正してくれるはずだという希望を失ったのだ。私の世代の人々の多くが恐れと絶望によって、公職に生きがいを見いだすよりも、少なくとも自分を幸せにすることのできる職業を選ぶようになったという見方がある。これは平凡かもしれないが、当たっていると思う。

公共の安寧から個人の幸せへの移行は、黒人指導者マーティン・ルーサー・キング牧師、同じく黒人公民権運動指導者のマルコム・X、そしてロバート・ケネディの暗殺によってさらに拍車がかけられた。少し若い世代には、ベトナム戦争がこれと同じことを教えた。一〇年にわたる実りのない残酷な戦争は、若者の愛国心を蝕んだ。ベトナムから学ばなかった者も、ウォーターゲートの教訓は無視できなかった。

不幸にして人々が国に信頼感を失った時期は、家庭の崩壊、神への信仰の衰退と時を同じくしていた。高い離婚率、増大する社会的流動性、二〇年におよぶ低い出生率のいずれもが家庭の崩壊を引き起こした。離婚が頻繁になったため、家庭はもはや傷を癒したいときいつでも戻れる永遠の憩いの場ではなくなった。容易に遠くまで移動できるようになったことも、家族の絆を弱める要因となった。そして兄弟がいないか、いても一人だけ――大多数のアメリカの家庭がそうだが――であることが人々を孤立させる。一人か二人の子どもに両親の関心が集中するため、短期的にはＩＱも平均〇・五ポイント上がるなど子どもに良い影響が出るが、長い目でみれば自分中心の人間が増えることにもなる。

私たちは今、どこにアイデンティティや目標や希望を求めたらいいのか？　精神的支えが欲しくて回りを見回しても、心地よいソファーもゆったりした椅子もなく、小さく危なげな折りたたみの椅子、つまり自己しかないのだ。より大きな存在にコミットするというクッションに包まれていない丸裸の自己は、うつ病にかかるお膳立てのなかにいるようなものだ。

個人主義の拡大と共通の認識の衰退は、どちらか一つだけでもうつ病の要因となるが、アメリカでは、近年この二つが同時に起こったために、うつ病がまん延しているのだと私は分析している。うつ病は人々が身につける無力感を通して起きる。

４章、５章で見たように、個人は自分ではどうしようもない挫折に遭遇すると、無力感に陥る。無力感はその人が挫折の原因を永続的、普遍的、個人的なものとして説明すると、絶望感となって、やがて全面的なうつ病にまでエスカレートする。

人生は失敗だらけだ。欲しいものがすべて手に入ることはまずなく、日々挫折の連続である。私たちのような個人主義の文化では、社会が個人の喪失感をなぐさめてくれることはほとんどない。もっと〝原始的な〟社会では、個人が何かを失ったときはもっと親身な対応がなされるので無力感が絶望感に発展することはないのだという。心理人類学者のバック・シーフェリンは、ニューギニアで石器時代の生活をしているカルリ族にはうつ病にあたるものは発見できなかったと言っている。シーフェリンは、個人と部族全体の相互関係がうつ病を防いでいるのではないかと推測する。カルリ族の一人が飼っているブタが逃げ出したとき、持ち主が悲しんでみせると部族が別のブタを与えてくれる。喪失はグループによって補てんされるため、無力感は絶望感にエスカレートすることがない。

しかし、私たちの間にうつ病がまん延しているのは、社会からほとんどなぐさめが得られないせいだけではない。極度の個人主義は、いろいろな意味で悲観的な説明スタイルを極限まで拡大し、つまらない失敗を永続的、普遍的、個人的原因によるものと考えさせる傾向がある。個人の力が増すということは、失敗は自分のせいだということを意味する――自分以外の誰にも責任はないのだから。共通の認識がなくなったということは、失敗が永続的で普遍的であることを意味する。自分よりももっと大きな存在（神、国、家庭）を信じないので、自分の失敗が破滅的なものに思えるのだ。個人主義社会では自分が死ねばすべてが終わると考えられるので、自分の失敗は永続的なものに思える。個人の失敗には妥協の余地はなく、失敗の影響は人生全体に及ぶ。一方、より大きな存在を信じている社会では、個人の失敗はそれほど永続的でも普遍的でもないと考えられる。

バランスを変えよう

そこで私は診断する。うつ病のまん延から抜け出すには二つの方法がある。第一に個人主義と共通の認識のバランスを変えること、第二に強くなった自己の力を利用することだ。

個人主義の限界

無制限の個人主義はあまりに否定的な結果を招くため、私たちを滅ぼす過程でそれ自体滅びるのではないかと思う。

一つには、私たちの社会ほどに個人の権利を高めると、うつ病にさいなまれることが分かったからだ。そして個人主義が一〇倍ものうつ病を引き起こすことが明らかになると、個人主義はもはやそれほど魅力的な生き方とはみなされなくなる。

二つには、個人主義では人生に意味を見いだせないからだ。人間は自分がより大きな存在に属していると感じることが必要なのだ。より大きな存在に身を委ねることができればできるほど、より多くの意味を見いだすことができる。今の若い世代が神や国家との関係や義務を真剣に考えられず、いつでも帰ることのできる大きな家族の一員であると感じることができないでいるかぎり、人生に意味を見いだすことは難しい。

だとしたら、どこかで譲歩しなければならない。一つの可能性は、過度の個人主義がすたれ、大きくなりすぎた自己が私たちの祖父母の時代のような小さな自己に戻ることだ。もう一つの怖い可能性は、うつ病を排除して人生に意味を見いだすために、勝ち取ったばかりの自由や、個人の尊重を私たちが性急に明け渡してしまうことだ。二〇世紀の世界にはこういう悲劇的社会の例が数多くある。現在世界中に見られる原理主義的宗教へのあこがれも、これら一連の反応の一つと考えられる。

拡大された自己の力

ほかにもっと有望な可能性が二つある。両方とも強くなった自己の力を利用するものだ。第一は、共通の認識へのコミットメントを増やすことによって、自己と共通の認識とのバランスを変えること、第二は楽観主義を身につけることだ。

モラルジョギング

最大限に拡大された自己にも長所がないわけではない。自己には自らを改善していく力がある。そしてこの改善のプロセスを通して、過度の自己とのかかわりが短期的には有益であっても、長期的に見れば自分のためにならないことに気づくのではないだろうか？

たとえ私たちがそれを望んだとしても、これほど個人主義的な社会で共通の認識へのコミットメントが一夜にして芽生えるわけはない。そこで新たな戦術が必要となる。

ジョギングについて考えてみよう。自分の意志でジョギングをしている人は多い。とてつもなく早い時間に起きだして、どんな天候のもとでも黙々と走り続ける。この活動自体に快感を覚える人はほとんどいない。めんどうだったり、苦しかったりする。それなのにやっているのは、長い目で見ればジョギングが健康で魅力的に長生きするのに役立ち、自分のためになると知っているからだ。毎日自分の欲望を少し抑えることで、長期的には自分を高めることができる。運動しなければ自分の健康に被害が及ぶことをいったん納得すれば、ジョギングは魅力的となる。

個人主義と利己主義もこれと似た状況を示している。うつ病の原因が一部には、自分にかかわりすぎることと、共通の認識にかかわらなすぎることにあることは先に述べたとおりだ。この状況は、運動不足やある種のコレステロールのように健康に有害だ。

どうやったら、自己への投資を減らし、万人の安寧のための投資を増やすことができるだろうか？　これは自分自身のためなのだ。答えは〝モラルジョギング〟かもしれない。

現代人にとって、社会の共通の価値のために、他人に時間、資金、労力を捧げることは自然にはできない。今日ではナンバーワンになろうとすることが自然であるように思える。一世代前までは、日曜日にはゆっくり休んでごちそうを食べることが自然だった。ところが、私たちはこれらの楽しみをあきらめるほうがためになると信じるようになり、正反対のこと――運動とダイエット――をして日曜日を過ごすようになった。だから、少なくとも可能性はかなりある。

どうしたら、私たちはこの根強い利己主義の習慣を変えることができるだろう？　肉体的でなく道徳的な運動こそ、私たちの必要としている抗うつ剤かもしれない。次に述べる案のうちのどれか一つを自分でできないかどうか考えてみてほしい。

●昨年の課税対象となる収入のうち五パーセントを寄付する。それも慈善団体に渡すのではなく自分自身で誰に寄付するか決めるのだ。自分が興味を持っている分野の可能性のありそうな候補に、何々の目的でいくらいくら（例えば三〇〇〇ドル）寄付する用意があることを知らせ、希望者に面接して、誰に寄付するか決定する。そしてその金が有効に使われるかどうか見届ける。

●自分の楽しみのために定期的にしていること――週一度外食する、火曜の晩レンタルビデオを見る、秋に毎週末狩猟をする、仕事から帰ったらテレビゲームをする、新しい靴を買いに行く――のうちどれかをあきらめる。そして一週間にそれと同じだけの時間をほかの人のため、または地域社会のための活動――貧しい人を対象にした給食施設や教育委員会の運動にボランティアとして参加する、エイズ患者を見舞う、公園を清掃する、母校のために資金を募る――に使う。楽しみをあきらめたために浮いた金は貯めておいて、この活動をさらに支援するために使う。

●ホームレスに金をせがまれたら、その人と話してみて、金を有効に使いそうだと判断したら、五ドル以上渡す。ホームレスの多い地域をたびたび訪れ、本当に困っている人に寄付する。週にたっぷり三時間をかけてこれを行う。

●自分の子どもに、ほかの人のために何かを差し出すことを教える。こづかいの四分の一を寄付するように言う。子どもたちにお金を必要としている人やプロジェクトを自分で見つけさせる。

これらの活動は無私無欲の精神で行う必要はなく、社会への影響など考慮せずに自分のためになるという理由だけでしてかまわない。

社会との接触を深めることは気持ちが落ち込むもとだと言う人もいるかもしれない。うつ病を避けたいのなら、ホームレスに宿を世話するよりも、アカプルコで金持ちと交わっていたほうがいいし、週に一度エイズの末期患者を訪問するのは、毎週うつ病にかかりに行くようなものだと言うかもしれない。実際そういうケースもあるだろう。しかし、人間の苦しみを目の当たりにすることは、悲しくはあるけれど、この本で使ってきた意味での〝落ち込む〟経験ではないはずだ。

多くのベテランのボランティアが、この仕事をしていて心が高まるのを感じて驚いたと報告している。自分たちがどこか恐れていた貧しい人々、病める人々も同じ人間であり、その多くが勇気のある人々であると分かって、感動させられるのだ。理論的には無力なはずの人々が、しばしば非常に大きな力を持っていることを直接自分の目で見ると、心を洗われると言う。

かなりの期間このような活動を続けていると、誰でも人生に意義を感じるようになるはずだ。以前のように簡単に落ち込まなくなるかもしれないし、病気にもかかりにくくなるかもしれない。自分一人の楽しみにふけっているよりも、社会のためになることをしているという満足感が得られるだろう。いちばん大切なのは、気ままな個人主義によって生まれた空虚さがしだいに満たされてくることだ。

選択の時代である今、生き方を選ぶのは自分だ。

楽観主義を身につける

自己の力を利用する第二の方法〝楽観主義の習得〟は、この本のテーマだった。しかし、いくら楽観主義は習得できると唱えても、自己が最大限に尊重されるようになる前は無意味だったろう。うつ病が遺伝や生物学的原因で起きると考えられていた社会では、失敗したときどう考えるかを変えたところでほとんど意味はないと見なされるからだ。自己を最小限にしか見ていない社会は、そもそも心理学などに興味を持たなかっただろう。

うまくいけば、娘のララの時代には、うつ病はその人の考え方によって起きると考えられるようになっているかもしれない。考え方は自分で変えられる、と信じられるようになっているかもしれない。

私は、楽観主義を身につけるだけで、社会規模のうつ病の波を食い止められるとは思っていない。楽観主義は賢さを補佐するものでしかなく、それだけでは意味を持たない。楽観主義は人々が自分たちで設定した目標を達成するのを助ける道具だ。この目標選択自体にこそ意味が――または空虚さが――あるのだ。身につけた楽観主義が、より崇高な社会共通の認識への新たなコミットメントに結びついたとき、うつ病の流行と人生の空虚さに終止符を打つことができるかもしれない。

柔軟な楽観主義

楽観主義が私たちにとって良いことであるのは疑いようのない事実だ。そのほうが人生が楽しい。しかし、楽観主義だけではうつ病や失敗や病気を治すことはできない。楽観主義は万能薬ではない。社会によってはそれほど有効ではないこともあるし、現実をはっきり見つめる妨げになることもある。また、自分の責任を逃れるための口実に使われることもあるかもしれない。しかし、これらは楽観主義の限界であるにすぎず、その良さを帳消しにするものではない。むしろバランスをとるものだと言える。

第1章では、世の中には楽観的と悲観的の二つの見方があることを述べた。今まではペシミストはペシミストとして生きて行く以外なかった。ペシミストは何度もうつ状態に陥り、仕事や健康が損なわれることもあったが、その代わりに現実をしっかり把握し、強い責任感を備えていることが多かった。

今では、選ぶことができる。楽観主義を身につければ、必要なときだけそれを使うことができるのだ。

例えば、あなたにメイという幼稚園児の娘がいるとしよう。メイは幼稚園でいちばん年少で身体も小さい。同級生についていけない可能性が年々高まっていく。先生は就学を一年見合わせてはどうか、と言う。それを聞いて、あなたは憂うつになる。

ここであなたは、このまま小学校に入学すべきだと反論することもできる。この子はＩＱも高いし、音楽の才能も幼稚園児以上のレベルだ。だが、反論しないほうを選ぶこともできる。たとえ暗い気持ちになろうとも、ここは厳しく現実を見つめるべきときだ、と自分に言うこともできる。娘の将来がかかっている。自分を気落ちさせないためだからといって間違った判断を下すことはできない。悲観的な考えに反論しないほうを選んでもいい。

つまり選択の幅が広がったのだ。楽観主義を学ぶことによって価値観や判断が損なわれることはなく、自分の定めた目標を達成するのに都合の良い道具を自由に選べるようになるのだ。

生まれつきのオプティミストはどうだろう？　今までは、ペシミストが悲観主義の支配下から逃れることができなかったのと同じくらい、オプティミストも楽観主義の手の中にあった。明るく、健康に、多くのことを達成できるオプティミストも、現実を都合よく解釈し、責任感が弱いという弱点を持っていた。

だが、これからはオプティミストも楽観主義の仕組みを知ることによって自由になった。楽観主義の長所と短所が分かったので、時と場合によって、持ち前の反論術を使うべきかどうか選べるようになったからだ。

楽観主義の恩恵は無限ではない。悲観主義は社会全般においても個人の生活においても役目を持っている。悲観的な見方が正しいときはそれに耐えなければならない。私たちはやみくもな楽観主義でなく、しっかりと目を見開いた柔軟な楽観主義を望んでいるのだ。

柔軟な楽観主義の恩恵は限りないものだと私は信じている。

本書は『オプティミストはなぜ成功するか』（一九九一年八月、講談社）を新装改訂したものです。